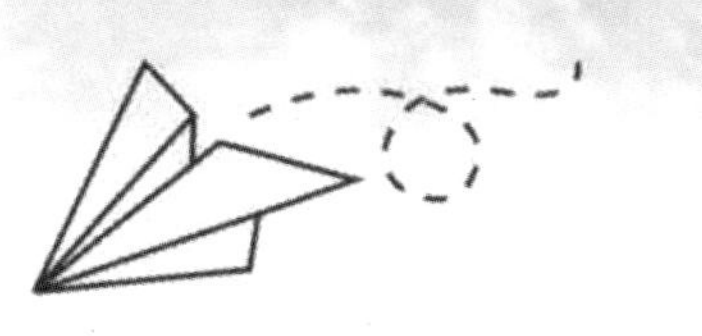

高校英语课型教学方法

杨玲 编著

图书在版编目（C I P）数据

高校英语课型教学方法 / 杨玲编著. ——北京 ：中国原子能出版社，2020.4 （2021.10重印）

ISBN 978-7-5221-0516-1

Ⅰ. ①高… Ⅱ. ①杨… Ⅲ. ①英语－教学法－高等学校 Ⅳ. ①H319.3

中国版本图书馆 CIP 数据核字（2020）第 051263 号

高校英语课型教学方法

出版发行	中国原子能出版社（北京市海淀区阜成路 43 号 100048）
责任编辑	刘东鹏
责任印刷	潘玉玲
印　　刷	三河市明华印务有限公司
经　　销	全国新华书店
开　　本	787mm×1092mm 1/16
印　　张	13.75　　**字　　数** 224 千字
版　　次	2020 年 4 月第 1 版 2021 年10月第 2 次印刷
书　　号	ISBN 978-7-5221-0516-1　　**定　　价** 58.00 元

网址： http://www.aep.com.cn　　E-mail：atomep123@126.com

发行电话： 010-68452845

前　言

随着世界一体化的发展，各国之间的联系越来越密切，英语成为一门国际性的语言，在世界舞台上扮演着重要角色。每个国家为了促进自身政治、经济、文化、科技等发展，都在积极地展开对外交流，英语在其中起着非常重要的作用，因此受到世界各国的重视，在中国更是如此。现如今，英语已经成为我国学生教育课程中必不可少的一项了。

大学生是中国教育的主体，是中国特色社会主义的接班人，同时也是中国对外交流的主力军。对大学生的英语基础理论与实践能力进行培养，是高校英语教学不可推卸的责任。高校英语教学是丰富大学生英语语言基础、增强大学生英语综合应用能力的主要渠道，同时也是向社会输送实用型英语人才的重要通道。可以说，高校英语教学对于大学生发展和社会发展都起着举足轻重的作用。自改革开放以来，中国的高校英语教学快速发展，取得可喜的成绩。近年来，高校英语教学也在不断地改革和发展，以适应社会需求。尽管如此，中国的高校英语教学仍跟不上经济发展的步伐，并且在具体的教学中存在着一些问题，例如，理论与实践脱节、理论缺乏创新、教材陈旧等。在此背景下，如何提高大学生的理论知识，培养大学生的英语综合应用能力，成为高校英语教学研究的重点和难点。目前，关于高校英语教学的研究已有很多，但是关于高校英语课型教学方法的研究却很少，在这样的情况下，作者编写此书。

本书共分为八章。第一章概述了高校英语教学的内涵、现状、影响因素与发展；第二章分析了高校英语教学的理念；第三章至第六章分别研究了高校英语中词汇、语法、阅读、写作、听力、口语等的教学方法，以及高校英语的评价方法；第七章研究了高校英语的多媒体教学与网络教学；第八章对于高校英语教学中文化教学问题进行了研究。全书内容丰富、观点明确，涵盖了高校英语教学中的方方面面。

本书在写作过程中参考了大量的书籍文献、专著和论文，并引用了不少学者的观点，在此对这些专家学者表示衷心感谢！另外，由于作者水平有限，不妥之处在所难免，敬请读者批评指正。

作者

2019 年 8 月

目 录

第一章 高校英语教学概述

我国的英语教学为社会的发展、人才的培养做出了重大的贡献。但是，语言是随着社会的发展而不断演进的，相应的英语教学也要在时代的背景下进行调整与提高。由于英语是我国的第一外语，因此在英语教学过程中需要不断结合我国实际进行改革，本章就对高校英语教学进行研究。

第一节 高校英语教学的内涵分析

一、英语教学的内涵

（一）教学的定义

在了解英语教学的内涵之前，首先需要对教学这一概念进行了解和掌握。由于对教学的关注点不同，不同学者的定义也有所差异。“教学”应该包含两个层面的关系：教与学是一种并列的关系；教学是一种教授学习的使动关系。从两个角度出发，能够看出教学的辩证关系和双向关系。教与学是息息相关的，教应该以学为基础，从学的角度出发，并以学为目标。教的规律和学的规律在一定程度上是统一的。

《英汉双解·现代汉语词典》给出的教学的定义是：教师把知识、技能传授给学生的过程。该定义是一种狭义的理解，把“教学”当作一个术语来理解。《朗文词典》（*Longman Dictionary of Contemporary English*）将 teaching 定义为：work，or profession teacher，也就是教书、教学的意思。此外，它还对 teachings 进行了阐述：that which are taught，esp. the moral，political，religious beliefs taught by a person of historical importance 也就是“教导、学说、教义”的意思。可见，teaching 与 teachings 是两个完全不同的概念。但是，这两个定义都没有全面覆盖“教学”的真正含义。综合上述关于教学的定义，教学应该包含三层含义，即教学（teaching）；“教”与“学”（teaching and learning）；教如何学习（teaching how to learn）。

（二）英语教学的定义

由于英语是我国的第二外语，因此缺乏一定的语言使用环境与使用对象，这就对英语教学提出了难题。可以说，英语教学能够直接影响学习者的英语水平和语言运用能力。英语教学是一种教育活动。对教师而言，教学是引导学生学习的教育活动；而对学生来说，教学则是在教师的引导下的学习活动。学生是否得到发展是教学能否实现其目标的关键。教学是一个师生互动的过程，是教师教和学生学，共同完成预定任务的双边统一的活动。

具体来说，英语教学的内涵主要体现在以下几个方面。

1. 英语教学是有目的的活动

英语教学的不同阶段有着不同的目标，而教学目标又具体分为不同的领域与层次。

2. 英语教学带有系统性和计划性

这种系统性主要体现在其制定者主要为教育行政机构、教研部门和学校的教学管理者等。英语教学的计划性指的是对英语基础知识的计划性教学，如英语语音、词汇、语法、写作、阅读等具体知识和技能的传递。

3. 英语教学需要采取合理的教学方法和教育技术

英语教学经过深厚的历史积淀，形成了大量有效的教学方法。现代科学技术，尤其是信息技术的发展，为英语教学提供了可以借助的多种教育技术。综上所述，我们可以将英语教学的内涵概括为：教师依据一定的英语教学目的与教学目标，在有计划的系统性的过程中，借助一定的方法和技术，以传授和掌握英语知识为基础，促进学生整体素质发展的教与学相统一的教育活动。

（三）英语教学的本质

英语教学不仅仅是一种语言教学，同时也是一种文化教学。下面对这两个方面进行分析。

1. 英语教学是一种语言教学

英语是一种重要的国家交际语言，因此对其的教学便是一种语言教学。语言教学的目的是培养学生使用语言的能力。对于中国人来说，英语作为第二语言，是一门外语，英语教学也就是外语教学。从人类外语教学的发展历史来看，外语教学离不开外语知识教学，以外语知识为基础的外语教学有利于学生运用外语能力的培养。

因此，英语教学作为语言教学，其本质应该是培养学生综合运用英语的能力。需要特别指出的是，一些以学习语言知识而进行专门研究的语言教学并不是以运用语言为目的，因此对其的教学并不属于语言教学的范畴，如古希腊语的研究、古汉语的研究等。这些语言在当今社会几乎不再使用，因此这种语言学习需要和语言教学区分开。

2. 英语教学是一种文化教学

文化孕育语言，语言反映文化，二者有着密切的联系。在进行英语教学的过程中，不仅需要学习者了解基本的语言知识，同时也需要培养和提高其英语思维能力，从而便于日后的语言使用。从这个意义上说，英语教学也是一种文化教学。

二、英语教学的要素

（一）教师和学生

1. 教师

教师的角色是指教师在教学中的职责及其职业特点。随着教学改革的开展，教师角色的内涵变得更为丰富，不再只是知识的传授者和教学的主宰者。当代教师角色的新的内涵主要包括如下几点。

（1）知识的传授者。教师是知识的传授者，在教学活动中，学生对知识与信息的获取主要来源于教师。此外，教师的责任不只是传授知识，还应教会学生做人的道理。

（2）课堂的控制者。教师作为课堂的控制者，在教学活动中应充分发挥其主动作用，既要控制好学生的学习情况，还应注意把控课堂、教案的执行程序以及教学时间。此外，为了取得良好的教学效果，教师还应注意克服教学的随意性。

（3）行为的评价者。行为的评价者指教师在教学过程中记录下不同学生在学习上的问题以及不足之处，同时适时地予以反馈。需要注意的一点是，教师应把握好评价的方式与方法，纠正学生错误时，应注意措辞，尽可能以学生能接受的形式加以纠正，避免伤害学生的自尊。

（4）活动的组织者。教师是课堂活动的组织者。由于学生是课堂活动的主要参与者，因此教师在组织活动时应首先考虑到学生因素，将教学活动的主要目的、任务和教学活动开展的方式以及流程等清楚地告诉学生，便于他们更好地理解自己在活动中的职责，了解活动的各个环节，从而使其行为更具针对性，以顺利达成活动目的。

（5）活动的促进者。教师是活动的促进者。学生在学习过程中遇到困难在所难免，此时教师应为学生提供相应的帮助，引导学生将当前所学的内容与已有的知识结合起来，形成一种新的知识建构。

（6）活动的参与者。教师不仅是活动的组织者，还是活动的参与者。教师参与到课堂活动中不仅可以活跃课堂的气氛，拉近与学生的距离，还可以充分了解学生的心理特征，引导学生解决学习中的问题，促进课堂活动的执行与实施。

（7）资源的提供者。在教学活动中，教师可为学生提供丰富的背景知识、答案、范例、机会等，这些都会促进学生的学习。

（8）研究者。教师是教学的研究者。教师在教授知识的同时也在进行教学研究，教师具有自己的研究方向和研究内容，在教学过程中不断发现问题，展开研究并使问题得到解决，很好地将课堂教学与科学研究结合起来，从而完善自己的教学活动。

（9）激励者。教师是学生学习的激励者，这一身份使教师将课堂的绝对控制权交给学生，以学生为中心，引导并鼓励学生进行学习。要做到这一点，教师必须具备丰富的知识和教学经验，同时具有激励学生的能力。由上述分析可知，教师的角色多种多样，这些不同的角色都是社会、学校、家长以及学生期望的一种反映。一名合格的教师应能灵活地在这些角色之间进行转换，充分发挥自己的能力。

2. 学生

英语教学应面向全体学生，以学生学习方式为核心，注重培养学生的学习愿望、学习习惯以及学习能力，同时还应关注学生自我评价、评价激励、反馈和调整功能，以使学生获得全面和终身发展。这些都赋予了学生新的角色意义。具体而言，学生主要有以下几种角色。

（1）主体。学生是学习的主体，英语教学活动要坚持学生的主体地位。在学习过程中，学生通过对知识进行积极探索、发现、吸收和内化等实践，将有助于他们知识体系的构建以及科学的世界观、人生观、价值观的形成。

（2）参与者。学生是教学活动的参与者。在英语教学过程中，教师应注意激发学生的兴趣与动机，使他们积极地参与到教学活动中去，让学生乐于学习。在学习过程中，学生应主动参与，积极思考，敢于表达自己的思想与观点，将个人的才能尽量展示出来。

（3）合作者。英语学习是在师生、生生之间进行的，因此学生的学习过程必然要与他人合作。学生在学习中通过协商与互助，彼此促进，最终实现共同提高。

（4）反馈者。学生是教学活动的反馈者。学生以个体的学习情况以及教学法的适用性为依据，向教师提出相关的意见与建议，促使教师对教学方法与教学内容加以调整、改进，最终提高英语教学的效率。

（二）教学内容和教学方法

1. 教学内容

（1）语言知识

语言知识是综合英语运用能力的一个组成部分，同时也是语言学习和运用的重要方面。学生语言能力的提高必须以扎实的语言知识为基础。英语基础知识主要包括语音、词汇、语法、功能和话题等内容。这五个方面的内容并不是孤立的，而是相互影响、相互作用的。语音、词汇和语法（语言形式）可以在一定的话题中得到体现。学生在运用语言时，不仅要具备话题知识，还应掌握语言形式在一定话题中所具有的功能。只有当他们既掌握语音、词汇和语法，又具备语言功能和话题方面的知识时，才能在交际中恰当地运用语言。

（2）语言技能

听、说、读、写、译这五项基本语言技能是学生形成综合语言运用能力的基础和主要手段。英语教学内容应包括听、说、读、写、译五个方面的语言技能及其综合运用能力，为学生提供体验语言和感知语言的机会，促进学生对语言知识的学习与掌握。在这五项基本技能中，听是对话语进行分辨与理解的能力；说是运用口语进行表达的能力，也是运用口语输出信息的能力；读是对书面语言进行辨认与理解的能力；写则是运用书面语进行表达的能力，也是运用书面语输出信息的能力；译是综合运用语言进行输入与输出的能力。

学生英语综合运用能力的提升是建立在大量听、说、读、写、译的专项和综合性语言实践活动基础之上的，从而服务于真实的语言交际。需要指出的一点是，在不同的教学阶段，对学生的语言技能要求是不同的。

（3）学习策略

学习策略指学生在学习过程中采取各种行动和步骤，以提高学习的有效性。英语的学习策略包括认知策略、调控策略、交际策略和资源策略等。正确的学习策略有助于改进英语学习方式，提高英语学习效果，同时也有助于学生进行自主学习和独立学习，为学生的终身学习奠定基础。因此，在英语教学中，教师要有意识地引导学生形成符合自身特点的学习策略，并对自己的学习过程与学习效果进行监控和反思，培养学生根据学习风格调整学习策略的能力。同时，教师还有必要引导学生观察与分析他人的学习策略，与其他同学交流学习体会，尝试不同的学习策略，互相借鉴，共同进步。

（4）文化意识

文化意识也是英语教学内容的一个重要组成部分。在英语教学中，文化主要是指英语国家的历史地理、风土人情、传统习俗、生活方式、文学艺术、行为规范、价值观念等。语言与文化之间的关系十分密切。语言是文化的载体，又是文化的反映。学习英语必然要学习英语国家的文化知识。因此，在英语教学的过程中，教师应注意文化意识的渗透，结合学生的年龄特点及认知能力，向学生传授文化知识，培养他们的文化意识和世界意识。

此外，教师还应注意引导学生在学习其他民族的优秀文化的同时更好地继承、发扬中华民族的优良传统，培养学生形成“传承文明，开拓创新”的意识和能力。

（5）情感态度

情感态度主要包括两个方面：对学生学习过程和学习效果具有影响的因素，如兴趣动机、自信、意志和合作精神等；学生在学习过程中逐渐形成的祖国意识和国际视野。在学习过程中，学生通常会受到各种情感因素，如价值观、意志、理智、动机及教师的人格、态度、情感投入、教学风格等的影响。因此，在英语教学过程中，教师有必要对学生的情感予以关注，帮助学生形成积极向上的情感态度。具体而言，教师应注意激发并强化学生的学习兴趣，同时引导学生逐渐将兴趣转化为稳定的学习动机，提高自信，锻炼克服困难的意志，正确看待学习过程中的进步与不足，培养团队合作意识与创新精神，并养成良好的个人品格。

2. 教学方法

语言教学虽然教无定法，但贵在有法。在英语教学历史上，有多种教学方法都曾经发挥过重要作用，有效地促进了英语教学的发展。这些教学方法包括翻译法、直接法、自觉对比法、听说法、视听法、认知法、功能法，以及由此派生出来的口语法、全身反应法、自然法、暗示法、沉默法、交际法等。实践证明，没有哪一种教学法是最好的，也没有哪种方法适用于所有时期、所有地区、所有教学内容。不同的教学法对不同的语言知识、语言技能各有侧重，这就要求教师在英语教学中综合、灵活地运用各种教学方法，这样才能有效促进学生英语能力的提高以及学生的全面发展。如果教师仅仅采用某种单一的教学法，必然会影响学生的学习效果。需要说明的一点是，在英语教学中，教师无论选择使用哪种教学方法，都必须以学生的语言交际作为教学的出发点，尽可能使课堂教学贴近学生的实际生活，引导并鼓励学生将所学的语言材料灵活地运用于新的生活场景中。同时，教师应力求使教学过程交际化，选用来自真实生活的自然交际且适合学生年龄的教材内容。

（三）教材和教学环境

1. 教材

教材既是英语课堂教学的依据，又是学生学习的载体，学生习得英语语言主要是通过教材而实现的。由于教材编写水平与资料有限，任何教材的编写都难免存在一些缺陷。这就要求教师在课堂教学中灵活处理不同教材，考虑学生的感受，对教学进度和教学方法进行适当的调整，以提高教学效果。在教学过程中，教师通常会遇到与教材相关的一些特殊情况。这就要求教师要懂得因材施教，因人施教。例如，有些教材语言太过简单，大部分学生在课堂上仅仅是在运用或操练旧的语言知识和技能，对学生英语语言能力的提高极为不利。面对这种情况，教师应适当补充一些稍具难度的语言材料，激发学生的学习动力，促进学生语言能力的发展。有些教材偏难，导致很多学生都难以理解，从而阻碍学生的英语学习。这时，教师应注意调整教学进度，适当添加一些难度稍小且与课文内容相关的语言材料，使学生能跟上教师的教学进度。还有些教材中提供的交际任务可能会超出学生的日常生活范围，这时，教师应该借助一些辅助手段，如图画、幻灯片、流程图等，以增加课堂教学的趣味性，促进学生的学习。

2. 教学环境

教学环境的要素教学环境主要由三个要素构成：社会环境、学校环境以及个人环境。下面对这几个要素进行简要分析。

（1）社会环境：社会环境指的是社会对英语的需求、社会制度、国家的教育方针、外语教育政策、经济发展状况、科学技术水平以及人文精神。社会环境是影响英语教学的首要因素，指引着英语教学的方向。

（2）学校环境：学校环境是学生学习外语知识的主要环境，对英语教学效果具有直接的影响作用。学校环境由多种成分组成，如课堂的设置、学生接触英语的时间、教学设施、教师的素质、班级人际关系等。

（3）个人环境：个人环境主要包括学生家庭成员的社会地位、经济条件、对英语的态度，与同学、朋友之间的关系和感情，以及学生自己所拥有的学习设备、用具等。

第二节　高校英语教学的现状分析

一、英语基础知识教学现状

（一）语音教学现状

1. 对语音教学的内容和任务把握不够

相当一部分教师误以为，语音教学就是教字母、单词读音、国际音标。事实上，这种观点反映了其对语音教学内容的认识缺陷。因为语流、语调、重音等同样是语音教学的重要内容。但有的英语教师只关心前面几项内容，而忽视了后面几项，这就很容易造成学生发音、拼读尚可，但语调不过关，语流不畅，最后导致学生读不清楚，说不明白，甚至会因为语调使用错误而引起他人的误解。因此，英语语音教学不能只停留在单个音素和单词读音的层面上，还应在音长、重音、语调、停顿、节奏等方面对学生进行重点训练。

2. 对语音教学认识不够

对语音教学的认识不足主要表现在两个方面：对语音教学的重视不够、缺乏对语音教学长期性的认识。

（1）对语音教学不够重视

作为语言存在的基础，语音是英语教学的第一关。可以说，世界上所有的语言不一定都有文字形式，但却一定有各自的语音。因此，英语语音教学也应该是整个高校英语教学发展的起点。然而在实际教学中，很多教师对语音教学并不重视，这一点主要表现为对学生的发音问题（如浊辅音发成清辅音、短元音发成长元音等），不认真纠正就放过，致使学生的语音基本技巧不纯熟，无法快速地将字母和语音联系起来，达不到直接反应的水平。总之，对语音教学的重视不够直接导致了学生发音不准、语流不畅、语音不地道等问题。

（2）缺乏语音教学长期性的认识

很多教师和学生认为，语音作为一项基础知识，只存在于英语教与学的初级阶段，大学阶段无须再开展语音教学。这种观点是不正确的。事实上，语音教学应该贯穿于整个英语教学之中。这点常被一部分教师所忽视，导致学生的语音越来越差。高年级学生开口能力和习惯反而不如低年级学生。这些问题的产生都和教师对语音教学的长期性认识不够有很大的关系。因为语音是一种技巧性能力，“久熟不如常练”，语音的学习自然就需要经常练习。教师不仅要指导学生练习，自己也要不断地进行纠音和正调。需要指出的是，大学阶段的英语语音教学可不必将重点放在孤立的发音上，而应将语音教学融入语法、词汇、句型、课文教学和听、说、读、写训练之中，结合语境才能更好地使学生的语音得到提高。

3. 教师语音不标准

教师作为学生学习的榜样，其发音的准确、地道与否都直接影响了学生对语音的学习。然而，由于地区差异等原因，部分英语教师自身也存在发音不准确的问题。还有一些英语教师不分英式发音和美式发音。这在我们看来似乎没什么，但使用英语作为母语的人对英式发音和美式发音却比较敏感。

4. 学生语音练习机会少

大学阶段的语音教学不像初学英语时那样，教师会用专门的几节课讲授语音知识。非英语专业的高校英语教学并无专门的语音课，语音是和其他语言知识与语言技能一起进行综合教学的。平均下来，教师分配给语音教学的时间本来就少，而用于语音练习的时间就更少了。这是英语语音教学中的一个显著问题，也是学生英语语音学习效果不佳的一个重要原因。

（二）词汇教学现状

1. 教学方法单一

词汇是学生最常学习的内容，也是学习中最头疼的部分。很多学生都存在记得快、忘得也快的问题，而且总是死记硬背单词，也常常因为太过枯燥、乏味，半途而废。这一现状与教师词汇教学的方法不无关联。大部分教师依然采用传统的教学方法，即“老师领读学生跟读—老师讲解重点词汇用法—学生读写记忆”。这种教学方法单调、乏味，学生处于被动的学习地位，这无疑加剧了学生对词汇学习的抵触情绪，教与学的效果都不会太好。对此，教师必须重视词汇教学方法的更新，要采用多样、有趣的词汇教学方法来调动学生的积极性，提高学生学习词汇的兴趣。例如，教师可以利用实物、图片、肢体语言、多媒体等教具来呈现和讲解词汇，而不是一味地用黑板呈现，这样有助于吸引学生，引起他们的学习兴趣。

2. 忽视学生的主体地位

学生是学习的主体，其自身的各项因素都直接决定了学习的效果。现代教育观认为，只有突出学生的主体地位，教学才能收到令人满意的效果。然而，这种主体地位在实际的英语教学中仍未得到很好的体现，词汇教学也不例外。词汇教学本应注重对学生智力的开发，重视对学生的观察力、记忆力、想象力、思维能力以及创造能力的培养。而现实状况是，教师仍然采用填鸭式教学，将词汇的发音、意思、搭配等知识一股脑儿地灌输给学生，也不管学生需不需要，有没有兴趣，词汇教学效果显然不佳。实际上，学生进入大学阶段时，大多有了一定的英语词汇基础，且有能力对相关的词汇规律进行归纳和总结。因此，教师不应继续“独揽霸权”，而应发挥引导作用，使学生逐渐能够独立思考和总结，发现词汇规律，掌握词汇学习的方法，这样才能使学生的词汇学习事半功倍。

3. 与实际生活联系不够

人们往往对自己熟悉的、与自己有关的事物更加关心。因此，教师也应将词汇与学生生活联系起来，以引起学生更大的学习兴趣。然而，大多数教师仍然采用黑板和口头讲述单词，词汇与实际生活的联系也十分微弱。不能使词汇学习与学生的实际生活联系起来就难以引起学生的词汇学习兴趣，也无法因材施教。

4. 缺乏系统性

英语词汇虽然多达上百万，看起来杂乱无章，实则是有规律可循的。因此，教师应该按照一定的系统来开展词汇教学。把握好这种系统性有助于加强词汇之间的联系，从而提高词汇教学的效率和效果。然而，目前我国大多数的英语词汇教学都严重缺乏这样的系统性。从小学到中学再到大学，所有的英语课本所包含的课文，其内容的主题都没有一个系统可循，几乎每一册课本都可能包含十个甚至更多的主题，如生活常识、人物事件、生态环境、旅游观光、社会道德、天文地理、历史经济等。大多数教材的课文主题五花八门，并未按照一定的系统排列开来，致使其所包含的词汇也就缺乏共同的纽带和轴心，学生也很难在所学词汇中建立起联系。这就容易导致学生在应用、记忆、复述、联想这些词汇时陷入混乱。

（三）语法教学现状

1. 教学方法单一

高校英语语法教学方法单一的问题体现为，教师经常、甚至只使用“先讲语法规则，后做练习”的教学方法。这种教学方法使学生处于被动的接受地位，无法调动学生学习的积极性。学生听的时候似乎明白了，用的时候又备感困惑。尤其是当几个语法现象共同出现的时候，学生往往就会不知所措。因此，面对复杂而繁多的语法条目，教师务必要注意教学手段的多样性，深化学生对语法条目的理解和记忆，使学生学会使用语法，而不是单纯地背诵语法规则。

2. 教材与大纲不协调

教材是课堂教学的依据，教材质量的好坏对教学目的的实现、教学方法的选用都有很大的影响。随着社会进步和发展，社会对大学毕业生的要求也日益提高，落后的语法教材显然已经不能适应学生充分交际的要求。它一方面束缚了教师的手脚，另一方面也限制了学生的实际应用能力。因此，作为教学依托和指导的传统语法教材应由交际语法教材取而代之。交际大纲的目的是使学习者能够运用语法发展交际能力。

3. 语法地位降低

语法教学一度在我国英语教学中占据核心地位。一提到英语教学，人们自然而然地想到语法。然而随着在此观点指导下的英语教学弊端逐渐暴露，大量淡化英语语法教学的现象也随之逐渐显露。有人认为，学生小学就开始学语法，到大学阶段语法学习已基本完毕，无须重复。还有人认为，试卷中考查语法的题目较少，分值比重也很少，不值得花费太多的精力去学习。因此，语法教学又一度失宠。事实上，前面两种观点都是有失偏颇的。

4. 学生语法运用能力差

学生对语法的运用能力差主要表现在语法知识的掌握和交际技能的运用之间存在落差。长期以来，传统的英语教学过分注重对学生语法知识的传授，即使到了大学阶段，英语教学也仍以传统的教学方法来进行，以“讲授语法知识操练句式—句型及翻译练习”为主，通过反复模仿来巩固学生的英语基础知识。因此，学生最后虽然掌握了语法知识，语法规则背得头头是道，却并不具备语法能力，在实际运用中错误百出，以至于学生虽然学了十几年的英语语法规则，但在实际交际的过程中的效果却不尽如人意。

二、英语技能教学现状

（一）听力教学现状

1. 教学模式

机械化听力教学的机械化表现为教学模式程式化，即大多数教师都采用“听录音对答案—教师讲解”的模式开展听力教学。这种模式下的听力教学不仅缺乏对学生的有效监督，而且忽视了学生对于语篇的整体理解，只是毫无目标地、机械地播放录音，一遍不行就放第二遍、第三遍，教师盲目地教，学生盲目地听，而且听的时候也不认真，听完就等着对答案，听讲解，并没有强烈的学习动力。

2. 听力时间不足

听力水平的提高需要大量的练习作保障，但很多学生课下就将学习抛在脑后，很少主动练习听力，因此听力学习的时间主要集中在课堂上。然而，非英语专业的高校英语听力教学并未独立出来，而是和其他内容一起教授。但一节课的时间有限，而且也不可能全部用于听力，因此，学生能够听的时间其实很少。而听作为一种综合性技能，它的提高并非一朝一夕能够实现的，这就使学生的听力水平难以提高。

3. 教材现状不佳

教材对教学活动的组织安排具有很大的指导作用。好的听力教材不仅可以丰富学生的文化素质，还可以开阔学生的视野。而质量不佳的教材就会对教与学产生种种阻碍。我国很多高等院校使用的听力教材就存在内容陈旧、编排不合理等问题。这些教材既不能反映迅速变化的时代，也无法体现最新的教学思想和教学方法，因此也难以在听力教学中起到良好的辅助作用。

4. 学生听力基础薄弱，畏惧听力

学生方面存在的问题主要是听力基础薄弱、学生畏惧听力。

（二）口语教学现状

1. 教学方法滞后

长期以来，我国的英语教学将大部分注意力都放在了语法和阅读教学上，这就导致教师对口语教学的关注不够，口语教学的方法也并未得到及时更新。“讲解—练习—运用”是我国高校英语口语教学的常用方法。这看起来并无不妥，但实际上却将学生置于被动的接受地位，学生在没有语境的情况下做大量机械的替换、造句等练习，根本无法有效地提高口头表达能力。

2. 课时不足

和听力教学一样，口语教学也并未被独立出来进行专门教授，这就意味着口语教学的时间很难得到保证。然而，口语能力的提高通常需要花费大量的时间，进行大量的实践，而教学时间的不足直接制约了教学效果的提高。以高校使用的英语教材《新编实用英语综合教程》为例，该教材主要包括五项内容：听、说、读、写、译。每个班级若按 45 人计算，加上学生参差不齐的英语水平，那么即使分配给口语课两个小时，每名学生接受的训练也十分有限。因此可以说，教学时间的不足是英语口语教学的硬伤，直接导致了学生的口语能力低下。

3. 缺乏配套教材

有调查显示，适用于非英语专业的高校英语口语教材十分少见。大多数英语教材都将口语训练当作听力训练的延展而附在听力训练之后，且内容简短、缺乏系统性。这就很容易使教师和学生轻视口语的教与学。尽管市场上也有一小部分口语教材，但实用性不佳。这些教材要么是专门针对某一专业、领域的口语教材，难度太大；要么是有关简单的问候、介绍、谈论天气日常用语的教材，过于简单。这些教材都难以担当辅助口语教学的重任。

4. 学生口语能力差、心理压力大

中国学生在学习英语口语时，难免受汉语的影响，而存在各种各样的问题，比如，有的学生发音不准，影响了语义的表达；有的学生带有地方口音，听起来十分可笑；还有的学生不能正确使用语调、重音等，影响口语表达的标准性，甚至改变了发话人的本意。另外，由于缺乏练习，学生也很难将学到的词汇、语法用在口头表达中，因而造成无话可说或不知如何去说的尴尬。受应试教育的影响，英语教学的重点通常被放在阅读和写作上，口语教学就被忽视掉了。这就导致学生缺乏口语练习，口语基础薄弱，即使日后意识到了口语的重要性，也总是心虚、不自信。虽然有些学生的口语能力不像他们想象的那么差，却仍然不愿意开口说英语。即使有一小部分学生愿意口头交流，也总是带有紧张不安的情绪，担心自己说错、被批评、被耻笑。这些负面情绪对口语水平的提高影响极坏。

（三）阅读教学现状

1. 教学观念有误

阅读教学一向是高校英语教学的重点，尽管如此，高校英语阅读教学观念却存在以下两个严重的错误。

（1）将阅读教学混同于词汇教学、语法教学。教师常常过分重视语言知识的传授抓住一个单词、语法点大讲特讲，阅读教学呈现“讲解生词—逐句逐段分析—对答案”的定式，忽视了学生对语篇的理解、从语篇中获取信息能力的培养。造成这一问题的根本原因就是阅读教学观念不正确。教师对阅读教学的目标认识不清，导致阅读教学成为语法、词汇教学，学生的阅读能力并未得到提高。

（2）将阅读速度等同于阅读能力。有些教师认为，阅读速度加快了就意味着阅读能力提高了，并据此来开展教学活动。事实上，这一观点是错误的。有些学生即使阅读得快，但理解不佳，有些学生阅读得很慢，理解也不好。因此，阅读速度和阅读能力没有必然关系。阅读的速度应根据阅读目的来确定，配合一定的阅读技巧来实现。例如，若只需要掌握文章大意，就可采用浏览的方式来阅读，不必字字细读。若要掌握某个细节事实，就应先浏览，确定所需信息的位置，然后细读该部分。

2. 教学方法落后

高校英语阅读教学方法的落后体现在，“教师布置阅读任务—学生阅读并做题—教师对答案、讲解的教学模式已经成为定式，被众多教师不加考虑地一再沿用。这种教学方法的应试性比较高，因而显得十分死板，学生的阅读习惯、阅读技巧等均得不到培养，主体地位得不到突出，主观能动性得不到发挥，学习兴趣更得不到培养，阅读教学的效果可想而知。

3. 课程设置不合理

有些学校、教师错误地认为阅读教学是英语教学的附属品，因而对阅读课程教学目标、教学计划的设计不甚在意，阅读教学的课时、课程设计、师资力量以及教学组织得不到保证，直接影响了阅读教学的效果。另外，精读与泛读的课程设置也明显地“厚此薄彼”。很多高校从大一到大四都安排给精读很多课时，而泛读则几乎没有。这种重精读轻泛读的现象加剧了教师和学生对阅读的误解（即学习词汇、语法知识），而由泛读培养起来的阅读技巧则得不到任何发展。这显然使阅读教学误入了歧途。

第三节　高校英语教学的影响因素分析

高校英语教学中的因素有很多，在这里主要指影响高校英语教学的因素，在此不可能对每一个因素都一一详述，但我们会围绕高校英语教学所涉及的一些主要要素，如教师、学生、教学环境等进行分析。

一、教师

教师是高校英语教学的重要因素，在英语教学中起着主导作用。在英语课堂上，教师主要充当两种角色，即掌控者和引导者。作为一名合格的英语教师首先应该具有纯正的发音。然而，并非所有的英语教师都具有纯正的发音，所以教师可借助 VCD、广播以及多媒体等手段来弥补自己的不足，确保学生在课堂上所听的内容都是纯正的。同时，教师在讲解单词、句子、课文时，应该穿插一些解释，对难懂的词语要不断重复讲解。在多数英语课堂上，教师的讲话占据课堂大部分的时间，不可否认，教师的讲话有利于学生的语言习得，但也不能因此牺牲掉学生的练习时间。同时，教师还要注意不断变化教学的形式，以增强课堂的趣味性。一位合格的英语教师还应具有一定的应变能力，能预测课堂活动中出现的状况，能很好地处理课堂上的突发事件，确保课堂活动的有序开展。

此外，教师应该随时调整自己的提问方式、语言运用、提供反馈的方式。在英语课堂中，提问是教师常用的一种教学手段。通过提问，可以有效激发学生的学习兴趣，促使学生积极思考，帮助教师对某些知识结构进行诱导。另外，语言运用的方式也很重要，为了让学生对所讲述知识有一个充分的了解，教师在教学中可以采用重复话语、降低语速、增加停顿、改变发音、调整措辞、简化语法规则、调整语篇等措施。学生是英语教学的重要反馈者，同样，教师的反馈也是十分重要的。所谓提供反馈就是指教师为学生的学习情况提供反馈。教师的反馈可以是对学生话语的回答，如表示学生问答正确或错误、赞扬鼓励、扩展学生的答案、重复学生所答、总结学生回答、批评等。总之，教师的目的就是采用不同形式的教学方法，调动学生的积极性，扩展学生的知识面，培养学生的学习能力，提高整体教学的效果。

二、学生的个体差异

（一）语言潜能的差异

语言潜能最简单的定义就是：潜能是一种固定的天资。某些人较其他人有更高的水平。有这种能力的人，在语言学习方面可能会取得更快的进步。卡洛尔（Carroll）认为，语言潜能包括：语音编码、解码的能力，即关于输入处理的能力；归纳性语言学习的能力，它是有关语言材料的组织和操作的能力；语言敏感性，它是从语言材料中推断语言规则的能力；联想记忆能力，它是关于新材料的吸收和同化能力。每个学生的语言潜能都存在差异。在英语教学过程中，教师应了解学生的语言潜能，从而因材施教，使之针对不同的学习任务在不同场合发挥各自的长处，以收到事半功倍的效果。

（二）认知风格的差异

认知风格又称认知方式，是指个体在认知过程中所表现出来的习惯化的行为模式，它既包括个体知觉、记忆、思维等认知过程方面的差异，也包括个体态度、动机等人格形成和认知功能及认知能力方面的差异。每个学生都有各自不同的认知风格。然而，不同的认知风格又有优劣之分，但这并不体现在学生的学习成绩上。每个学生都有自己偏爱的信息加工方式，在学习不同材料时也会各有所长。当学生的认知风格与教师的教学风格、学习环境中的某些因素相吻合时，就会获得好的学习成绩。因此，教师应了解并尊重学生的认知风格，针对不同的学习任务和学习环境因材施教，正确引导，使自己的教学特点与学生的需要有机地结合起来，从而获得良好的教学效果。

（三）情感因素的差异

情感因素差异主要涉及以下几个方面

1. 学习动机

学习动机是指激发个体进行并维持已引起的学习活动，并使其行为朝向一定的学习目标的一种内在过程或内部心理状态，是直接推动学生进行英语学习的内部动力，是影响英语学习成绩的一个关键因素，学习动机来源于学习活动，也是学习活动得以发动、维持完成的重要条件，并由此影响学习效果。

2. 性格

性格是指一个人对现实的态度和行为方式表现得比较稳定但又可变的心理特征，是学生重要的情感因素，也是决定其英语学习成功与否的关键因素之一。人的性格大体可以分为外向型和内向型两种。埃利斯认为，外向型的学生有利于交际方面的学习，其喜欢交际，不怕出错，能积极参与英语学习活动，并在活动中寻求更多的学习机会；而内向型的学生在发展认知型学术语言能力上更占优势，其善于利用沉静的性格从事阅读和写作。对教师来说，研究学生在性格上差异的最终目的是充分了解学生的个体差异和不同的心理状态，发挥不同性格学生的优势，因材施教，以获得更理想的教学效果。

3. 态度

态度就是个体对他人或事物的稳定的心理倾向或为达到某种目的而做出的努力，它是影响学习效果的重要因素之一。学习态度一般包括情感成分、认知成分和意动成分。所谓情感成分，就是对某一个目标的好恶程度；认知成分是对某一个目标的信念；意动成分就是某一个目标的行动意向以及实际行动。通常来讲，获得好的学习效果应该对异质文化具有好感，向往其生活方式，渴望了解其历史、文化和社会习俗等。相反，学习者对外族文化抱有轻蔑、厌恶甚至仇视的态度学习该族语言是学不好的。此外，学生对学习材料、教学活动的组织形式及对教师的态度都会影响到他们语言学习的效果。分析学生的个体差异有利于教师制订合理的教学计划，选择适合的教学材料及方法。

三、教学环境

教学环境对英语教学有以下几个方面的影响

（1）教学环境能够使教师在教学中更加努力地营造良好的课堂环境，充分利用现代化教学设备，优化教学环境，提高学生对英语语言的运用能力。

（2）教学环境可以帮助教师正确认识环境对学生英语学习的影响，结合我国英语教学的现状，理性地分析、判断和选择其他国家英语教学的理论和方法。

（3）教学环境可以帮助教师有效地加工语言输入材料，科学地设计语言练习，创造良好的课堂英语使用环境。

（4）教学环境有利于教师不断学习和实践优化课堂教学环境的策略，在创设良好的英语教学环境的过程中，提高其自身的教学素质。

第四节　高校英语教学的发展探究

改革开放以来，我国高校英语教学走过了30多年的发展历程，期间取得了丰硕的教学成果。随着教育教学的不断发展，外语教学理念从以教师为中心转向以学生为中心，“一刀切”的教学管理向个性化教学转变，多媒体和网络技术的发展更是为高校英语教学创造了更好的发展条件。教育部高等教育司制定了《高校英语课程教学要求》（以下简称《课程要求》），作为各高等学校组织非英语专业本科生英语学习的主要依据。从《课程要求》中可以看出，我国目前的高校英语教学理念是“重功能，重交际，重技能的全面发展，以学生为中心，以任务为基础的主题教学，充分利用高科技手段，实现个性化教学等”。根据这一理念，高校英语教学改革应朝以下几个方向进行。

一、高校英语教学改革的方向

（一）不同院校、学生的目标可以不同

不同的学校，其师资力量、教学资源等都有所不同。因此，不同高校的教

学目标也可有所不同，既允许顶尖院校有更高的教学目标，也允许后进的院校只达到基本要求。另外，即使是同一所学校的学生，他们的英语水平也可能相差较大。对此，学校应根据不同学生的实际水平、兴趣爱好等开展分级教学。要求实力不同的院校、起点不同的学生达到相同的目标显然是不合理的，也是不太可能实现的。

（二）教学目标转向“听、说为主”

重阅读是我国高校英语，甚至是各阶段英语教学的重要特点。这一点在历届高校英语教学大纲和教学目标中都有直观的体现：1962 年，我国第一份高校英语教学大纲就将阅读当作唯一的教学目标，到了 1999 年，尽管教学目标中增加了“用英语交流信息”的字眼，但却并未明确提出培养学生的语言交际能力，而阅读仍然是高校英语教学大纲中的第一层教学目标。2007 年，《课程要求》指出：“高校英语的教学目的是培养学生英语综合应用能力，特别是听说能力，使他们在今后工作和社会交往中能用英语有效地进行口头和书面的信息交流，同时增强其自主学习能力、提高综合文化素养，以适应我国经济发展和国际交流的需要。”至此，《课程要求》才清楚地明确了高校英语教学培养学生语言交际能力的目标，即在强调听、说、读、写各种能力协调发展的同时，还要将听、说能力的培养放在教学的重要位置。这是我国高校英语教学的一个重大突破。

（三）教育理念转向“以学生为中心”

过去的高校英语教学十分注重语言的结构，认为语法是英语教学中最重要的内容，学生只要学会了语法规则，就学会了语言，获得了使用语言的能力。在此基础上，高校英语教学普遍存在“以教师为中心”的教学现象。然而，随着语言教学理论的发展以及交际教学法的兴起，人们越来越多地意识到，学习是学生的活动，作为内因的学生本人才是影响学习效果的根本原因。因此，语言教育者提出了“以学生为中心”的教学理念，旨在提高学生学习的主动性、积极性，从而提高教与学的效果。

“以学生为中心”起源于美国教育学家杜威的“以儿童为中心”的教育理念。杜威认为，教师并非教学的中心，教学中也不应采用填鸭式、灌输式的教学方式，而应以儿童为中心开展和组织教学，充分发挥他们的主观能动性。在此基础上，人本主义代表人物罗杰斯提出了“以学生为中心”的教育理念。他认为，学生天生就有学习的潜力，若所学内容与学生自身的需求相关，学生就会积极参与学习，如此就可提高学习的效果。在此观点的影响下，教师逐渐意识到自己不应是居高临下的指挥者和知识的灌输者，而应是学生学习的参与者、组织者、合作者、指导者和推动者。而如何实现“以学生为中心”的教学理念，避免“一言堂”现象的产生，并保证良好的教学效果是需要继续探索的实际问题。需要指出的是，“以学生为中心”并不意味着教师就要“袖手旁观”，也不意味着教师的任务会变轻。

事实上，按照“以学生为中心”的教学理念来开展课堂教学时，教师不仅要参与到教学活动中去，而且还要与学生合作，才能完成整个教学任务。在此期间，教师还要给学生一定的帮助和指导，最后还要对学习活动的开展情况和学习效果做出评估，以促进教学活动的顺利开展，并达到预期效果。由此可见，在“以学生为中心”的教学理念下，教师扮演着“学生顾问”的角色：既要掌握学生的实际需求，还要帮助学生做好学习准备，顺利完成课堂活动。因此，与传统的“以教师为中心”相比，教师的工作不但没有减少、减轻，反而增多、增重了。

（四）教学模式转向“以内容为依托”

在全球化进程不断加快的今天，社会各行各业对既有专业知识又熟悉相关领域英语的复合型人才的需求量越来越大，这就对专门用途英语的教学提出了更多、更高的要求。复合型英语人才大致可分为“专业＋英语”人才和“英语＋专业”人才两类。其中，前者是以英语为工具，从事专业工作。学习期间，学生可以根据自身需要选择两个或多个学科的课程，如经贸＋英语、物理＋英语、机械＋英语等。而后者则主要从事某些领域的口译、笔译工作。在英语教学中，这两类人才的培养都是以英语基础和多学科知识的交融为出发点，力求培养出能对本专业知识融会贯通的综合性人才。在此标准下，各专业学生不仅要具备一般的英语听、说、读、写能力，更要能利用英语来获取专业知识和信息，甚至要能利用英语参与国际学术交流等。然而，综观我国目前的高校英语教学可以发现，以讲解语言点为主的“记忆型教学”仍然占据主要地位，教学中的应试意图明显。这样的教学模式对提高学生的学习动机、营造轻松愉快的课堂气氛而言都是十分不利的。显然，这样的教学模式很难取得良好的教学效果，学生也无法运用英语解决实际工作中的问题。由此可见，传统的高校英语教学模式已无法满足社会发展的需要，从某种程度上，甚至制约了学生的发展。

（五）开展多媒体网络教学

《课程要求》首次确定了计算机网络在外语教学中的重要地位。这不仅使计算机网络在高校英语教学中受到了重视，还引发了全国规模的高校英语教学改革。以计算机网络为核心的现代信息技术的引进使外语教学目标、方法、手段、观念、教材、作用、环境、评估等各个方面都发生了巨大变化。与传统教学相比，计算机多媒体教学有着众多优势：计算机软件可以为学生提供地道的发音，生动形象地将知识内容呈现给学生，图文并茂，很容易引起学生学习的兴趣，同时也使外语教学突破时空限制，学生在任何时间、任何地点都能学习英语，这也极大地增加了学生学习英语的时间。

（六）评估方法多元化

评估是英语教学的一个重要方面。教学目标是否实现要依靠教学评估来检验。而交际型的、以学生为中心的教学模式和培养综合应用能力的目标，要求其评估体系也应该是能够考查学生语言运用能力的交际型评估。这也引发了教学评估方式的转变：测试中的客观题减少，主观题增加；终结性评估不再“独霸天下”，形成性评估受到越来越多的重视等。随着人们对教学评估改革意识的增强，出现了很多可以在计算机网络上实现的、新型的语言测试。这些测试大多具有开放性、形成性和多维性的特点。例如，允许学生多次考试，让他们看到自己的进步和成功，尊重每名学生的学习速度、学习阶段和自我感受，让他们为完成学习任务而学习，而不是单纯为了应付考试。

二、高校英语四、六级考试的改革

高校英语四、六级考试自 1987 年实施以来至今已有 30 年的历史，考试人数也从当年的 10 万人发展到 2017 年上半年的 962 万人，成为世界上规模最大的考试之一。在这 30 年里，高校英语四、六级考试对提高我国高校英语教学质量、推动我国大学生的英语水平的提高起到了重要的作用。1987 年 9 月举办的第一次高校英语四级考试和 1989 年 1 月举办的第一次高校英语六级考试使高校英语教学得到了全国各高校以及社会的重视，高校英语课程也成为高等教育的一项重要内容。四、六级证书不仅关系到学生是否能够顺利毕业，还关系到是否能够找到满意的工作。然而，高校英语四、六级考试在取得成绩的同时也暴露出一些问题，如学生考试时间分配不合理，很多学生将大部分时间花费在前面的语言知识上，写作文的时间就少得可怜，有些学生因为来不及写作而干脆放弃，这就使学生的写作能力难以得到提高。为解决这一问题，考试委员会改变了试卷的发放形式。

自 1990 年起，四、六级考试的试卷被分成两个部分来发放：客观题部分为试卷一，作文部分为试卷二。这两部分均有一定的时间限制。试卷一的答题时间结束后就收掉试卷，以此保证学生有足够的时间来写作。但由于作文只占总分的 15%，也很容易使教师和学生轻视写作。为了引导师生更多地重视写作，自 1991 年开始，高校英语考试设立了作文最低分限制，即作文分数低于一定的分数者，即使总分达到 60 分也不给及格，同时也公布了成绩计算公示：作文 0 分者，总分即使高于 60 分也一律为不及格。作文分大于 0 分小于 6 分者，计算公式如下：最后分数＝原总分－6 分＋实得作文分。此法出台以后，作文就引起了全国各高校的普遍重视，全国作文平均分也从 4 分提高到了 8 分。为省时、省力，高校英语四、六级考试多使用选择题的方式来考查学生。但对语言测试来说，选择题无法真实地反映学生的语言综合运用能力。

因此，高校英语四、六级考试委员会在题型比例上进行了调整：从 1996 年 1 月起增加英译汉翻译题、简答题；听力理解中增加了复合式听写题。这就大大减少了学生“蒙”的成分。然而，仅仅增加简答、翻译等题型，对学生语言运用能力的考查仍十分有限，对学生来说，能力的考查仍是一片空白。为使众高校师生重视英语口语教学，进一步推动我国高校英语教学的发展，高校英语四、六级考试委员会决定从 1999 年开始实施高校英语四、六级口语考试。口语考试的条件是：四级成绩在 80 分以上、六级成绩在 75 分以上的在校大学生。考试结果被划分为 A、B、C、D 四个等级，而只有 A、B、C 三个等级的成绩才有证书，成绩低于 C 级者不发给证书。口语考试制度的设立促使广大师生将注意力从传统的词汇、语法教学中分离出来，更多地关注英语口语能力乃至英语综合运用能力的提高。可以说，口语考试的出现标志着高校英语四、六级考试进入一个相对完善的阶段。随着考试次数的增多，高校英语四、六级考试中的弊端也越来越多地显现出来。

为适应我国高等教育发展的新形势，满足社会需求，2005 年 2 月，教育部宣布了高校英语四、六级考试改革的试行方案。自 2005 年 6 月起，四、六级考试成绩将采用满分为 710 分的计分体制，不设及格线；成绩报告方式由考试合格证书改为成绩报告单，即考后向每位考生发放成绩报告单，报告内容包括：总分、单项分等。为使学校理解考试分数的含义并根据各校的实际情况合理使用考试测量的结果，四、六级考试委员会将向学校提供四、六级考试分数的解释。就考试内容和形式而言，将加大听力理解的题量，增加快速阅读理解测试以及一些非选择性试题的比例。

按照《大学英语课程教学要求（试行）》修订考试大纲，开发新题型，加大听力理解部分的题量和分值比例，增加快速阅读理解测试，增加非选择性试题的题量和分值比例。2013 年 8 月 17 日题型调整后，现行阶段的四、六级考试内容由四部分构成：听力理解、阅读理解、综合测试和写作测试。为了适应新的形势下社会对大学生英语听力能力需求的变化，进一步提高听力测试的效度，全国大学英语四、六级考试委员会自 2016 年 6 月考试起将对四、六级考试的听力试题作局部调整占 35%，阅读理解部分比例调整为 35%，其中词汇理解（选词填空）占 5%，仔细阅读部分（Careful Reading）占 20%，长篇阅读占 10%。仔细阅读部分除测试篇章阅读理解外，还包括对篇章语境中的词汇理解的测试；长篇阅读部分测试各种快速阅读技能。翻译比例为 15%，写作能力测试部分比例为 15%，体裁包括议论文、说明文、应用文等。

按照全国大学英语四、六级考试新政规定，2016 年 6 月起，将对四、六级考试的听力试题作局部调整。其中，四级听力试题取消短对话和短文听写，新增短篇新闻（3 段），其余测试内容不变；六级听力试题取消短对话和短文听写，听力篇章由原来的 3 篇调整为 2 篇，新增讲座/讲话（3 篇），其他测试内容不变。

简而言之，陪伴了中国大学生十几年的短对话和短文听写将退出历史舞台，取而代之的是新闻听力和学术讲座。从这次听力改革可以看出，考试越来越注重考查学生真实的听力能力和水平，而不是强调考试的技巧性。

第二章　高校英语教学理念研究

第一节　现代教学理念的审理

作为国际交往的语言，英语的作用很大。在联合国，英语是几种通用语言之一，而且使用得最多。在国际航空、航海和体育界，英语是不可缺少的交际工具。在国际贸易界，英语也是最重要的媒介。在科技界，英语又是国际性语言。已经进入信息时代的地球变得“越来越小”，全球化趋势在21世纪更为凸显。世界已进入中国，中国已走向世界。人类彼此间的交往随着国际互联网的普及，越来越方便，越来越频繁。各个国家、各个民族之间的文化交流、科技交流和信息交流已成为人类生活中不可缺少的重要方面。如果说当今生活在这个“地球村”大家庭的人们有什么共同语言的话，那么“英语”是理所当然的。英语学习、英语教学越来越受到人们的普遍重视，正如不少大学的学子们所说，他们在整个大学的学习过程中，70%的精力不是用在自己的专业上，而是用在英语上。诚然，语言的本质是工具，但人类在进步，时代在发展，社会在前进，外语已从一种工具变为一种思想，一种知识库。没有掌握外语犹如缺乏一种思想，缺乏重要的知识源泉。多学一门外国语，等于在本来没有窗子的墙上开了一排窗，你可以领略到前所未有的另外一面风光。19世纪德国语文学家、现代高等教育奠基人洪保特说过：学会一门外语或许意味着在迄今为止的世界观领域中获得一个新的出发点。这话是否说得过头可以再讨论，但语言既是思想的外壳和载体，同时又确有思想模具作用的事实也毋庸置疑。从这个意义上说，学会一门外语，不但是多了一双眼睛、一对耳朵、一条舌头，甚至还多了一个头脑！

从学习者的认知角度来看，因为语言是人类思维的工具、认识世界的工具，掌握一门语言也即掌握了一种观察、认识世界的方法和习惯，而学习另外一门语言就意味着学习另外一种观察、认识世界的方法和习惯。

当前世界发达国家纷纷涌入中国，开办各种各样的英语培训学校，打出各种各样的诱人广告，鼓励中国学生到国外留学，这绝不是简单的“培养外语人才”几个字所能解释清楚的。令人不安的是，仍然有相当一部分英语教师对英语语言理论和教学理论表现出相当的冷漠和无知。

面对当前严峻的现实，我们需要重新审视一下我们应该持有的现代教学理念。

一、现代网络信息技术对英语教学提出了新的挑战

一位大学毕业生到一家公司求职，公司主管问他懂什么语言，他一本正经地答道：“I know English，Japanese and c plus plus.”显然语言的定义在现代网络时代有了变化，它的内涵由于电脑技术的高速发展而扩大了。

信息时代的到来对我国的英语教师提出了挑战。互联网的普及使得网络英语成为现代英语一个极其重要的组成部分。英语教师观念落后、知识老化、教学手段陈旧是目前摆在我们面前的严峻现实。

二、英语学习效率低下的一个重要客观原因

谈起英语教学的实际效果，英语教师都深有体会。中国城市的孩子们常常从小学三年级就开始学习英语，直到大学，学习英语的时间近十年，而最终大多数人收效甚微。原因到底是什么？可能一个非常重要的原因就是，英语在中国只能算是 foreign language（外语），而不是 second language（第二语言）。这是长期以来一直被我国英语教师所忽视的一个问题。那么，第二语言与外语究竟有什么区别呢？它们是同一概念不同风格的用语，还是两个截然不同的概念？它们对英语教学会产生怎样的效果？

我们知道，second language 与 first language 相对，而 foreign language，nonnative language 与 mother tongue，native language 相对。first language，mother tongue 和 native language 的共同特点是：（1）都是最早习得的语言，常常是在家庭环境中习得；（2）熟练程度高，语言直觉强。second language，foreign language 和 non native language 的共同特点是：（1）都是种双语现象；（2）在掌握的时间顺序上次于第一语言；（3）熟练程度一般不如第一语言；（4）习得方式一般是学校教育、家庭教育或自学。

在我国，除了少数民族学习汉语和汉族学习少数民族语言时可以把对方的语言称作第二语言外，中国人在中国境内学习其他国家的语言一般情况下都应称作外语。

首先，在语言环境方面，第二语言与外语有着根本的差别。第二语言学习

者一般都有一个比较自然的语言环境，周围有众多的该语言的本族语使用者，由于种种原因，学习者和他们之间可能会有各种各样的联系。同时，由于该语言可能是官方语言的一种（如英语、法语在加拿大，英语在印度等），新闻媒介、官方文件、广告等为学习者提供了一个比较真实自然的语言环境，而“外语”学习者一般来说很难有这样的语言环境。

其次，从语言输入来看，第二语言学习者一方面有自然的语言环境，另一方面，如果他通过课堂教学学习该语言，教师的语言程度、同学的语言程度等都给他提供了较理想的“可理解性输入”（comprehensible input），其中包括“针对外国人的谈话”（foreigner talk）、“教师语”（teacher talk）、“同伴语”（peer talk）等；而外语学习者不同，他一般不可能得到 foreigner talk 之类的输入，由于外语教师语言水平总体上不能与第二语言教师相比，teacher talk 的质量和数量都不如第二语言教学课堂，peer talk 在很大程度上也受到限制。例如，交际教学法在国外提出多年，我们应当如何看？关于这一点，撇开学术理论上的解剖和辩论，还有个可行性问题。几年前，北京外国语学院办过一个大学英语教师进修班，用交际法教学。在结业时，一位教师对授课老师说：“你的方法好是好，可是回到原校，我们不能用同样的方法教自己的学生，原因是觉得自己的英语水平不高。”Peter Medgves 也说：“用交际法教学教师必须有非凡的才能：是多面手，又懂得高新技术，还有神仙般的魔力，同时又是个有血有肉的凡人。”据他看，匈牙利的英语教师，由于语言能力有缺陷，已经自顾不暇，根本没有时间去考虑学生们除教材内容外还有什么别的需要。

再者，第二语言学习和外语学习在影响学习过程的情感因素方面也有着本质的区别。在第二语言学习环境中，由于第二语言在本语言社团的特殊地位，学习者往往有强烈的学习愿望和动机。如由于英语在印度和一些非洲国家是一种影响择业和晋升的重要因素，学习者的学习动机就很强；再如，在美国和德国，这些国家的语言成为移民和客籍人减少种族歧视、争取同等社会待遇和机会的工具，因此他们学习这些语言有着强烈的综合性动机。所以这些人与中国学生在中国本土学习英语有着根本的差别。这并不是说中国学生缺乏学习外语的动机，但中国学生很少会对外语学习有更大促进作用的综合性动机，而且就整体而言，中国学生学习外语的工具性动机也不十分明确。这不能不说是中国外语教学一个严重的缺陷。就情感因素的其他方面而言，如态度、个人性格等，由于语言学习环境的制约，其潜在的对外语学习过程的促进作用也受到极大限制。

尤为重要的是，第二语言、外语与母语之间的关系不同，母语知识对另一门语言知识习得的影响也不一样。大家知道，母语知识会对学习另一门语言产生正负迁移现象。在欧美国家，学习者所要学习的第二语言一般都是与他们母语有着同源关系的语言，相近的文化背景和相似的语言特征使得他们语言能力的正迁移远远超过负迁移。与此不同的是，中国学生所学外语一般与母语分属不同语系，文化传统、语言特征，包括语音、语法和文字系统迥然相异，他们学习中所遇到的困难远远超过欧美学生。

最后，由于以上种种原因，第二语言和外语学习者所能掌握的语言熟练程度就大不一样。第二语言学习者往往能达到 native－like（与本族语者相似）的程度，特别是在言语表达方面，而外语学习者就很难达到这种程度。

这样看来，外语教学有着与第二语言教学完全不同的特点，中国学生学习外语更有其特殊性。我们要问：尽管随着改革开放的不断深入，中国与世界的交往越来越多，英语运用也越来越广泛，然而我们的学生中到底有多少人真正是对英语感兴趣的，有强烈自我动力的？他们尽管一周有 4～6 节英语课，总数加起来不过 4～5 个小时，这点时间的英语接触够吗？在 50 分钟的英语课上，老师用英语授课的时间到底有多少，学生能开口说英语的时间又有多少？有多少学生的家庭有英语环境？有多少学生父母懂英语？学生在课余时间主动或被动接触英语的机会又有多少？学生在大学阶段两年中只学习 4 本英语教材，而他们课外英语阅读量又有多少？尽管我们可以看到一些十分成功的英语教学观摩课，在这些观摩课上英语教师和学生配合得天衣无缝，听、说、读、写操练样样娴熟，加上朗诵、短剧、多媒体演示，教学者为之兴奋，听课者为之激动。然而，在一年 365 天的英语教学中，这样的课又有多少？这本账，从事英语教学的一线教师心中应该是明白的。说到底，大学英语教学至今仍随着四、六级考试的指挥棒在转，跳不出“应试教育”的模式。现代英语教学理念的更新必将为现代英语教学方法提供更广阔、更富潜力的促进空间。

第二节　错误分析理念的证悟

错误分析（error analysis）是研究外语习得的重要方法。错误分析研究从 20 世纪 70 年代开始兴盛并形成了各种关于错误分类和错误概念的看法。

一、基于“语际语内错误”的语言教学理念

外语学习过程所犯的错误主要有两类：语际错误和语内错误。语际错误是由语言迁移（language transfer）产生的一种错误，是由学习者的母族语导致的错误，也就是母语的习惯、模式、规则等在“母语转换”的过程中对目的语学习的干扰性错误（interlingual error）；语内错误是目的语项目内部之间互相干扰或者目的语项目学习不完整而导致的类推过度，是学习者已经内化目的语的部分规则系统，但由于理解不准确或者不完整而导致不能全面运用目的语的内部干扰错误。

但是进一步的错误分析发现，有些错误说不清是语际错误还是语内错误。如：She married with a very handsome young man. 这里 with 的错用可以归结于母语的迁移，因为在汉语中“和……结婚”中的“和”可以被译成 with；但也可以说这是一个由于没有掌握“mary”一词的用法而导致的语内错误。Only ten of the crew survived from the shipwreck.（沉船事件中，只有十名水手幸存下来。）这里 from 的错用是因为汉语的“沉船事件中”作状语，而英语 survive 作及物动词，shipwreck 作宾语。这类错误本书称之为“语际语内错误”。

（一）“语际语内错误”的语料描述

英语与汉语词汇有许多不同，有些词即使意义相同，其词义也有广义、狭义之分，内涵、引申也各不相同，搭配、用法也都各异。而学生在学习词汇时往往把词汇记忆和词汇用法割裂开来，或者只记住词汇的个别意义，而忽视其丰富的内涵意义，因此使用时常犯“语际语内错误”的毛病，导致用词生硬或不得体。

（二）“语际语内错误”的本质分析

语际错误和语内错误难以划清界限的原因是没有一个大家公认的确定母语负迁移的标准，所以研究得出母语迁移错误所占学习者错误的比例也存在很大差别：研究人员在调查了 518 名西班牙儿童学习英语的错误后，得出的结论是母语迁移错误的比例不到 5%；可是有些研究结果显示母语迁移错误的比例却高达 80%；David Lott 研究表明母语迁移错误大约是 50%。根据一些实证研究，中国成年人在第二语言习得时母语迁移错误所占比例约为 50%；另有专家发现中国成年人学习英语不成功的因素有 59%是受母语负迁移的影响。难

以确定母语迁移错误的比例可能有多方面的原因：（1）错误类型太多；（2）对基本概念（如负迁移）特性的认识不同；（3）错误分析研究所依据的标准各异。鉴于此，我们也不可能建立一个完整的系统来归纳“语际语内错误”。

但是这一类错误包括的范围很广，而且不同于单纯的语际错误或语内错误，基本上不是语法问题或明显的不正确用法，也不影响理解。借助于上述对这类错误的描述，我们可以对“语际语内错误”的本质有一个比较清醒的认识。

（1）“语际语内错误”对语言理解的影响并没有外语学者想象的那么严重，尽管错误数目增多，可理解性相对减少；

（2）语言环境（context）在很大程度上能帮助理解，它比表达中的“错误”有时更为重要；

（3）词汇方面的错误比语法方面的错误更可能影响理解；

（4）“整体”（global）错误比“局部”（local）错误更影响理解。整体错误指整个句子组织结构的错误，如误用连词、主要词组语序颠倒等；局部错误指小范围内成分的错误，如某一词尾的省略或某一冠词的误用等；

（5）语言流利程度（proficiency）比错误更容易造成理解困难；

（6）错误引起的“反感”（irritation）主要取决于理解的效果，即对方是否理解了你的意思，而不是某个单独的错误。

认识“语际语内错误”的本质可以使我们从以下三个方面去探究基于这类错误的教学理念问题：第一，学习语言的目的在于表达（口头或书面的）；第二表达错误不一定影响理解或造成理解错误；第三，语言学习过程中的“自我纠错意识”和“文法意识”不可或缺。

（三）基于“语际语内错误”的语言教学理念

如何去探究基于“语际语内错误”的语言教学理念问题？作者试图按照语言掌握循序渐进的过程：语言初步表达——语言熟练掌握——言语能力形成，提出有关语言教学理念的三个命题，并从多个语言学角度和心理学角度论述其对减少“语际语内错误”的作用。

1. 语言初步表达，“互相理解”是基础

在学得和习得目的语的过程中，学习者将不自觉地使用他们已经学到的语言规则（不管是母语的还是目的语的）构造新语言，因为利用已有的知识或技巧可以简化习得的过程。这一过程就像咿呀学语的儿童一样，肯定有一个犯错

误、改正错误，再犯错误、再改正错误的过程。从某种意义上讲，这些错误也是学习者“以自己的方式”使用外语表达自己思想的结果。

但是，在对待学习者错误的问题上，外语教师似乎更愿意坚持行为主义心理学的观点，认为错误是刺激行为反应中的一种行为偏差，必须通过新的刺激来对正确的形式加以强化，应该有错必纠。因此他们根据教学大纲和考纲要求，在语音、语言点和句型教学上竭尽所能，非常谨慎，不愿放过学生的丁点错误，企图追求最完美的效果，其动机可敬，但事倍功半。因为他们在改错的过程中，一方面很多时候挫伤了学生的积极性，使学生觉得自己很差；另一方面无意让学生记住了错误的表达法，而很少使学生接受改正了的正确表达。比如批改作文，如果教师出于好心把作文批得满篇通红，学生肯定会垂头丧气，觉得自己不可救药了，而不会去听你细分析自己的错误所在。

其实，学语言的目的在于表达、与人沟通和交流，能够互相理解也就达到了目的，至于一些表达错误，只要不造成较大的理解困难，往往会被忽略。何况学习者是一个灵活的、有判断能力的决策者。我们可以认为这些错误是学习者为了习得语言而使用的一种不断调整目标和达到目标的学习策略，一种用来检验自己所学知识的语言假设。在不断地犯错误与改正错误中，学习者的表达能力不断增强、语言水平不断提高。因为语言学习只有在符合学习者的现有水平，在学习者理解的基础上再增加一些新内容才能达到心理学家维果茨基（Vygotsky）提出的最近发展区（zone of proximal development）和克拉中（Krashen）提出的下一个“i+1”语言发展阶段（这里“i”指当前语言知识状态，“1”指当前语言知识与下一阶段语言知识之间的差距）。同时教学中我们还要考虑学生的心理因素，如学习动机、自信心和情绪等，这样也更有利于在我国外语环境极度欠缺的情况下鼓励学习者的语用意识，促进流利程度，通过在不自觉的语用过程中达到熟练，形成对言语的感悟，从而提高水平，减少错误。

当然，我们也不能纵容错误。如果我们像外籍教师批改作文一样无视语法错误，而主要依据内容打分，有些学生得“A”，就会以为自己的英语很不错，以后就不会多注意语言的准确性。因此还是要针对错误类型对严重的错误提供适时恰当的反馈。

2. 语言熟练掌握，“知识够用”是标准

外语学习者学习外语的目的多种多样，语言掌握的标准就不应该完全一样。有些学习者可以用高标准来衡量和要求，有的学者就不一定。我国大学英语衡量掌握的标准是全国四、六级等级考试，这是一种语言能力的测试。但是语言是为了满足人类社会交际的需要而产生的，语言学习的最终目的是交际。强调交际不是对“语言能力”的否定，“交际能力”涉及语言知识、认知能力、文化知识、文体知识等方面，语言能力的培养与交际能力的培养不可分割，语言能力的培养是交际能力培养的基础，交际能力是语言能力培养的目的。如果学习者在掌握了语言基本结构和语言规则后，能够得体地使用语言把自己的思想自然流畅、准确无误地表达出来，这样就应该算是“掌握”了。所以衡量语言熟练掌握的标准应该是学习者的知识是否“派上用场”，是否“能够用上”，至于他能不能翻译莎士比亚、乔叟或荷马史诗则不必强求。

“知识够用”主要表现在词汇的使用及其搭配上。我国四、六级等级考试大纲要求的词汇量很大，学生往往记住了很多词汇，却仍然表现出不够用，在听、说、读、写英语时常常显得黔驴技穷、捉襟见肘。为什么？原因在于没有完全消化吸收和活用所学词汇。关于词汇量是多更好，还是少一些但是更精好。事实上，据新加坡一位学者统计，老舍的《骆驼祥子》一共 107360 字，只用了 2413 个单个汉字，而英语常用词汇也不过 2000 个左右，我国高中学生毕业时英语词汇量就可以达到 1800 个左右。据说早年东印度公司职员的工作语言也只有 900 个词。美国之音特别英语节目（Voice of America Special English Program）基本上仅用 1500 基本词汇来表达国际舞台上所发生的任何一件事情，而且非常准确、及时。《朗文当代英语辞典》（Longman Dictionary of Contemporary English）（英语版）收集了 8 万多条单词和短语，但其释义所用词汇为朗文公司语料库精选的最常用的 200 个英语单词，而且释义精确、细致、易懂。可见，“知识够用”需要有一定的词汇量，但关键在于灵活运用。现在许多学生的英语水平“像七八十摄氏度的热水”未能“沸腾”的主要原因不是完全因为单词总量少，而是单词总量与其表达应用能力不能成正比，常用词汇不会常用。常用词汇熟练程度与外语表达能力呈正相关，如果中国学生在多年的英语课堂上能够翻来覆去学习运用 2000 左右的常用词语或相关句型，就不至于大学毕业时还张不开嘴、写不顺手。因此我们不宜单纯追求词汇量，而应把常用词汇及其搭配视为教学重点。如果学生能够达到活用基本词汇的程度，前面提到的错误现象一定会大大减少。

“知识够用”还要坚持“以我为主”的思路，即鼓励学生以“我”要表达的内容为线索去寻求英语表达方式，而不只是泛泛地到英语原文的海洋里先游泳后捞针，因为我们多数人不可能在事实上做到“读书破万卷，下笔如有神”，而必须讲究英语学习的时间效率。大学英语学习的最高时间效率可以用一个简单的公式来表示：

大学英语学习的最高时间效率=时间、学习内容、负担量、成本、成绩的函数。

具体地说，大学英语学习的最高时间效率是指学生所花的学习时间最少、学习内容最多、学习负担最轻、成本最低和学习成绩最高。这样，坚持“以我为主”的思路，学生在寻求表达方式时，会更多地关注语言的正确表达，自觉纠正原来的错误语言。

3. 言语能力形成，“自我纠错意识”和“文法意识”是通途

语言与言语不同，语言是指某语言集团所共有的抽象的语言材料和规划；言语是指个体根据所掌握的语言知识理解和产生语言的行为。我们可以用语言能力和言语行为来区别语言（language）和言语（speech），它们是理论与实际、宏观与微观、抽象概念与具体行为的关系。大学生学习英语不仅仅只需获得一套语言规则，而要获得一种言语能力。言语能力的形成，“自我纠错意识”和“文法意识”非常重要。这是外语学习者自觉提高水平的关键，如果没有自我提高意识，教师再怎么纠错也枉费心机。毕竟在很大程度上外语是“学”出来的，不是“教”出来的。

根据 Chaudron 的研究，大多数学习者希望自己的错误得到纠正；从长远的角度看，教师对学习者错误的纠正能力大大促进外语学习的进程。但是教师纠错是一个很敏感的问题，处理是否得当直接影响到教学效果和学生的学的积极性。作者认为，教师对待学生的错误既不能过于机械，有错必纠；也不能过于宽容，放任自流；而是平时多注意收集、归类和分析学生的错误语料，适时提供两种恰当的反馈：一是让学生接触正确的用法，使其自觉改正错误，比如，让学生自己寻求表达方式，这有助于培养学生的“自我纠错意识”（self mistake correction awareness）；二是直接指出错误所在并予以纠正，这要依错误类型而定，如果是不经意产生或者不太影响理解的错误则没有必要纠正，这有助于培养学生的文法意识”（grammar awareness）。像 as…as. 这个词组，学生再熟悉不过了，但如果教师给出下面三个句子，先让学生归纳用法，然后总结并点评学生平时的错误，这样既让学生接触了正确的用法，又适时恰当地纠正了错误用法，加深了学生的理解和记忆：（1）John is as kind as Mary. 约翰像玛丽一样和蔼（两个不同人的相同特点）。（2）John is as clever as（he is）honest. 约翰既诚实又聪明（同一个人的不同特点）。（3）John is as gentle as Tom is generous. 汤姆慷慨大方，约翰文质彬彬（两个人的不同特点）。

人的大脑在吸收了新的信息后，原有的知识系统必然发生重组（restructuring）。学习外语与学习其他任何知识一样，整个过程是一个吸收信息并对原有知识进行重组的过程。词义、句法规则和语用知识的重组，无一不在影响着学习者整个外语知识系统的发展和完善。重组过程中，某种知识会发展成为一种技巧（technique），又逐渐成为一种常规（routine）。通过实践（practice），技巧和常规又会成为一种自动的（automatic）过程，成为一种能力（proficiency），学习者有了较强的自我纠错意识和文法意识，就可以多方面地发展这种能力。教师的任务是寻求和设计一些有效培养学生自我纠错意识和文法意识的途径和方法，通过一些有意义的实践活动，使学生感受到语言规则的作用，并逐步掌握和运用这些规则，发展自己的言语能力。

二、基于惯用语误译的翻译教学理念

收集到学生对一些惯用语的误译，它们反映了中国学生学习英语的一些特点，尤其是思维方式的问题，很值得探讨和研究。从翻译的表面上看，它们似乎都没有错，而且还很通顺流畅，既符合汉语思维又忠实于原文表达，可谓“信、达、雅”。但是经过分析，它们全都是误译。怎么看待这种现象？它们到底值得肯定还是否定？又在多大程度上值得肯定或否定？这种研究到底有多大的价值？事实上，英语惯用语是英语学习中最难的部分，任何语言除了标准化的东西以外，不容易学、容易造成理解困惑的东西就是惯用语。正如长沙人说的“宝里宝气”，外国人就永远理解不了。所以从英语惯用语的误译看中国学的英语学习和我们的翻译教学再适合不过了。

（一）误译现象及原因

1. 直译其字，忽略其喻

有些英语惯用语表达的真正含义是其喻义或引申义，如果只将其字直译出来，就可能产生误译。

(1) In a flash the evil intent of the vice－president to usurp power hit the president between the eyes.

误译：一刹那，副总统篡权的罪恶意图给了总统当头一棒。

应译为：一刹那，总统明白了副总统篡权的罪恶意图。这里“to hit someone between the eyes” = “to strike someone" (metaphorically speaking)，喻义为“使人忽然了解，使人猛然明白”。

(2) The changes in the education system are a step in the right direction and will improve the teaching in our school.

误译：教育体制改革朝着正确的方向迈进了一步，它将改进我们学校的教学。

应译为：教育体制改革是一个有效的措施，它将改进我们学校的教学。这里“a step in the right direction”用来比喻“ an action which helps to improve asituation”，即“一个有效步骤或措施”。

(3) They slipped out one by one and i was left holding the baby.

误译：他们一个个都跑掉了，剩下我来抱孩子。

应译为：他们一个个都跑掉了，剩下我来干这倒霉的差事。这里“ be left holding the baby”喻义为“ to find oneself responsible for doing something which someone else has started and left unfinished”，与汉语中“接下烂摊子”意思一致，剩下我来干这倒霉的差事”表达了这层含义。

2. 字面貌合，实则神离

有些英语惯用语在字面上同汉语表达相似，意义上却貌合神离，如果不求甚解，就会出错。

(1) You don’ t seem to come anywhere near to knowing the importance of working on the program，you’ d better take your fingers out.

误译：你看来一点也不了解这项计划的重要性，你干脆别再插手了。

应译为：你看来一点也不了解这项计划的重要性，你最好现在就动手。这里“take one’ s fingers out”似乎与汉语“别再插手了”意思一样，其实它是叫人把手从口袋里拿出来，开始干活。

(2) To my joy，my son knows a thing or two about Italian.

误译：使我高兴的是，我儿了对意大利语也略知一二。

应译为：使我高兴的是，我儿子对意大利语还很精通哩。“know a thing

or two”其实是指“ Lo have practical and useful information gained from experience”，是指“非常熟悉，了如指掌”。

(3) His speech was given a warm reception by the crowd.

误译：他的讲话受到了群众的热烈欢迎。

应译为：他的讲话受到群众的强烈反对。“ be given a warm reception”是句反语，含义为“ be attacked violently in words”。如将其直译，这句话的意思就弄反了。另一个惯用语“ give somebody a warm time”用法与此相同，意为“make somebody embarrassed”。

3. 重视理所当然，忽略固定搭配

许多英语惯用表达中包含着固定搭配，如不认清这些特殊句型所表达的意义，极易出现误译。

(1) You are not going to marry her, and that’ s final.

误译：你不打算同她结婚，那就算了

应译为：不许你同她结婚，就这样。“ You are not going to＋t. ”意思为“禁止你……，不许……。”

(2) It is a good athlete that never loses points.

误译：从不丢分的运动员才是优秀的运动员。

应译为：再好的运动员也会丢分。这里“ It is a (n) ＋adj. ＋n. that＋否定句”是惯用语常见句型，意为“ even if…＋adj.，肯定句”，即“再……的，也会……”。类似的强调句，一般没有形容词。

(3) No criticism will be too severe to be gratefully acknowledged.

误译：没有一种批评会是尖锐得使人无法感谢的。

应译为：批评尽管尖锐，我们仍会衷心感谢。这里“no＋too…to”句型不同于一般“no…too”句型，“no…too”部分译为“尽管”，“to (be)”部分译为“也会，也将”。

4. 重视既定语义，忽略特殊语境

一些英语表达在特定的语境中，尤其在口语中，有特定的含义，翻译这些表达时，应该将其包含的语气译出。

(1) They had a good laugh at my expense. How do you like that!

误译：他们大大地把我取笑了一番。你觉得他们做得对吗？

应译为：他们大大地把我取笑了一番。你说气人不气人！这里一定要注意后面的感叹号，因为它很容易与“ How do you like that?”（你觉得怎么样?）中的问号混淆。

（2）No，I won’ t lend you the money，you’ ve had it.

误译：不，我不会把钱借给你的，你已经借过钱了！

应译为：不，我不会把钱借给你的，你别指望了！“You’ ve had it!”意思为“It’ s no use hoping”。

（3）——“ You accepted her offer，didn’ t you?”

——“No fear!”

误译：——你接受了她的建议，是吗?

——不用怕，我当然接受了。

应译为：——你接受了他的建议，是吗?

——不会的。“ No fear!”意思为“It’ s impossible. ”。

（二）误译不可避免

从上面两种不同的翻译来看，所谓的误译也不是完全没有道理，它也有它存在的必然性。

首先，从语言的共同性以及语言与思维的关系看。语言是人类特有的一种用来交流思想的符号系统，尽管它具有任意性，但并非完全没有规则制约。相反，语言的发展正是人类对客观世界的感受和认识不断加深的反映，不管是母语还是外语，都必然要反映人类生存的物质世界及人类共同的感性经验，这些反映存在一些共同的“核心”规则，导致一些语言的共同现象，这就是语言的共同性或者说是普遍语法。比如，某些拟声词的相似性就证明了人类共同的感性经验导致了某些语言的共同现象。Greenberg 研究发现各种语言的否定式一般比肯定式复杂，他还曾把世界上的语言分为宾语在动词之前（占总语言数的44%）和动词在宾语之前（占总语言数的 35%）两大类。这都表明每种语言都在某种程度上的某些方面与其他语言具有合乎逻辑的共同性。随着语言科学的发展，各种语言之间被揭示出来的共同点也越来越多。

从心理语言学来看，思维是人类意识活动的范畴，语言是思维的物质外壳，思维对语言起着重要作用。比较简单的道理是感觉到的东西必然会在语言上反映出来，思维的复杂导致表达方式的复杂。但是不同的民族有其独特的社会文化背景和语言环境，客观的社会环境必然对人的思维能力和发展产生重要影响，这使得他们的思维方式有所不同，运用语言来体现和组织生活经验的语言编码机制也有所不同。对于大多数外语学习者来说，语言学习的对象变了，但促使其思维产生和发展的母语环境和文化背景并没有改变，因而无论是用母语（如英译汉）还是用外语（如汉译英）来表达思维成果时，必然会留下母语思维的痕迹。

这在英语惯用语的翻译中表现得尤为突出。以上四种误译现象从汉语思维角度看都很符合英语语言逻辑，但是不符合具有独特的社会文化和语言环境的英语思维。

其次，从语言迁移看。母语对外语习得的影响一直是语言学界一个颇有争议的问题，一个核心的方面就是母语迁移。所谓母语迁移，即在外语习得中所表现出来的母语的影响，这种现象被称为“语言迁移”。最初 Lado 提出的这个概念与行为主义相联系，成为“对比分析”假设论的基础。母语迁移对外语习得的影响有好有坏，但人们注意更多的是母语认知的迁移对外语学习的负面影响，甚至过分夸大母语策略导致的负迁移。就上述只符合英语语言逻辑不符合英语思维的误译而言，有人认为就是母语负迁移的影响。

但也有不少人认为母语对外语学习有促进作用。按照 Elis 的观点，母语作为一种已经获得的极为稳定的知识和习惯，当它和目的语类似的时候，学生在这些“普遍”的方面可以学得更快，这样母语可以加快目的语的学习进程。Corder 和 Krashen 把母语看成是一种学习策略，肯定了其在外语习得中的积极作用。Mclaughlin 和 Taylor 从认知的角度肯定了母语策略，认为母语的使用是一种很普遍的心理过程，即运用以前的知识来学习新知识。Wode 从认知学理论的角度做出了如下解释：迁移不是一种机械的现象，而是必要的发展阶段，具有建设性和系统性，与学习者的主观判断选择相关。这意味着学习者在摆脱母语的影响之前，首先得利用母语，此种利用具有积极作用。其实，上述误译现象也不能完全予以否定，就中国学生而言，在一定的语言程度上它们也反映了译者一定的英语和汉语语言基本功，否则译文会更可笑和不可思议。这恰好证明母语思维对于外语不是完全没有意义的。

（三）对翻译教学的启示

既然不同语言之间有共性，那么已经掌握了母语系统知识的外语学者在翻译时会不可避免地借用母语规则，我们也应积极促进母语的正向迁移效应。但是长期以来我国对母语负效应的重视程度远远大于它的正效应，甚至忽略了正效应的存在。鉴于我国日前外语学习常常是在正式场合（学校）进行，课堂以外很少使用接触外语，外语技能、思维习惯没有时间、空间和条件上的充分保证，而母语又无时无刻不在外语学习者的思想和言行中执行着交际职能，因此在外语的“教”与“学”中，母语如何与目的语这个“外来户”结成朋友，是外语“教”与“学”成效大小的关键之一。忽视或无视这一关键，外语的“教”与“学”不可能取得好的效果。

1. 母语正效应

关于母语正效应具体表现在哪些方面，至今没有系统的答案。作者认为至少有如下三个方面。

（1）在认知层面上，表现在学习者对目的语言的理解过程中。学习语言的目的就在于理解语言所要传达的信息，否则，这种学习便没有意义，而理解外语的基础正是来自于母语知识、技能和经验，它可以帮助学习者更有效地习得目的语言。

（2）在交际层面上，表现在学习者对交际策略的使用中。Tarone 把交际策略分为：转述、借用、回避、求助、模仿及手势语，尤其是前两类，都要借用母语知识来组织语句和表达思想，这也是语言正迁移的一个功能，它使得学习者与他人的思想交流成为可能。

（3）在学习方法上，表现在各语言间的相互影响中。从学习方法和技能的迁移来讲，它不仅存在于各学科的学习中，也体现在各语言间的相互影响中。我们对母语的掌握是无意习得和有意学习相结合的产物。不管是有意还是无意，个人都会形成一套自己的学习方法和技巧，若能正确引导，将它们应用到目的语的学习中，也会促使正迁移。

2. 减少负迁移

探讨在翻译教学中如何促使母语对外语学习产生最大值的正迁移，减少负迁移，应该从以下几个方面努力。

（1）对比学习目的语和母语，培养学生的目的语文化思维模式。既然母语影响在所难免，那么，在以英语为目的语的教学中，教师就应该充分进行两种语言的对比分析，让学生从对比中了解英汉两种语言从微观到宏观结构的共同性和差异性，使学生明白造成差错的原因，逐步克服汉语思维的负面影响，从而学着用英语文化模式进行思维。

（2）反复结合目的语与母语，内化语言信息，实现不自觉输出。学习者初次碰到目的语生词时，不会完全理解它的意义。神经语言学认为，对于学习者的大脑神经而言，这个生词只是第一信号刺激，没有起到第二信号刺激的作用。随着这个词与母语的多次反复结合，学习者才可以形成反映客观本质的概念。因此，要使目的语与母语多次对应、结合起来，获得对目的语的语感，才能最大限度地实现从自觉的输出升华为不自觉的输出。

（3）提供相关的背景知识帮助理解，促使正迁移的发生。冯忠良指出，定势可促进迁移，也可阻碍迁移，如果后面学的知识与前面学的知识属于同类课题，定势就会起促进作用。因此，教师在补充中文材料时，必须注意要与英文材料的内容、题材或者体裁相一致，这将有助于学生增长相关的背景知识，形成一定的心理定式，促成知识技能的互相迁移。

实际上，重视母语负迁移者强调的是苦练外语，形成内功；重视母语正迁移者强调的是外在辅助作用，形成外功。前者与中国文化强调修炼“内功”，学习所谓“正宗”的传统有关。事实上大多数人苦学十年未成器，觉得自己并无练好“内功”的内在素质，还不如让他们学好“外功”，或许这还能在心理上减少学生对外语的排斥感，也是一条提高翻译水平的捷径。因此，如何在翻译教学中调整母语正迁移和负迁移之间的关系，着眼“中庸”或让学生“内外兼备”，是一项很有意义的思考。

第三节　新语言理论的应用研究

20世纪六七十年代以来，国内外英语语言研究蔚然成风，研究成果层出不穷，许多传统的语言分析方法受到了质疑或得到了更科学的解释，许多新的理论和研究方法代替了传统的理论和研究方法，语言研究变得更科学、更合理、更贴近语言实际。更重要的是，许多英语语言理论有着非常重要的教学意义。我们经常会发现这种情况，利用传统的方法分析某种语言现象有时会显得非常牵强附会，甚至难以自圆其说。但是如果用新的语言研究成果来解释某种语言现象马上会觉得言之有理，能够恰如其分地反映这种语言现象的本质，学生也更容易理解和接受。链接动词理论、双重谓语理论、复合连词理论、有标记主位理论是新出现的几种英语语言理论。它们是传统英语语言理论的继承、发展和创新，对理解和解释越来越丰富的新的语言现象很有帮助，对改进英语教学、提高英语教学质量大有裨益，非常值得我们去研究。

一、链接动词理论

链接动词（alternative verbs）是夸克等人在 A Comprehensive Grammar of English Language 中提出的一个新的语法术语，是一项新的语言研究成果。这项研究成果使我们长期难以圆满解释的句子变得很容易解释。如有这样一个英语句子：He seems to know the answer. 该句中的动词不定式作什么成分？它不可能是表语，也不可能是主语补足语。因为它与“ He seems clever. ”和“He is thought to know the answer. ”不同，在这两个句子中 clever 是表语，to know the answer 是主语补足语。夸克等人链接动词的理论为我们解决了这个难题。根据该理论，原句中的 seems to 是链接动词，seems to know 是链接动词结构，是一个不可分割的整体，在句子中作谓语。这样原来的句子就非常简单：He 是主语，seems to know 是谓语，the answer 是 seems to know 的宾语。这种分析科学合理，揭示了语言的实质。在教学中用这种方法分析，学生容易理解和掌握，教学效果大不相同。

夸克等人把 happen to，appear to，seem to，manage to，tend to，chance to，come to，fail to，turn out to 等都称作链接动词，含这些链接动词的句子的分析方法与上面句子的分析方法相同。例如：

I happened to meet with him in the street yesterday. 昨天我碰巧在街上遇见他。

They managed to teach him a lesson. 他们设法给他一个教训。

在上面第一例中 I 是主语，happened to meet with 是谓语，him 是宾语，in the street yesterday 是状语；第二例中 They 是主语，managed to teach 是谓语，him 是间接宾语，a lesson 是直接宾语。

值得注意的是，这种句子有的可以转化成被动语态，有的不能转化成被动语态，如上面第一例的被动语态为：

He happened to be met with in the street yesterday.

第二个句子不能转化成被动语态，其原因是链接动词 happened to 中的 happen 和 managed to 中的 manage 是两种不同性质的动词，happen 这个动词的动作不受主语的控制和制约，而 manage 这个动词的动作完全受主语的控制和制约，也就是说链接动词结构中第一个动词的动作是不受主语控制和制约的，这种句子可以转换成被动语态；链接动词结构中第一个动词的动作受主语控制和制约，这种句子就不能转换成被动语态。再如：

The student seemed to know the answer. 这个学生好像知道答案。

The student failed lo pass the examination. 这个学生考试不及格。

上面第一句话的被动语态是：The answer seemed to be known by the student. 第二句话没有被动语态，因为 seem 和 fail 是两种不同性质的动词，seem 的动作不受主语控制和制约，而 fail 的动作可受主语控制和制约。

二、双重谓语理论

在传统英语语法中，双重谓语（double predict）被归入复合谓语，但这种分析方法太笼统，让学生感到迷惑，更主要的是复合谓语这种说法不能说明这种语言现象的特征。如：He died young. 传统英语语法把该句中的 died young 分析成复合谓语。这种分析没有反映该语言现象的实质，因为像“ He died young.”这种句子实际上是一个由复合句紧缩成的简单句，即原句的实际意思是：When he died, he was young. 复合谓语的说法无法说明此类句子的真实意思。因此把这类谓语称作 double predict 是非常准确的。实际上，上述句子中包含了两个谓语即“died”和“ was young”。据此，把“不及物动词+形容词或名词”结构称作双重谓语最符合这种语言现象的实际，是最佳分析。这种分析学生容易理解和接受，也更容易理解此类句子的真正含义。再如：

He left a child and came back a mother of three children. 她走的时候还是一个孩子，回来时已是三个孩子的母亲。

He suffered a great deal in his childhood, but he died a millionaire. 他小的时候很苦，但去世时是一个百万富翁。

这两个都是“不及物动词＋名词（短语）”构成的双重谓语，其含义与

“不及物动词＋形容词”构成的双重谓语相同。这两个句子的意思分别为：

When she left she was a child and when she came back she was a mother of three children.

He suffered a great deal in his childhood, but when he died, he was a Millionaire.

下面也是一个含双重谓语的句子：

We all left the meeting convinced that the project was feasible. 我们离开会场时都认为这个工程是可行的。

该句的意思相当于：

When we left the meeting, we were all convinced that the project was feasible.

现代英语语言研究把“不及物动词＋形容词（或作用相当于形容词的词）”或“不及物动词＋名词”结构称作双重谓语结构。运用双重谓语理论进行教学，解释有关语言现象，句子意思明确、印象深刻，便于记忆，同时这种分析方法更科学、更合理。

三、复合连词理论

英语介词后一般不能接 that 引导的宾语从句，但根据传统语法，少数介词，如 except, but, in 等可以接 that 引导的宾语从句。如：He is very competent except that he is somewhat careless. 传统语法把这个句子中的 that he is somewhat careless 分析成是介词 except 的宾语从句。当然传统语法这种分析并非不可，但总感到有些牵强。问题之一，既然介词后不能接 that 引导的宾语从句，为什么这些介词例外？问题之二，如此分析有时使句子的意思不容易理解。如：John is different from Tom in that the former is diligent but the latter is lazy. 如果把此句中的 that the former is diligent 和 but the later is lazy 作介词 in 的宾语从句，句子的后半部分就不大好理解。随着夸克等人的语法著作中复合连词（compound coordinator）理论的提出，这个问题便迎刃而解了。夸克等人把 except that, but that, in that 等看作是不可分割的复合连词，引导状语从句。except that, but that 引导的是排除状语从句（adverbial clause of exception），in that 引导的是原因状语从句。例如：

The text is on the whole easy except that there are a few new words in it.

除了有几个生词以外，这篇课文总的说来还是简单的。

No one in the company knows how to translate the article into English but that the manager can do it with the help of a dictionary. 除了经理能借助于词典翻译外，公司里没有人能把这篇文章翻译成英语。

Grammar is different from rhetoric in that the former deals with whether the sentence is right, but the latter deals with whether the sentence is well expressed. 语法与修辞不同，其理由是语法研究句子是否正确，而修辞研究句子表达效果是否好。

从上面的例子看，复合连词理论的优点是显而易见的。这种理论为我们正确理解此类句子和正确解释这种语言现象提供了依据，为英语教学提供了极大的方便。

四、有标记主位理论

新语言理论指出，一个英语句子可以被切分为主位（theme）和述位（rheme）两个部分。句子的前面部分为主位，紧接着主位的部分为述位。主位传达的是已知信息（given information），述位传达的是新信息（new information）。在一般情况下，句子的主语和主位重叠，如：The leacher is correcting the lerin paper. 该句中的主语和主位都是 the teacher，这时的主位是无标记主位（unmarked theme）。如果句子的主语和主位不重叠，这时的主位是有标记主位（marked theme），如：Into he icy water plunged a desperate woman. 该句是一个倒装句，主语是 a desperate woman，主位是 into the icy water，是有标记主位。这里需要说明的一点是，有标记主位理论指出，一些因语法需要而倒装的句子中的主位是无标记主位，如：lever before have I seen such a good film. /There comes the bus /Young as she isshe knows everything about it. /hardly had they heard the bell when they enlered the classroom 这几个句子中的主位分别是 never，there，young，hardly，它们都是无标记主位，因为它们都是按语法结构需要倒装的，句子不倒装在语法上是不正确的。

这就是说，倒装句，或者一般情况下句子中不置于主位的成分被置于主位的位置，这样的句子中的主位叫作有标记主位。传统英语语法把后一类句子叫作全倒装句。例如：

On every side stretched fields of luxuriant green wheat. 四周是一望无际、郁郁葱葱的麦苗。

Addressing the crowd was an elderly lady. 向人群演讲的是一位年长的妇女。

这两个就是全倒装句，也就是有标记主位句，倒装的目的是为了使句子结构保持平衡。

还有一类，即第三类句子运用有标记主位是为了强调句子中某个成分，或者是为了使句子结构更紧密。例如：

All this we must take into full account. 所有这一切我们必需充分考虑。

That winter she got acquainted with a young man and this young man she got married to later. 那年冬天她认识了一个年轻人，后来嫁给了他。

第一句中将宾语 all this 前置是为了强调该宾语；第二句后一个分句中将宾语 this young man 前置是为了跟前一个分句中的 a young man 呼应，使句子结构更紧密。

但是有标记主位理论认为，句末重心（end focus）或句末加重（end weight）原则以及主位性前置是运用有标记主位句的主要原因。英语句子末端传达的是新信息，把重要的信息置于句末重心位置，目的是为了强调这一信息；主位性前置指一般不置于句首的成分被置于句首，目的也是为了强调这一成分。例如：

Holding the secretary' s hand was the farmer' s young daughter. 紧握住书记手的是一位农民的小女儿。

实际上这个句子不但强调了 holding 这个动作，而且强调了句子的主语 the farmers daughter 使用有标记主位句是从修辞效果加以考虑的，但这种修辞效果是在信息传递的线性程序中产生的。据分析，英语有标记主位主要有以下几种修辞作用。

（1）强调：英语有标记主位可以表示强调。例如：

Toward the end of the road was built a new high school. 在路的尽头建造了一所新的中学。

该句强调介词短语。

（2）衔接：英语有标记主位可以使句子结构衔接更紧密。例如：

He was born in a town and the town is near the tai lake. 他出生在一个小

镇上，这个小镇靠近太湖。

There was a cold bitter taste in the air, and the new—lighted lamps looked sad ad were the lights in the house opposite. 空气中有一种冷冷的苦味，刚点的灯看上去很悲惨，悲惨的是对面房子里的灯。

上面第一个句子中的第二个分句运用有标记主位 the town 和第二个句子中的第二个分句运用有标记主位 sad 都是为了跟前面的词呼应，使句子结构衔接更紧密。

(3) 描写：英语有标记主位可以使句子描写更生动。例如：

Between those red cheeks and that white forehead shone a pair of small black eyes well suited lo strike terror into the bravest heart. 在红脸颊和白额头之间闪着一双能把最大胆的人吓蒙的小黑眼睛。

该句中介词短语 between those red cheeks and that white forehead 置于主位使描写与形象自然、生动有力。

(4) 平衡：英语有标记主位可以使句子结构平衡，避免句子头重脚轻。例如：

More serious was the question of how the President would present the joint statement. 更严重的是总统如何颁发联合声明的问题。

这个句子的主语很长，表语很短，将表语做主位，避免句子头重脚轻，使句子结构更平衡。

(5) 对称：两个或几个结构平行的分句或句子连续运用句法相同的有标记主位，能起对称作用，从而突出强调某种信息，增加句子的节奏感。例如：

Down came his whip, and away we clattered. 马鞭一响，马车嘚嘚嘚向前飞驶。

两个有标记主位 down 和 away 结构对称。由于它们的运用把马车夫赶车时的情景一一展现在读者面前，形象、逼真、回味无穷。

有标记主位理论比传统的倒装句说法更能说明有关句子的实质，将这种理论用于教学，学生更能正确理解句子的意思，更能正确理解作者使用此类句子的意图，这种分析对提高英语教学质量大有裨益。

新英语语言理论是随着日益丰富多彩的新的语言现象的产生而产生的，具有非常现实的理论意义和实际应用价值，但是它们还不被英语教师所广泛了解，更谈不上它们的教学论意义，因此非常值得我们去研究。

第三章　词汇与语法教学方法研究

第一节　对词汇教学的理解

一、词汇的作用

词汇犹如高楼大厦之砖瓦，是组成语言最基本的材料，没有词汇也就无所谓语言。人类的思维活动是借助词汇进行的，人类的思想交流也是通过由词构成的句子来实现的。英国著名语言学家 George W. Wilkins 在《语言教学中的语言学》中曾指出："没有语音和语法，人们不能表达很多东西，而没有词汇，人们则无法表达任何东西。"由此可见，词汇是发展语言技能的重要基础。要想学好英语，掌握相当的词汇量是前提，词汇量的大小和正确运用词汇的程度是衡量一个人语言水平的重要标志之一。如果词汇贫乏、词义含混，就无法顺利进行听、说、读、与、译，就无法进行英语交流。《课标》提出高中英语课程要特别着重培养学生用英语获取信息、处理信息、分析问题和解决问题的能力，以及运用英语进行思维表达的能力。这些语言能力的培养离开了词汇，也就成了"无源之水"了。因此，要学好英语，词汇是基础，也是关键。

二、词汇教学的意义

词汇教学是语言教学的基础之一，它在整个语言教学过程中起着举足轻重的作用。词汇能力不足将严重影响学生的阅读水平、交际能力、写作表达、听力理解和其他技能。但词汇学习绝不是简单的死记硬背，有效的词汇学习包含各种学习策略，尤其是记忆策略。因此，在英语教学中积极探索有效的词汇教学方法及词汇记忆策略对于减轻学生负担和提高词汇学习质量都具有重要的现实意义。教师作为教学活动的主导，应当有效地指导学生的词汇学习，特别是要利用好课堂这一主要阵地，加强对学生词汇学习方法的指导和策略的训练，切实培养学生可持续发展的词汇学习能力。

然而在平时的教学实践和观察中，我们发现，在应试教育的指挥棒下，为了让学生在考试时能取得高分，有些教师只注重了语法、句型、阅读能力的教学及各种应试技巧的训练，而花在词汇教学上的时间越来越少，词汇教学的重要地位没能得到充分体现，由此影响了学生的学习兴趣及学习效果。不少学生对单词念不出、易拼错、遗忘快，他们在听力测试时因词汇障碍而听不明白，在阅读时因遇到太多生词而无计可施，在做情景对话题时因词汇的贫乏而说不出什么，在写作文时因脑海中“蹦”不出准确的词汇而无法表达自我，从而对英语学习失去了信心，甚至怀有恐惧心理。教师如果能加强词汇教学，给学生以正确引导，学生的学习状态肯定会大有改观。如何有效地进行词汇教学，在词汇教学中培养学生的思维能力，使学生主动、自觉、有效地记忆单词，是我们每个教师应该认真思考的一个问题。

三、词汇的含义

词汇学习贯穿于整个外语学习过程。英语虽然是一种拼音文字，看起来似乎不难，但由字母排列组合起来的单词却有数十万个，体现出“词汇多、词义抽象、惯用词组复杂”的特点。对中国学生来说，英语是第二语言，面对浩如烟海的英语词汇真不知道先学什么词、从什么时候学、怎样学，也不知道词汇学习何时是个尽头。因此，如何有效地学习词汇是教师和学生共同面临的问题。要解决这一问题，我们首先要弄清楚：怎样算是学会了一个词汇呢？我们会关注该词的语音、语调、词义、用法，可有时候一个单词的形式和意思比想象中要复杂得多，也无法找出恰当的中文意思与之对应。其实，词汇不是孤立存在的，学习一个单词不仅仅指学习该词本身。词汇学习至少要弄明白两方面的意思，一方面要理解该词的本义和转义，另一方面要理解该词与其他词之间的意义关系，如搭配、同义、反义、上下义关系等。

（一）本义（denotation）

词汇的本义指一个词形成时人们所赋予它的含义或者说它所指的事物，又称“指示意义”“词典意义”“所指意义”“中心意义”“外延意义”等。作为人们语言交流的基础，词汇的本义基本保持不变。因此，词的本义相对比较容易掌握，如 house 指的是“房子”。但也有一部分英语单词的本义与中文概念无法对等，如英语中父母的兄弟都可以用 uncle 来称呼，但汉语对这一称呼有严格的区分，如“伯伯”“叔叔”“舅舅”“姑父”“姨父”等，在这种情况下，新的概念必须充实到词汇中去。

（二）转义（connotation）

词汇的转义指一个词的内涵意义或隐含意义。《辞海》对“转义”的释义是：一个词由其本义中派生出来的意义，包括引申义和比喻义两类。绝大多数的英语词汇除本义之外，都或多或少地存在转义，甚至其转义的含义超过了本义。《新英汉词典》对“tiptoe”的词性就提供了四种，含义也琳琅满目：（1）作名词（脚趾）；（2）作副词（踮着脚）；（3）作形容词（踮着脚走或站的，小心翼翼的，偷偷摸摸的，兴奋的，得意洋扬扬，急切的，期待的）；（4）作不及物动词（踮起脚，蹑手蹑脚地走）等。该词典还提供了两个与 tiptoe 有关的成语：be on the tiptoe of expectation（翘首以待，殷切期待）；on tiptoe（踮着脚，急切地，期待地，悄悄地，偷偷摸摸地）。tiptoe 的本义指的就是“脚趾”（脚前端的分支），经不断引申后，竟会出现如此丰富的转义。

又如，storm 作为名词的本义是“暴风雨”，其本义不论出现在怎样的上下文中，其意义均固定不变。如：

（1）The islanders were warned that a storm was coming. 岛民们已经得到警报，暴风雨即将来临。

（2）Forecast here will be storms. 预报称将有暴风雨。

请再读：

（3）But his last words brought on another storm. 可是，他最后的言辞引起了激烈的反响。

（4）The book provoked a storm of controversy. 这本书挑起了一场热烈的争论。

（5）Her singing took New York by storm. 她的歌唱在纽约引起了轰动。

（6）We thought that they had decided not to get married but their quarrel yeas just a storm in a teacup. 我们想他们已经决定不结婚了，可是，他们的争吵不过是小题大做而已。

我们在阅读以上（3）、（4）、（5）、（6）四句时，其中的 storm 使我们在其本义的基础上通过联想而获得其隐含、比喻或引申意义。这四个 storm 使用的是其转义。其形式可以是单词（如句（3）中的 storm），也可以是词组（如句（4）中的 a storm of），也可以是约定俗成的习语（如句（5）中的 to take. by storm，句（6）中的 storm in a teacup）。英语词汇的转义可见一斑。

词汇的转义具有灵活性、不确定性、情感性和开放性，英语教学中词的内涵意义需要通过特定语境加以理解。另外，文化背景在帮助学生理解词的内涵意义时起着重要作用。如 dog（狗），在汉语里往往包含着贬义，人们通常对狗有种厌恶的心理；在西方人眼里，狗是友好、可爱、忠诚的动物。这种文化差异自然也在各自的语言中反映出来，汉语中的“走狗”“狗东西”等词义属贬义；而英语词汇中的 lucky dog（幸运的人），big dog（保镖），top dog（斗胜了的狗，优胜者，胜利的一方）则属褒义。

（三）搭配（collocation）

词语搭配是指英语中经常使用、表达完整意义、结构定型的组合词或短语，词汇搭配描述了经常一起出现的词与词之间的关系。如英语中 see、watch、look 意思相近，但各自有固定的搭配，“看电影”是 see a movie，“看电视”是 watch TV，“看图片”是 look at picture。同样，我们可以说 heavy traffic、heavy smoker、heavy rain/snow/fog，但不可以说 heavy acciden 或 heavy wind。

实践证明，教授词汇搭配要比教授单个词汇效果好，所有流畅、正确的语言使用都离不开搭配知识。英语词汇具有很强的搭配能力，利用正确的词汇搭配，可以扩大词汇量、掌握词汇的正确用法，从而完整地反映客观世界、表达主体思想，达到成功交际的目的。教师在教授词汇时，需引导和帮助学生正确地掌握词汇搭配的方法，提高词汇教学质量。

（四）同义词（synonym）

同义词指意义相同或相近的一组词，分为等义词和近义词两类。意义上完全相同的称等义词或完全同义词，这类词是比较少的，一般是给同一种物体或者同一情况所起的不同名称罢了，如 taro 和 dasheen（芋头），milk sugar 和 lactose（乳糖）；意义上不完全相同的称为近义词或不完全同义词，如 large 与 big、luge 等。

英语的同义词极为丰富，这一方面使英语的表达更加精确、细微，另一方面也给英语学习者带来困难。虽说它们的意义相近，但侧重点不一样，以“笑”的同义词为例，laugh（笑）、smile（微笑）、grin（咧嘴笑）、chuckle（暗笑）、giggle（痴笑）、chortle（哈哈大笑）、titter（傻笑）、snigger（嬉皮笑脸的笑）、guffaw（哄笑）、cackle（咯咯地笑）、roar（狂笑），各自在笑的方式、音量、程度、内涵、感染力及表达的心情等方面都是有差别的。在实际应用中只有选择好同义词，才会对语言的表达起到积极的作用。

（五）反义词（antonym）

反义词指意义上相反或相对的一组词，如 rich 与 poor、love 与 hate。反义词在性质状态、行为、时间、地点、条件等诸多方面都存在相反或相对的矛盾关系。反义词的分类是基于语境的，一个词如果有很多词义的话，它可以有多个反义词。以 dull 为例，如果说 a dull lecture，说明这个讲座是枯燥乏味的，它的反义词可以是 interesting；如果说 She became dull and silent in the discussion. 在讨论期间她变得安静、不活跃，此时它的反义词是 lively。

研究反义词对我们掌握词义是很重要的。我们往往通过寻找和判断某词的反义词，才会对该词的词义有比较准确而深刻的理解，才能感受到语言的魅力。例如，把反义词放在一起用，使两个词相得益彰，可产生强烈对比、形象鲜明的效果，如谚语 more haste，less speed（欲速则不达），united we stand，divided we fall（团结则存，分裂则亡），等等。反义词连用则是历代文学家喜欢的修辞手法。

英语词汇丰富多彩，富有表现力，选择恰到好处的同义词或反义词不仅能使语言增添光彩，而且会达到意想不到的效果，辨别与运用这些词汇在词义、用法或修辞色彩上的异同，对于增强语感、提高英语的驾驭能力都有不可忽视的重要性。

（六）下义词（hyponym）

英语中有些词在意义、性质、特征、类别等方面下属于另一个表示较大的范畴的词，如 head、mouth、eyes、legs 都包含在 body part 之内，rose、tulip、peach blossom、carnation 都包括在 flower 之内，这些词就叫作下义词，body part 和 flower 则叫作上义词。head、rose 等特指词项与 body part、flower 等泛指词项之间的关系，叫作下义关系（hyponymy）。再举些例子：fruit（水果）的下义词有 apple（苹果）、pear（梨）、banana（香蕉）等；animal（动物）的下义词有 dog（狗）、cat（猫）、rabbit（兔子）等。

在不同的时候分别使用上义词来概括和用下义词来具体说明，可以使表达更加符合情景的需要。例如，

Trees surround the water near our summer place.

Old elms surround the lake near our summer cabin.

比较这两句话，可以看出使用下义词可以使内容更加生动、形象。当然，有时候使用上义词则可更具有概括性。

理解下义关系对语言学习是很有用处的，通过上义词及其下义词来归纳、整理学过和没有学过的词汇，可以收到触类旁通的效果，是扩大词汇量的一种有效的方法。

（七）接受性（receptive）词汇和表达性（productive）词汇

从学习和使用词语的角度看，词汇可分为接受性词汇和表达性词汇。接受性词汇又叫消极（passive）词汇，指能够听懂或看懂但无法流利地说或写的那些词汇；表达性词汇又叫积极（active）词汇，指在英语实际使用过程中能够运用的词汇，这类词汇不但能够听懂、看懂，而且想说就能说出来，想写就能写出来。积极词汇和消极词汇之间是可以相互转化的。当一个消极词汇接触次数很多，就会转变成为积极词汇，相反，如果一个积极词汇长期不接触，慢慢可能会退化成消极词汇。作为教师，要采取多种方式引导学生在说和写中积极主动地使用表达性（积极）词汇。

第二节 词汇教学方法研究

一、呈现词汇的方法

不同的教师呈现词汇的方法各不相同，教师应根据词汇特点以及学生的年龄和水平，在具体教学过程中选择合适的呈现词汇的方法。下面介绍几种比较有效的词汇呈现方法。

（一）用实物、图片、录像片段等生动形象的直观事物呈现词汇

如教师在教文具类单词 pen、book、pencil、eraser 或水果类单词 apple、banana 等的时候，可以把实物一一呈现在学生面前，让他们边看边说，眼睛看到实物后就有助于记忆。图片的使用可以让学生对一些难以想象的东西进行直观理解，达到语言交际的效果。比如，在教学动物类单词时，教师可以先把图片贴在黑板上，再在旁边写上相应的单词。这样，学生的注意力就大大提高了，学起来也比较轻松。此外，随着现代教育技术的发展，录像、投影、课件等多媒体设备的使用给学生提供了视觉新感受，而且可以帮助他们形成良好的语音、语调，课件的使用可将画面由静变动，加深学生对语言的理解和情景的把握。总之，这些形象化的事物很能激发学生的兴趣，使他们的注意力高度集中在单词上，也便于他们理解词义，从而提高学习效率。

（二）用肢体语言和表情“呈现”词汇

教师可通过动作、表情、声音等呈现单词、表达单词的意思，如 go、come、run、small、large、cry、smile、laugh、sneeze 等。教师的一举一动都能轻易地吸引学生的注意力，形象幽默的肢体语言和丰富直观的面部表情可以使枯燥的词汇教学事半功倍。学生开始时会通过模仿老师的动作和读音学习单词，进而会自由发挥动作，用自己的方式向老师和同学表达单词的意思。比如，在教 taste 和 tasty 这两个单词时，可以用粉笔盒作教具，作喝汤状，喝完后微笑，感叹：“Oh，I am tasting the soup. lt’ s tasty!”学生大喜过望，纷纷用他们的铅笔盒仿效并练习这两句话。这两个单词很快就被记住并学会运用。又如在呈现 frightening 和 frightened 这两个单词时，可以先给同学们看张恐怖电影的海报，然后一边表现出非常惊恐的表情一边说：“Oh，this film is so frightening. I feel frightened. ”同学会看着老师夸张的表演哈哈大笑并争相模仿。

当然，老师在运用肢体语言时要特别注意尺度。太拘谨表达不出意思，太过夸张则会弄巧成拙，这都达不到教学的效果。总的来说，肢体语言呈现法是个很有趣且很有效的教学方法，可以广泛地应用于英语教学当中。

（三）在语境中呈现词汇

所谓语境指的是上下文，即词、短语、语句或章篇及其前后关系。由于社会文化环境和地理环境的差异，不同文化历史背景的人所形成的思维方式各有

不同，反映到语言中，同一词汇在不同的语境中会有不同的意义。例如，water 一词，字面意思为“水”，但在不同的语境下“Water!”可以表示“我渴，能给我点水吗?”之类的请求，可以表示“当心，地上有水!”之类的提醒，也可以表示“洪水来啦!”之类的惊叹。white 可以表达“白色”，也可以传达“纯洁”“信任”等含义。fox 可以指“狐狸”这种动物，也可以表示“狡猾”。因此，通过上下文展示词汇非常重要。

教师可以先提供一个语境，让学生猜测词义，再提供正确的词义。如为了呈现 grumble 一词，教师可以向学生展现一个语境：“ Some people grumble about everything. For example, they rumble about the weather. If it is sunny, they say it is too hot. If it is cool, they say it is too cold. They are never happy about the weather. 然后教师可以问学生：“ So what does grumble mean?”看看学生通过上下文猜测词义的情况，最后给出正确的解释。显然，这种方式要比单纯地给出释义更行之有效。在具体语境中展现词汇，学生不仅可以准确理解该词的词义，也能明白该词的用法，进而能灵活运用该词。

(四) 在情景中呈现词汇

词汇教学可以在具体的实际生活情景、模拟交际情景、直观教具情景，以及想象情景中进行。实践表明，在英语学习中，利用某种具体环境有助于人们记忆与此相关的某些内容，在具体情景中讲解单词，可以引发学生的兴趣，使他们容易记住所学的东西，而且还有助于学生把所学单词在交际中恰当地使用。这体现了英语教学的主要目的——培养学生运用英语进行交际的能力。

例如，在教授有关圣诞节的单词前，花点心思做个多媒体课件，课件中可以插入许多漂亮的图片和动听的音乐，同时把教室精心装饰一番。在圣诞歌的动人旋律下和贴满圣诞老人的教室中，同学们开始学习关于圣诞的词汇。学生在这样的情景中能充分进入角色并感受到圣诞节的气氛，从而依靠这个情景掌握有关圣诞节的词汇，且可以使他们的学习兴趣得到提高。教师要善于创造合理有效的情景将词汇教学融入其中，并注意正确处理传授词汇知识与培养学生运用词汇进行交际的能力之间的关系，把词汇教学贯穿于实际的或模拟的听、说、读、写等交际活动中，把课堂当成实践场所。

(五) 用同义词或反义词来呈现词汇意义

英语中同义词有很多，如 pencil box/ pencil case, cab/taxi, bike/ bicycle, telephone/ phone，等等。当然很多同义词也是相对的，比如，nice 在不同的上下文中，它的同义词可能是 pleasant、kind、fine。根据这个特点，我们不能孤立地看词的同义词，而应把它放在句子中来看是不是同义词。例如，The weather is nice today. 和 The weather is fine today. 这两个句子中，nice 和 fine 就是同义词，可以互相代替。在英语中反义词则随处可见，如 clean/ dirty、wet/dry、first/last、go/come、put on/ take off 等。学过 big 以后当学到 small 时，可以指出 Small means not big 这样学生就很容易理解 small 的意思了。在日常的教与学过程中，要经常按同义词或反义词来归类，同时要注意同义词和反义词在用法上的不同，如 much 和 many 都表示“多”的意思，little 和 few 都表示“少”的意思，但它们的词法特性不同。much 和 little 用来修饰不可数名词，many 和 few 用来修饰可数名词，不能互换使用。实践证明，利用同义词或反义词来呈现词汇意义能大大降低遗忘率。

（六）用上下义关系来呈现词汇

如在教上义词 vehicle 时，可以指出它的一些下义词：cars，buses，trains and bicycles are vehicles. 这样，学生对词与词之间的关系就比较明确，对 vehicle 一词也能轻松掌握。在日常教学活动中，可以经常让学生进行词语归类，如 fruit、vegetable、furniture、clothes、animals、colors 等，这样有助于明确词汇间的意义关系并掌握词义。

（七）用构词法及常见的词缀呈现词汇

英语词汇量庞大，但它本身却有其内在的规律可循，掌握基本的构词法则有助于突破记忆单词的难关。第一，利用同根词扩大词汇量。如教过 use 后，经过构词分析，学生就可以推测出 useful、useless、user 的词义来。教师就可以说：“Useful” comes from “use”. It means “of use”，“Useless” come from “use”，too. It means no use or “not useful”。第一，利用分析词缀的方法。如在教 retell，rewrite 时，学生已掌握了 tell、write，要问他们解释前缀 re 的含义是 again。在此基础上学生就能推测出 retell、rewrite 的意思来。教师就可以说 “Retell” comes from “tell”. “Retell” means “to tell again”. 又如在学生已学过 China、Japan 的基础上，指出后缀 ese 的含义，学生就很容易推测出 Chinese、Japanese 的意思来。第三，利用分析合成词的方法。如在学生学过 wait 与 room 的基础上，就很自然推测出 waiting room、reading room 的含义来。合成法可以帮助学生掌握诸如 classmate、classroom、football volleyball、baseball 等大量单词。第四，转化法也可以帮助学生扩大词汇的使用功能，如 head、dirty、warm、cool 等名词、形容词均可以转化为动词使用。为此，在词汇教学中，教师要向学生介绍构词法的基本知识。

（八）用解释与举例的方法呈现词汇

英语解释法是用简单的、学生们熟悉的词汇来解释新的单词，使学生利用自己原有的知识掌握新单词的听、说、读、写。如可以这样解释下列单词：（1）invite——ask someone to dinner or a party.（2）different—— not the same.（3）entrance——place where you go in. 这样，用简单的英语解释单词，不但训练了学生的听力，而且使旧的单词能得到反复重现，也使学生了解更多的词汇知识。此外，对那些意义抽象的词汇，教师除了解释还可以举例说明，这样学生能更轻松地掌握词汇的意思。

（九）利用词块呈现词汇

词块就是词与词的组合，是一个多词的单位，一般指出现频率较高、形式和意义较固定的大于单词的结构。其结构较固定，可以做公式化的反复操练。词块呈现是将词汇搭配、固定用法及词汇类别连接一起输入给学生。词块小到一个词，大到一个句子，在结构和语义上只有整体性，掌握一个词块就可以掌握较多的单词。而且，词块具有较强的语用功能，以词块为单位进行语言学习，可以避免语境使用不当的错误。因此英语教学要加强词块教学，开发足够的词块资源，这样更有助于激活学生的语言表达能力。

（十）对易混淆词汇进行对比及常见错误分析

英语中有许多词形、词义相近的单词，教学过程中对这些易混淆的词汇进行对比有助于学生正确使用单词。如 form/ from，advice/advise，hard/ hardly，invent/invite，decide/ divide，choose/choice 等许多单词常被学生混淆，及时加以对比及常见错误分析就可以帮助学生加深对它们差别的认识，避免用错写错单词。对常用的同义词或词组，如 divide/ separate，tell/say/ speak/talk，join/ take part in 等应该及时帮助学生弄清楚它们之间的异同点，以使他们在实际运用中能正确使用。

以上是常见的呈现词汇的一些方法。需要指出的是，教师在实际教学过程中要灵活、综合运用各种方式，并为学生创造各种机会练习、运用词汇，从而使学生真正掌握词汇。

二、巩固词汇的方法

对很多学生而言，巩固词汇要比学习新词难得多，常听学生抱怨学过的单词总是忘记，他们不断地学却不断地忘。这一方面是由于学生单独记忆词汇，其有效性无法保证，另一方面是教材上的词汇练习少且单一。作为教师，就应引导学生通过各种途径复习、巩固、运用新学的词汇。下面介绍几种课堂上巩固词汇的方法。

1. 看图片猜单词。请一个同学出示图片，其他同学说出或写出单词，看谁猜得又快又准。

2. 排列字母组成单词。这种练习有助于学生准确掌握单词的拼写。

3. 用读音规则记忆单词。英语单词的读音，就像汉字一样，大部分都有规则可循。汉语有声母、韵母，如 bang、bong、bing、bai、bu 等；英语也有一定的发音规律，如 m/m/、th/θ/、e/e/、p/p/、b/b/、k/k/等。通过发音规律记忆单词，不仅记忆快，也不易忘记。正确拼读音标对持续学习英语有着重要意义。

4. 单词归类。老师准备好一些不同类的单词，例如，apple、pear、student、banana 四个单词，请学生将不同类的那个单词找出来，或者老师给出学过的堆单词，要求学生分门别类。

5. 联想的方法。老师说出一个词汇，如 travelling，学生在规定时间内写出和 ravelling 相关的所有词汇，看谁写得最多。这种联想的方法可以使学生把词汇记忆置于一个大的意义环境之下，而且联想的组合越紧密，词汇越易于记住。

6. 找出同义词或反义词。如要求学生从下面的词或词组中找出 6 对同义词和 6 对反义词。

full，jumper，optimistic，go on，choose，dirty，awake，select，wait a minute，pull over，pessimistic，rude，clean，continue，hang on，empty，asleep，lazy，awful，hard working，impolite，terrible，thin，thick.

7. 利用构词法巩固词汇。英语词汇总量虽成千上万，但基本构词成分却是有限的。有的通过加前缀、后缀，构成派生词；有的通过单词的组合，构成合成词；有的通过读音的变化，成为新的词语，等等，这些构词法对于单词的记忆和学习很有帮助。学好了构词法，可以扩大词汇量，在很大程度上可以起到事半功倍的效果。如教师可给出一个词根“care”，请同学们找出由此派生出来的词汇。

8. 用词造句巩固词汇教学。在造句之前，首先要弄清所学词汇的意义，研读教材和词典给出的例句，然后通过模仿例句，灵活而有规律地变化部分句子成分。记忆典型例句并辅以造句等实践训练，比单纯记忆孤立的单词好得多。通过造句，学生可以明确词汇的词性及用法，这样更有助于记忆词汇，并灵活运用所学词汇进行表达交流。因此，造句是记忆、积累和掌握单词非常有效的方法。

9. 句子接龙或扩写句子。词汇教学中加入适当的游戏活动，有利于营造轻松和谐的课堂气氛，寓教于乐，达到巩固词汇学习的目的。进行句子接龙游戏可以把所学单词复习一遍。扩写句子既可以进行词汇练习，也可以进行语法和句型练习。

10. 加强作文练习巩固词汇教学。可以给出一个作文话题及相关词汇，要求学生运用这些词汇进行写作，这样，新学的词汇能在运用中得以巩固。

总之，教师要根据学生的年龄特点和知识水平，灵活应用各种方法帮助学生巩固所学词汇，切实提高词汇教学的有效性。

三、培养学生的词汇学习方法

课堂的时间毕竟有限，学生还要在课外花很多时间学习词汇，因此，教师要培养学生的词汇学习策略，帮助学生在课外自主、有效地进行词汇学习。下面介绍几种词汇学习方法。

（一）定期复习

德国心理学家艾宾浩斯的实验证明，遗忘的规律是先快后慢，刚记住的材料，在最初几个小时内遗忘的速度最快。如果四至七天内不复现，记忆将受到抑制，甚至完全消失。及时、定期的复习在词汇习得中起着举足轻重的作用，因为对单词每一次的复习都会促进单词的记忆。学生应该每隔一段时间进行一点复习，而不是只进行一次长时间的复习；此外，学生要善于利用自己的词汇本和零散的时间，对自己不熟练的词汇随时、间隔复习，从而保证单词的习得效果。

（二）根据语境猜词

通过语境猜词就是根据一个词所处的具体的语言环境，运用有关线索，如同义词、反义词、举例、定义等推测词义，也可以运用逻辑推理、生活经验、普通常识等推断词义。如 You shouldn’t have blamed him for that，for it wasn’t this fault. 通过关联词 for 引出的句子所表示的原因（那不是他的错），可猜出 blame 的词义是“责备”。又如，But sometimes，no rain falls for a long，long time. Then there is a dry period，or drought. 从 drought 所在句子的上文我们得知，很久不下雨，于是便有一段干旱的时期，即 drought，由此可见 drought 意为“久旱”“旱灾”。而 a dry period 和 drought 是同义语。这种同义或释义关系常由 is、or、that is、in other words、be called 或破折号等来表示。在阅读过程中难免碰到生词，教师要鼓励、培养学生通过语境猜测词义的意识，而不是碰到生词就查词典。根据语境猜出来的单词会记得更牢，这是因为学生在猜测过程中要付出认知努力，这样就会形成明显的记忆痕，进而促进词汇的记忆和保存。

（三）有效地组织词汇

英语词汇量大，教师要引导学生将所学词汇按照某种规律有效地存储起来。比如，学生可以自己准备一本词汇本，按照不同的类别或话题组织词汇，而不是把所有单词都记录下来或简单地按照字母顺序记录。这种以特定方式制作的个性化词汇本更有助于词汇的巩固。

（四）使用词典

对外语学习者来说，词典是必备工具。合理、正确地使用词典有助于学生独立自主地学习。一般说来，初学者宜使用英汉词典，因为它可以借助母语帮助学生迅速获得词义，有一定基础的学习者，可以使用双语或英译词典，因为它能将词义阐释得更准确，并有助于学生流利地运用语言。另外，在什么时候要查阅词典呢？教师要鼓励学生在碰到生词时先通过上下文猜测词义，当无法猜出而影响理解或基本猜出为透彻弄清其发音、词义、用法的时候，就要使用词典。使用词典时首先是浏览该词的各种含义，运用自己判断力选择更适合本文具体应用环境的那个含义。如果可能并必要的话，应了解该词的词源，参考一下该词的原始含义和基本含义，这有助于理解该词的基本词义和各种引申意义，还可以拓宽知识面，从语言的侧面接触外国政治、经济、文化、风俗民情、重要事件等。此外，还可以了解有关该词的其他信息，例如含有这个词的短语、用法注释、同义词、反义词等，这些也有助于使学生对该词有一个更全面的感觉和把握。

（五）掌握适合自己的学习方法

词汇学习方法有很多，但并不是每种方法对每个学生都适用。学生在尝试老师介绍的多种学习方法后，要找到对自己而言最有效的方法。同时，教师要引导学生不断地对自己的词汇学习策略进行自我评价，若发现某些方法无效则应放弃，而尝试其他方法。此外，要经常组织学生进行学习经验交流，以便取长补短、共同进步。

总之，英语词汇的教与学都有一定方法可循。作为教师，要引导学生确立正确的学习目标和不断克服困难的信心，并尽可能设置多种教学活动，帮助学生掌握记忆单词的有效方法，使其在战胜困难中萌发出能力、毅力和动力。这个过程正是开发智力、塑造性格、培养意志的过程。学生在教师的正确引导下，从有兴趣而学到克服困难自觉学习，正是自主学习内驱力的深化过程，也是学生人格不断完善的过程。

第三节　对语法教学的理解

一、语法学习的必要性及其作用

学习语法的目的是“促进理解、监控输出”。所谓促进理解，是指学习者运用所学语法知识解决阅读过程中的某些疑难问题。当学习者在阅读中遇到难以理解的复杂句子时，往往分析句子结构、句子各部分的作用及其相互关系，以期达到理解的目的。再比如中学生感到比较困难的虚拟语气的理解，也需要相应的语法知识。语法的第二个作用是监控输出。这里的输出包括口头和书面表达。虽然作为外语学习者来说，出现错误是难免的，特别是在口语输出中。但是意识不到错误或忽视错误都不利于整体语言水平的进一步提高。

根据 P. Balcom 的观点，语法教学至少在三个方面对外语教学起作用：

(1) 使输入更易理解，即使学习者接触的语言系统化；(2) 使学习者更易于把接受的语言信息分析成可以理解的语言单位；(3) 肯定或否定学习者对目标语所做的无意识的假设，第二语言学习研究者、实践者都认为语法能力（grammatical competence）是交流的必要条件。大多数交际教学大纲（communicative syllabuses）对语法教学的重视不够，导致学生在语言使用的准确性方面要差于用语言形式教学法（formal instruction）教学的学生。许多研究都证明了教学对语法学的积极作用。王蔷教授在他的著作中引用于 Hinkel 和 Fotos 的论点：语法教学可以加强学习者的语言熟练程度和准确性，并且促进整个句法系统的内化。其他一些研究还表明接受过语法教学的学生较之没有接受过语法教学的学生来说，学得更快，取得的成就更高。

二、语法学习观

理解了语法学习的作用以后，我们就会知道语法的掌握不是外语学习的最终目的，而是达到目的的有效手段。外语学习的最终目的不是简单地记住一些语言规则，而是将语言的形式与其意义、交际功能有机地结合起来，通过实际的语言运用去内化语言规则，从而达到准确运用语言进行有效交际的目的。

程晓堂认为，学习语法第一要在理解的基础上去学习。语法并不是需要死记硬背、毫无意义的条条框框，比如，现在分词和动名词在句子中的不同成分，很多初学者就是死记硬背：分词可以作定语、状语、表语；动名词可以作定语、主语、宾语、表语。其实，分词就相当于形容词，形容词能充当的成分分词基本都能充当；动名词就相当于名词，名词能充当的成分动名词基本也都能充当。这样也就很容易理解为什么动名词能充当主语和宾语，而分词则不能。第二，要积极主动地归纳、总结语法规则。英语学习者要善于从具体的语言现象中归纳、总结出语法规则，以字母 o 结尾的名词的复数规则就是一个很好的例子。我们知道以字母 o 结尾的名词复数规则是有些加 s，有些加 es。而哪些加 s 哪些加 es 似乎又需要死记硬背了。其实，仔细观察后，我们可以得到以下规律：多数单词加 es 比如 heroes，tomatoes，potatoes，tornadoes，volcanoes，torpedoes 等；少数单词加 s，而且加 s 的词多为较长单词的缩写，比如 photographs——photos，kilograms——kilo hippopotamus——hippos 等。而 radio 这个词本身就是几个单词的缩写，所以其复数也是加 s。如果学习英语的时候能够这样善于去观察语言现象、总结语法规则，我们就可以大大减少死记硬背的负担。第三，要善于从错误中学习。在外语学习和外语使用中，犯错误是难免的。我们不应该因为怕犯错误，而失去一些学习语言的机会。外语的学习恰恰是在“尝试——出错——改错“这样一种循环中不断得到进步和改善的。当然，我们也不能完全不顾语法，即使在口语交际中，适度地监控语法的正确性和准确性也是有利于提高口语能力的。第四，不要被语法术语困扰。程晓堂在《英语学习策略》中提到，语法可以分为理论语法、参考语法和教学语法。理论语法和参考语法都是研究语法的语言学家去专业研究的，它们的术语归纳的层次高。教学语法是实用语法，也就是为其他语言认知和语言技能的学习和使用服务的语法知识。第五，注意语法在交际中的使用。根据新课程标准的教学理念，语法教学需要在其验体的语境下进行：即教师通过创设良好的语言环境和提供大量的语言实践机会，使学生通过体验感知特定的语法规则可以如何使用；学生在实践、合作、交流中学习语言，形成语感。

第四节 语法教学方法研究

一、三个环节语法教学

结合课堂教学过程中的三个主要环节——呈现、讲解、练习，介绍了一些常用的语法教学的方法。这三个环节又分别对应于语法的感知阶段、理解阶段和应用阶段。

(一) 呈现

三种方法可以在呈现阶段由教师引出要学习的语法项目，分别是“通过对话创设情境”“动作演示法”和“利用简笔画”。下面我们首先用例子分别说明这三种方法在教授具体语法项目时的使用。

1. 通过对话创设情境

例 1 一般过去时

T：I watched a football match last night. Did you watch the game last night，S1？（教师板书）

S1：No.

T：What about you. S2?

S1：Yes.

T：How did you like it?

S2：Not bad. I think.

T：But I didn’t quite enjoy It.（教师板书）

例 2　虚拟语气

（学生看了一场新电影）

T：Did you go to see the new film “Broken Arrow” yesterday afternoon，S1?

S1：Yes，I saw the film with my classmates.

T：How did you like the film?

S1：Exciting，very exciting. All of us liked it very much.

T：I’m sorry I missed it. If I had time，I would have gone with you.（板书画线句子）

2. 动作演示法

例 3　现在进行时

T：（Holding a book in his hand）Listen and watch. What am I doing? I am reading the book.（教师重复一遍，然后板书画线句子）

T：Would you please open the window，S1? It’s hot in the classroom.

S1：I’d like to.（S1 opens it.）

T：Is S1 opening the door? No，he isn’t. He is opening the window.（板书画线句子）

3. 利用简笔画

例 4　形容词比较级和最高级

（教师在黑板上画三个身高不同的人，分别取名 Tom、Jack、Mark，并准备红、黄、绿三支长短不一的铅笔）

T：Tom is tall. Jack is taller than Tom Mark is taller than Jack. He is the tallest.（教师重复一遍，然后板书，用彩色粉笔把比较级和最高级画线，引起学生注意）

T：The red pencil is long. The yellow one is longer. The green one is the longest.（操作步骤与第一步相同）

（二）讲解

下面有三种方法可以用于讲解阶段，它们是归纳法、演绎法，以及归纳法与演绎法相结合的方法。下面我们将对其一一分析。

1. 归纳法（Inductive method）

归纳法，简而言之，就是通过具体的现象总结出本质和规则。从语法教学的角度看，归纳法就是先让学生接触具体的语言现象，然后在此基础上总结出语法规则。采用归纳法教授语法，一般采取三个步骤：观察→分析和比较→归纳或概括（同上）。

教师可以先引导学生就教师手中拿的钢笔、铅笔和书等实物进行名词单复数的练习。

One {pen / pencil / book}　　　two（three，four）{pens / pencils / books}

经过初步练习后，可以通过提问的方式，同时也采用在数词和名词词尾"s"下面画线的方法，提醒学生注意有关规则，引导他们得出以下的结论：

（1）one 表示单数，two 以上的数表示复数；

（2）英语名词有单数和复数两种形式，名词的复数形式一般是它的单数形式后面加"s"。

（3）数词与名词连用时，要保持数的一致，即说一个东西要用名词的单数说两个及两个以上的东西，要用名词的复数；

（4）根据情况，还要使学生认识名词的复数词尾 s，在清辅音后面读/s/，在浊辅音后面读/z/。

2. 演绎法（deductive method）

演绎法，简而言之，就是先理解规则，再举例验证规则。从语法教学角度看，就是先让学生接触和理解语法规则，然后再举例以验证语法规则。采用演绎法讲解语法主要包括三个步骤：提出语法规则→举例→解释语法规则。下面我们还是借用孙鸣《英语学习与教学设计》中的例子来说明。

学习人称代词主格和宾格时，教师先介绍概念："人称代词在句中作主语时用主格，作动词或介词的宾语时用宾格。"并用表格把人称代词的主格和宾格的形式列出（见表 3-1）。

表 3-1　人称代词的主格和宾格

主格	I	you	he	she	it	we	you	they
宾格	me	you	him	her	it	us	you	them

然后举例：

Please give that pencil－box to me.

I saw her in our classroom yesterday.

根据例子，要求学生说明画线的人称代词是主格还是宾格，为什么这样选用。

演绎法常常遭到人们的批评，那是因为演绎法往往以孤立的方式来教语法，不太注重语言的意义，而且所做的练习仅是机械的替换或者变换练习。其优点是：a. 它比较适宜学习动机强的学生；b. 若所教语法比较复杂，演绎法可以节省大量时间；c. 使学生比较擅长以精确度为衡量标准的考试。

3. 归纳法与演绎法相结合

在语法教学中，常常可以把归纳法和演绎法结合使用，先归纳后演绎，或者先演绎后归纳。

（三）练习

语法教学的最终目的还是提高学生的语言运用能力，所以对教师来说，如果有效地设计语法练习这个环节，组织学生进行有效的语言操练，无疑对学生语言能力的发展具有至关重要的作用。操练分为下列三种类型。

1. 机械操练（mechanical drills）

在这种练习中，学生的反应完全受到控制，学生不用理解意思就可以做出正确反应，如模仿、替换、重复等。这类练习的主要目的是熟悉、记住语言形式或结构。

2. 有意义操练（meaningful drills）

指学生的反应仍有一定的控制，但学生必须理解意思才能做出正确反应，如造句、改写句子、翻译句子等。这类练习的目的是理解语言形式或结构。

3. 交际性操练（communicative drills）

指学生根据自己所知做出反应，但反应形式仍受控制。然而，这种操练的控制程度比有意义操练更低，因此，它更接近人们的实际生活，有利于培养学生的语言运用能力。这类练习的目的是灵活运用语言形式或结构。例如，练习过去时态时，教师可能会提出一系列的问题：

Teacher asks （教师提问）	Student completes cues （学生按提示自行完成答案）
What time did you get up yesterday?	I got up.
What did you have for breakfast?	I had
What did you do after breakfast?	I……

二、语法翻译法

语法翻译法最早出现于18世纪晚期的欧洲，距今已有三百多年的历史。早期的语法翻译法过分重视语言知识的传授，忽视语言技能的培养；夸大语法和母语在外语学习中的作用；教学过程比较机械，脱离语言环境。正因为此，从19世纪末至今，语法翻译法一直遭到批判和否定。在我们全面推行课程改革的今天，语法翻译法仿佛就是落后、旧的代表和化身。然而，研究表明，教学方法效果的大小不在方法本身，而在教师是否会用。现今的英语教学受直接法的影响，强调让学生“用英语思维”，尽量减少母语的影响，似乎学好英语的前提就是忘掉母语。然而，“用英语思维”对绝大多数中国的英语学习者来说，只能是一个长期学习外语的结果。而在学习的过程中是很难做到的。完全不受母语的影响，从理论上思考，还是从实战上观察，都是不可能的事情。从某种意思上说，翻译法体现了外语学习的本质，外语学习是在母语环境中和母语教师指导下进行的学习。它的主旨在于通过目的语和母语之间语言形式的转换，达到两种语言之间信息交流的目的。因此，在一定条件下，教师在教学过程中借助学习者的母语来讲解词汇及语法规则，可以避免在直接法、交际法中可能会出现的学习者对语言知识的一知半解。教师通过分析、展现各种语法现象可以帮助学生建构系统的语法框架，使学生更清晰、更高效地认识语言的系统性。

三、简图呈现法

语法作为语言使用的规则，本身具有一定的抽象性。因此，有些语法项目很难用语言清晰地表达出来以使学生理解。在这种情况下，我们可以使用简图、画片、表演等手段使其形象化。

我们知道，对时间状语从句中连词的理解和选择是基于我们对主句和从句中两个动作的时间关系的判断。如果教师只是用语言去描述 while、when、as 三者的区别，学生会难以理解。比如，as 和 when 引导的从句既可表示某一刻时间，也可表示某一段时间，从句中的谓语动词既可以是短暂性动词，也可以是持续性动词。while 引导的从句通常表示一段时间，从句中宜用持续性动词作谓语。如果从句和主句都表示一个人的两个动作交替进行或同时完成时，则应用 as，可译为“一边……，一边……”。在这番描述中，教师必须用到很多术语，由于学生的语言理解能力以及想象力都是有个体差异的，随着教师的讲解，在每个学生头脑中呈现的画面不统一，给时间状语从句的教学就会造成一定的障碍。

如果教师设计出两个动作的对比画面，让学生“看”到一个统一的情景，并且配上思路的简图（见图 3-1），学生就会很容易理解 while、when 和 as 的不同及相同之处了。

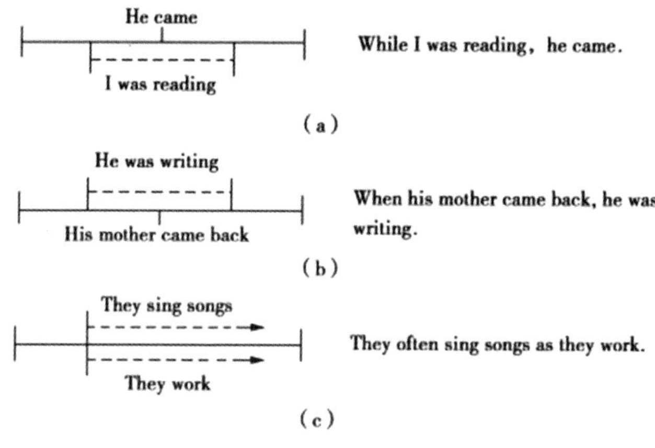

图 3-1　时间状语从句思路简图

四、活动式呈现法

在活动式呈现法中，教师安排适当的活动，让学生通过活动的方式来感受和体验特定的语法知识。在运用活动式呈现法时，教师需要预测到学生可能会遇到的困难，并且在初始阶段，做出一定的示范。

在学习介词的基本用法时，教师首先运用了全身反映法，即要求学生根据他的指令来完成动作。

Go back to your seat，everybody.

Sit down，please.

Take your pencil and a piece of paper out of the drawer.

Now. Draw exactly according to the instructions，I' m going to give you.

在这一组指令之后，教师检查了学生的反应。用示范的方式帮助那些不能完全理解指令的学生理解指令。在全部学生都理解以上一组指令后，教师在接下来的活动中加入了更为复杂的介词、介词短语及方位关系。

Draw a square. In the middle of the square，draw a small circle with a 4 in it.

Draw a 6 in the middle of the box above the 6，draw a small circle. Underneath the 6，draw a big circle.

Draw a 5 and a 6 with two squares between them.

Draw a small square. Next to it，draw a circle. Inside the circle，at the bottom draw an "X" .

活动的最后，教师一边重复以上句子，一边把正确的图形画在黑板上，让学生与同桌相互检查。通过设计这一系列的指令活动，教师向学生呈现了常用介词的用法。活动式的呈现方法使得每位学生能够参与到学习的环节中来，激发他们的兴趣，活跃课堂气氛。

五、故事法

如何运用故事法（story－based approach）在语境中进行有意义的语法教学？故事法即让学生通过接触有完整意义的语言素材（故事、诗歌与听力材料等），在阅读与听力理解的过程中逐步自觉地意识到某一语法结构规则，然后，师生共同建构这特定的语言形式及其意义，最后，学生进行多种形式的交际和合作活动再造故事情节，教师则通过活动来检验学生对该语法现象的掌握程度。

（一）呈现（Presention）

教师首先要呈现一个突出某一语法现象的故事、歌曲或听力材料等，甚至可以是真实生活的展示或设计一个真实的任务，如做运动、试验等。

教学内容：

A. Saying what we feel and know（adjective ＋ that ＋ clause）

B. Making and asking for comments（It ＋be ＋ adjective that clause）

C. Using prepositions after adjectives

教学步骤：

用1分钟时间阅读下面的故事以达到对整体的理解。

I am Alexandra Pappas from Thessaloniki, Greece. Now I study at the Bronx High School of Science in New York City. My favorite subjects are biology and mathematics. I enjoy the life here, most of the time although I am far away from my family. Accidentally I met with Robbie Stewart and his nice family. Robbie became one of my best friends soon afterwards. One day, I enjoyed a wonderful piece of music with Robbie in his living room. Robbie said that his brother had sent the CD to him for his birthday. He was lucky that he lived with his harmonious family, and I suddenly felt upset that I missed my family. I couldn' t help crying. Robbie tried to comfort me. I was pleased that he was so considerate to make my happy by inviting me to some cheeseburger and French Fries. Just as we were going out, we were very surprised that we heard a dog barking outside the room. I opened the door and saw a cute creature standing at the gate. There was a label Lied around in neck, with its owner' s name and telephone number on. We tried to phone its owner, but both of us were very sorry that we couldn' t help it go home at once since there was no other information available. However, we were happy that it could keep us company. It was likely that Robbie would adopt it, for he is always good with animals.

学生阅读完毕后，教师通过提问检测学生对内容是否已经大致了解，同时也为下一步作好铺垫。提问如下：

What' s the main idea of the passage?

Why was Robbie lucky?

Why couldn' t the writer help crying at Robbie' s home?

What made them worried later on?

（二）注意（Attention）

在这一阶段，教师要使用各种方式，让学生对所教语法引起注意。这些方式可以包括：（1）就材料中的所教语法知识进行提问；（2）使用幻灯片或多媒体通过图片或其他手段凸显相关的语法规则。

在这个案例中，教师让学生成对表演这个故事。同时，教师通过提问或者设计活动重点突出一些语法规则。比如，提问 Alexandra 看到狗之前和之后的感受如何，让学生使用肢体语言来表达这些不同的感受。学生通过肢体语言和面部表情表现形容词结构的含义，在表演中感受形容词的用法结构。

(三) 合作建构 (Co－ Construction)

在这个阶段，师生合作建构语法结构。当学生开始注意语法结构后，教师需要提出清楚的、直接的与到位的问题来帮助学生理解语言结构。例如：

What words are repeated in the text?

What could they mean?

What pattern do you see in this group of words?

How do certain words change as their meanings change?

就这个案例来说，教师可以让学生在文章中找出表达作者心情的句子，并把它们写到黑板上。

He was lucky that ...

I fell upset that ...

I was pleased that...

然后，让学生列出尽可能多的可以形容心情的形容词（包括过去分词），如 sad、glad、amazed、shocked、frightened 等，并用其中的一个词造句。之后翻到教材的练习部分，完成 A 后，让学生用第一人称讲述一个故事，用上这些形容词。每一个学生说一句。

让学生看练习 B 中的形容词，写出与他们日常生活相关的两句对话，然后两两完成对话。

完成练习 C，然后让学生看 the Phantom of the opera 中的章节，然后用“形容词＋介词”的结构来描述场景、性格等。

如果学生无法想到其他的一些形容词，教师应该给他们一些提示，如 be responsible for，be dependent on，be concerned about，等等。

这一操练过程是学生在老师的引导下逐步建构“ adjective ＋ that ＋ clause ＋ be＋ adjective ＋ that＋ clause/ adjective ＋ pre. ”语法结构的规则和搭配，并通过练习激发学生使用语言结构，不断整合所学到的语法结构。

(四) 拓展 (Extension)

拓展活动提供给学生实践的机会，让他们通过创造性的方式使用新学的语言结构。活动形式可以包括信息差活动、角色扮演、游戏、写作、面试与调查等模拟真实生活情景的活动。

就我们的案例来说，教师可以要求学生根据自身经历编造一个故事，并且写下来。教师应该要求学生尽可能多地使用在前面阶段所学的语言结构。如果时间允许，可以让学生以小组合作的方式，编造一个完整的故事，然后向其他同学呈现他们的故事。

通过这样一系列的活动，学生就会比较轻松地学到这一语言结构，并体会到在与同伴合作中使用语言的乐趣，学生的综合能力也会得到提高。

六、交互式语法教学法

新课程标准强调语言交际能力，交互式语法教学的理念符合课程标准的要求。交互式教学理论认为学习是一个认知交互的过程，并强调个体与所认知环境之间的交互作用。交互式教学为学习者提供认识、体验、实践目的语的机会、环境和条件，提倡合作学习、探索学习和体验学习等学习方式，其主要的实践性原则就是互动性。三种交互活动形式，即师生之间的交互活动、学生之间的交互活动和人机之间的交互活动。人机之间的交互活动指在语法教学的过程中，我们可以借助多媒体教室和网络通信技术的交互功能，建立师生合作和生生合作的机制，进行教学设计，为英语语法教学提供更广阔的空间。下面我们将详细说明师生之间的交互活动和学生之间的交互活动。

（一）师生之间的交互活动

师生之间的交互活动指教师和学生利用目的语进行有意义的交际活动，不仅交流信息，而且交流情感。教师不再是传统意义上知识的掌握者和输出者，而是帮助学生有效学习的促进者。

下面我们引用一个例子看教师是如何利用课堂的开场白复习过去进行时的：

T：Li Ming，Could you tell me what you were doing at 4 yesterday afternoon?

S：I was sleeping.

T. Were you doing your homework or going over the lessons in the afternoon?

S：No，I was doing neither，and I was sleeping the whole afternoon.

T：Well，we really need a good rest，but you were not studying yesterday afternoon. Why were you staying in bed so long? Were you not feeling well?

教师和学生之间的以上对话就把过去进行时这个语法点跟学生真实的生活

情景很好地结合在一起。我们可以将它与一些明知故问的问题作比较，比如“Are you a student?”或“ Is this a pen?”很显然，上例的问题更能有效地激发学生的交际兴趣，培养学生的交际能力。原因就是明知故问的问题缺乏信息差（information gap），属于机械的操练。由此可见，对于师生之间的交互活动，关键是要教师设计出有意义的问题，通过让学生回答问题，使学生在一定情景中理解、提炼语法知识并应用于实践中。

（二）学生之间的交互活动

在安排学生之间的交互活动时，教师应该根据一定的语法知识，创设一种真实而且自由宽松的环境，引导和组织学生运用所学的语法知识入情入境地进行交互的活动。下面我们用一个例子来说明。

例如，在教授 might、may、can、must 等情态动词时，教师可先精讲各自的含义：may（might）表示“可以”或“可能”，can 表示“能够”或“可能”，must 表示“必须”或“一定”；另外，当用于“推测”时，它们的“可能性”依次逐级增强（might→may→can→must）。教师可以根据需要设计如下案件：John 房中的保险柜里面的一笔巨款被盗，Kate、Tom 和 Jack 三位都是警方的嫌疑人。Kate 是 John 的同事，了解 John 的活动规律；Tom 是 John 的好朋友，有 John 门上的钥匙；Jack 是 John 的中学同学、惯偷，能进入 John 的房间。教师可以让学生们扮演警察的角色，分组讨论“ Who is the thief?”并尽量用以上情态动词。为了破案，“警察”们可能会对案情作如下讨论：

“As Johns workmate，Kate knows when John leaves home and when he comes back，so it might be her.”

“No，it can’t be Kate，because she can’t enter Johns room.”

“Because Tom can enter John’s room，it may be him.”

“It may not be Tom because he and John are good friends.”

“It must be Jack because he often steals something and he can enter Johns room and we can tell the footprints on the floor are his.”

“I agree. It must be Jack.”

学生通过将 might、may、can、must 等词运用于语境中，加深对这些语法知识的理解，为在以后的语言交际中更好地运用奠定了基础。

第四章　阅读与写作教学方法研究

第一节　高校英语阅读教学方法研究

一、高校英语阅读教学理论

不少中外学者从不同角度研究或提出了行之有效的阅读理论，如外语界比较熟悉的，最具有影响力的有图式阅读理论、阅读模式理论、语篇分析理论、词汇衔接理论和合作学习理论等。

（一）图式阅读理论

1. 图式理论与图式阅读理论

图式（schema）概念最早是由德国哲学家康德（Kant）在其著作《纯粹理性批判》一书中提出来的，他从哲学层面上分析认为图式是连接人们大脑中纯概念与感知对象的纽带。后来图式理论又经由德国心理学家巴特利特（Bartlett）和美国人工智能专家鲁梅尔哈特（Rumehart）逐步完善，形成了现代图式理论。它的基本观点认为：图式是认识的基础，人们处理外界的任何信息都需要调用大脑中的图式，依据图式来解释、预测、组织、吸收外界的信息。图式理论强调人们在理解新事物时，需要新事物与已知的概念、过去的经历和背景知识，即头脑中已存的与新事物相关联的图式联系起来，否则无法理解输入的新信息。

20 世纪 80 年代，心理学家将图式理论运用到外语教学中，用它来解释阅读理解的心理过程，从而形成了图式阅读理论。图式阅读理论认为阅读过程是一个读者头脑已有图式与文本信息“双向互动”的过程，而阅读理解是文本信息与读者头脑中的图式相互作用的结果。阅读理解的双向过程包括两方面的信息加工过程，“自下而上”和“自上而下”的过程。前者指对文本中字、词、句、段落和篇章由小到大的理解过程，后者指读者根据头脑中的已有图式如文化背景知识、文章主题内容、语篇结构等，对文本信息进行自上而下的预测、验证、修正。高效的阅读理解是在这两个过程的交互作用中实现的。

2. 图式阅读理论类型

图式阅读理论分为三种类型：语言图式（linguistic schema）、内容图式（content schema）和形式图式（formal schema）。

（1）语言图式是指读者所掌握的语言文字知识，它包括该语言的语音、词汇和语法方面的知识。如果不具备这方面的语言图式，就无法对输入的文章文字信息进行解码，获取文字的意义。因此，读者要想理解文章，首先必须掌握与阅读文章相关的语言图式，语言图式掌握的熟练程度决定对阅读的理解程度。

（2）内容图式指阅读者对所读文章涉及的主题内容、题材或文化背景知识的了解。任何阅读材料都表达了一定的内容思想，建立在一定文化背景基础上。在实践中我们常发现这样一种现象，如果阅读者对阅读材料的主题内容、背景知识比较熟悉，即使在一些文字不熟悉的情况下，阅读者也能比较容易，并且准确地理解文章。这主要是阅读者具备了相关的内容图式。读者对于文章内容越熟悉，理解内容就越容易。

（3）形式图式是读者对文章的体裁和篇章结构方面的知识。文章内容的表述都是按一定顺序和结构形式排列语言的。不同体裁的文章具有不同的结构特点和语篇风格，比如说叙事类（narration）、描写类（description）、说明类（exposition）和辩论类（argumentation）的文章都体现出不同的体裁风格和结构形式。如果掌握了相关知识，就很容易把握文章的内在逻辑关系，理解作者要表达的思想。

在高效的阅读过程中，三种类型的图式运用是相辅相成，缺一不可的。其中“语言图式”是“内容图式”和“形式图式”的基础，负责对语言文字进行解码和整合，并提取意义。语言图式对于理解文本的作用属于“自下而上”的心理加工过程。因此，阅读者首先应具备识别文章字、词、句的语言图式能力，只有在跨越语言障碍的基础上，才能激活和调用更高层级的内容图式和形式图式的资源，才能实现对文章的理解。语言图式在阅读理解过程中只有现在性的地位，但仅以有这种图式并不能准确地理解文章内容，还必须激活相关的内容图式，掌握形式图式。即三种图式必须形成一个层级结构，交互影响，单一的图式能力不能达到有效的阅读效果，有效的阅读必须是三种图式合力的结果。

（二）阅读模式理论

目前，最主要的阅读模式大体分为三种。

1. 自下而上阅读模式

这种阅读模式指的是从词语、词组到单一句子一直到文章整体分层次逐一进行阅读理解，强调的是让阅读者从最低级的单词开始理解，最终弄明白整篇文章所表达的内容和主题。该模式能够帮助阅读者在阅读过程中加深对文章中出现的一些语法现象等的理解，但是并不能很好地完成阅读者本身与文章之间的互动交流，也就是说，该模式把阅读过程视为阅读者仅凭文章中分解的因素比如词汇、句式等单向理解文章所传递信息的过程，忽视了阅读者在阅读过程中的主动地位和积极作用。

2. 自上而下阅读模式

学者们针对自下而上模式在实际运用中的不足，提出了自上而下的英语阅读模式，这种阅读模式与“自下而上”恰恰相反，认为阅读者在阅读英语文章的过程中不应该处于被动接受信息的地位，而应该积极运用自己所掌握的英语语言知识，根据从文章中得出的语言线索，对文章所表达的内容和主题进行一系列的思考、加工、推测和判断等思维活动，它所强调的是阅读者所掌握的较高层的背景知识对阅读起到的作用，突出了阅读者在阅读过程中的主体地位，但是由于片面强调阅读者主动，反而忽视了同样重要的基础语言知识。

3. 交叉作用阅读模式

这种阅读模式的提出和应用实际上就是前两种模式的有效结合，该模式认为在阅读理解的过程中，阅读者不仅仅要根据文章中的文字、单词进行掌握和理解，还应该充分利用自身已掌握的高层的背景知识对文章进行阅读。它强调了阅读者与文章之间的关系应该是双重方向的，即阅读者本身所掌握的知识与文章中的组成因素如词汇、句式、语法等是可以相互作用、相互影响，与教学大纲要求相适应，因此被教育工作者普遍认可和广泛运用。

（三）语篇分析理论

认知心理学认为语篇知识与阅读能力有密切的相关性。学生对阅读材料中篇章结构的认知和理解能力与他们的阅读和写作总体水平成正相关。这就要求教学过程中使学生不只停留在词句的水平上学习语言，而是在语篇水平上，从表达完整确切意义和思想内容的语段篇章的层次结构入手，分析句子之间、段落篇章之间的衔接和相关意义及逻辑思维的连贯，帮助学生达到最大量地获取和掌握文章所传递的信息，进而获得理解语篇作者的观点、态度、思想感情的能力，同时逐步培养学生恰当地使用语言的能力。

英语教师运用语篇分析理论进行教学的重点就是要进行宏观分析，使学生初步了解课文的形式和内容，为以后深入理解课文打下基础。

1. 文化背景知识的导入

文化背景知识是课文的宏观语境，对语言外的关系意义起着连接作用，对正确理解语文有很强的指导作用。因此，背景知识是读者理解特定语篇所必需的外部世界知识，它包括文章的创作背景、作者背景、文化背景等，涉及文章的写作年代以及社会背景，作者的生平经历和写作风格，以及其他与文章内容相关的知识。文化背景知识的引入方式可以多种多样。教师可以根据具体情况对背景知识有重点有选择地介绍，或者布置学生自己从参考书籍或互联网查找相关的文化背景知识。一旦学生具备了相关的文化背景知识，教师就要帮助他们充分激活这些知识，有意识地运用这些知识进行阅读活动。

2. 语篇的宏观结构分析

语篇理论告诉我们，文章均有其特定的结构，尤其是论说文和说明文，基本上由主题段、描写或解说段和结论段构成。正确掌握语篇结构的认知可以帮助阅读者准确、快速地获取信息。所以，我们在教学中首先要考虑的问题是文章的框架结构问题。这样我们可以从宏观上把握文章的脉络，可解决类似“每个词都认识就是看不懂意思”的问题。语篇结构分析就是要将文章的语言特点、结构特征、主题表达等有机地结合起来，使学生能达到对文章内容真正理解，包括作者意图和观点。

（四）词汇衔接理论

词汇衔接是语篇衔接中最突出最重要的手段之一，它是指通过词汇选择，在篇章中建立一个贯穿篇章的链条从而建立篇章的连续性，也就是说词汇衔接是将一些话语与另外一些话语连接起来的手段和词汇关系。词汇衔接是语篇的有形网络，体现在语篇的表层结构上，不仅对语篇连贯起着重要作用，更重要的是能从各个层面上反映作者或说话者的交际意图，强化语篇主题。因而对词汇衔接的研究可以帮助我们深化对语篇的分析和理解，提高英语阅读教学效果。

1. 教师应在阅读教学中加强词汇衔接理论的系统讲授

在阅读教学中，教师在将词汇衔接知识系统传授给学生的同时，要鼓励学生经常应用这些知识以促进阅读能力的提高，课文精讲是高职英语教学中的一个重要环节，教师在教学过程中应该以语篇为起点讲解课文，通过分析课文中的衔接手段让学生掌握作者的写作思路，从而加深对课文的理解。

2. 教师在讲解课文时要提醒学生注意词汇连接

教师在讲解课文时要时刻提醒学生注意词与词之间的关系，分析一下课文中的词汇衔接方式及其功能，引导学生抓住关键词从而提高学生对文章理解的程度，教师要有意识地引导学生把词汇衔接与略读快读的训练结合起来，在略读一篇文章时运用词汇衔接知识可以使学生预测文章的发展方向，通过找到文章的关键词、主题句来帮助学生理解文章，在快速阅读中，那些与问题联系最大的句子中往往含有一定的词汇重复如同义词、反义词、上下义词等。教师可以利用词汇衔接对学生进行查找特定信息的训练，从而降低答案搜索的盲目性，提高答题的速度和准确性。

3. 教师应该把写作训练与阅读教学结合起来

教师应在指导学生借助词汇衔接分析语篇的同时，引导学生运用词汇衔接手段进行英语写作训练，从而使阅读和写作起到相辅相成的作用。

（五）合作学习理论

合作学习理论的基本内涵为：（1）形成和改变学习者的学习态度，增进其合作学习技能。（2）创立紧密结合与整合学习为一体的学习方式。（3）发展批判性思维、推理和解决问题的能力。

1. 提倡分组教学

提倡分组教学绝非将整个阅读课教学变成自始至终的分组活动。分组教学与班级授课相结合才是我们推崇的阅读课教学模式。班级授课在知识点传授方面有容量大、节时省力等优势。在合作学习的教学活动中，教师的讲授也是必不可少的组成部分。合理的分组对提高合作学习的效率有重要意义，因此教师在运用分组教学理论开展教学时要精心地组织学生实施小组活动，并让学生在小组内获得持续发展。

2. 两人小组合作学习

学生们可以被分成两人一组来完成大多数的学习任务，包括阅读和写作。当阅读水平较差的学生与同龄人结成学习小组时，他们将获得更大的帮助。许多阅读能力较差的学生认为他们最喜欢的老师是学生。两人小组合作学习不仅对学生提高阅读能力非常有效，而且极其实用。

3. 四至六人小组合作学习

四至六人小组合作学习，适用于较为复杂的分析性、探索性的阅读思考问题。这种合作学习方式有以下两大优势：小组成员互助合作、互相启发，形成智力互补，共同寻求解决问题的多种方案。小组成员的合作讨论大大提高了学生的阅读兴趣及分析归纳、推理验证等逻辑思维能力，小组成员相互合作大大增加了学生的实践机会。

二、大学英语阅读教学的特点和目标

（一）大学英语阅读教学的特点

大学英语阅读教学是改革前后较少受到质疑的语言技能之一，不仅对于其重要性，而且对于其教学效果方面都是如此。

1. 大学英语阅读内容的特点

从对大学英语教材的把握上看，大学英语教材中几乎包括了各种文体，各具多样性和现代性。其多样性表现为，一是文章涉及多个领域，如语言、文学、政治、经济、科技、宗教等；二是体裁有说明文、记叙文、议论文；三是语域的多样性，所选文章既有书面体文章，也有语体口语化乃至俚语化的文章。因此可以说，大学英语的阅读内容具有篇幅长、生词多、句法多样化、思想深等特点。

2. 大学英语阅读方式的特点

大学英语阅读一般分为精读（intensive reading）、泛读（extensive reading）和略读（skimming）。

（1）精读。要求学生毫无遗漏地仔细阅读全部语言材料，并获得对整篇文章深刻而全面的理解，在精读本中，每篇文章后的词汇、语法、句型及注释都应仔细领会。

（2）泛读。也可称为普通阅读，要求学生读懂全文，对全文的主旨大意、主要思想和次要信息及作者的观点有明确的了解。对全文只做一般性的推理、归纳和总结，无视研究细节问题和探讨语法问题，但要求阅读速度高于精读速度的一倍。

（3）略读。是一种浏览性的阅读，指学生以他能力达到的最快速度浏览阅读材料。略读不需通读全文，只跳跃式地读主要部分，主要部分一般指第一段、最后一段及中间衔接段，因为第一段一般为全文概述，最后一段为归纳总结，中间衔接段一般为上下文关系段落或者有递进关系、转折关系、因果关系等。目的是为了获取全文的中心思想和主要内容。一般来说，略读的速度应快于泛读速度的一倍。

（二）大学英语阅读教学的目标

大学阶段的英语阅读教学目标分为三个等级，即基础目标、提高目标和发展目标。

1. 基础目标

基础目标是针对大多数非英语专业学生的英语学习基本需求确定的。具体能基本读懂题材、语言难度中等的英语报刊文章和其他英语材料；能借助词典阅读英语教材和未来工作、生活中常见的应用文和简单的专业资料，掌握中心大意，理解主要事实和有关细节；能根据阅读目的的不同和阅读材料的难易，适当调整阅读速度和方法；能运用基本的阅读技巧。

2. 提高目标

提高目标是针对入学时英语基础较好、英语需求较高的学生确定的。具体能基本读懂公开发表的英语报刊上一般性题材的文章；能阅读与所学专业相关的综述性文献，或与未来工作相关的说明书、操作手册等材料，理解中心大意、关键信息、文章的篇章结构和隐含意义等；能较好地运用快速阅读技巧阅读篇幅较长、难度中等的材料；能较好地运用常用的阅读策略。

3. 发展目标

发展目标是根据学校人才培养计划的特殊需要以及部分学有余力的学生多

种需求确定的。具体如下。

能读懂有一定难度的文章，理解主旨大意及细节；能比较顺利地阅读公开发表的英语报刊上的文章，以及与所学专业相关的英语文献和资料，较好地理解其中的逻辑结构和隐含意义等；能对不同阅读材料的内容进行综合分析，形成自己的理解和认识；能恰当地运用阅读技巧。

三、英语阅读教学的重要性

阅读理解是学习者学习知识和发展智力的重要基础和前提，同时也是人类信息传递的主要途径。大学英语教学的主要目的之一是培养学生具有较强的阅读能力，而当前在我国的各类考试中阅读部分所占的比重一般也都在30％或30％以上，可见提高阅读技能和水平的重要性。阅读的重要性主要体现在以下几个方面。

（一）获取信息的主要手段

阅读能力的培养应该是我国大学英语教学的努力方向。众所周知，我国教育部之所以把英语放在显赫的位置，目的之一就是想培养出能够通过英语获取先进的科学文化信息的人才。尽管语言的信息交流渠道可以分口头和书面两种形式，但一方面受客观现实的限制，绝大多数的学生在未来使用英语进行交流的日子里，获取信息的主要渠道还是阅读；另一方面，外语学习和母语习得表现出不同的发展规律。人们习得母语时是听说能力先于读写能力，无须太大的努力就可学会，而外语学习时情况则完全相反。这两个方面决定了书面语将会是他们获取更复杂、更精确、更综合信息的可靠源泉。这也同时说明了将阅读教学置于大学英语教学核心地位的必要性。

（二）提高语言行为和能力的重要基础

阅读能力是提高听、说、写能力的根本。广泛的英语阅读是写就地道作文的基础。正确的高声朗读是说一口流利英语的必经之路。这应该说是个不需证明的道理。反观我国学生的口头与书面表达能力，单从内容上来说，也常常是稚嫩可笑或言之无物。我们几乎可以肯定地说，这种令人遗憾的教学结果与阅读教学方法欠妥是分不开的。

（三）语言知识的积累过程和文化知识的导入过程

大学英语学习是语言知识的积累过程和文化知识的导入过程，外语界已经形成共识。如果说听说课和网络教学手段能在灌输语言知识上有所作为的话，那么它们尚不足以完全承担文化导入的这个重任——听说课具有稍纵即逝的特性，网络教学毕竟是“辅助教学”，不可能代替面授，而阅读教学则可以针对课文中零散的文化知识进行对比分析、阐释讲解或指出其文化内涵或点明其文化规约。这样，学生能循序渐进、润物无声地增进对异域文化的理解和文化知识的积累。此外，作为大学教育的一个重要部分，英语教学也还应该以拓宽学生视野、提高他们素质为取向。在此方面，阅读教学显然可以发挥听说教学难以比拟的作用。

（四）阅读也是交际手段

现在，人们谈起大学英语教学中的交际教学法首先想到的是老师和学生之间的互动关系，忽略了学生作为读者在阅读英语时，其实也是在和作者进行交流。此时，学生的交际对象与我们大部分的英语教师相比，无论在语言能力上还是在文化修养上都略胜一筹。因此，阅读作为交际手段或许更有意义。这一点长期以来没有被我国外语界认识。这与人们传统上强调语篇的独自性（monologic nature）是分不开的。以系统功能语言学为代表的语篇分析理论认为，语言的本质要求我们更应该把语篇看成是过程（process），而不是产品（product）。有鉴于此，如果说大学英语还存在着不少问题的话，其中之一是阅读太少，而不是太多，需要改变的是传统的阅读教学方法。

四、目前英语阅读教学存在的问题

目前大学生实际阅读能力不尽如人意，这与传统的阅读教学模式有很大关系。此种模式是围绕一本选定的教材进行教学的，学生课前预习一下要求阅读的文章，上课时教师解释生词，分析语法难点，翻译一些结构复杂的句子，再做些理解性问题。这种教学程式没有充分考虑阅读课自身的特点和教学要求，把阅读课变成类似基础英语的纯粹的语言练习，因此，不能充分发挥阅读课在整个英语学习活动过程中所应有的作用。

阅读是辨认和理解书面语言并领会其内容的心理言语活动过程，它是人脑中各种知识共同作用的结果。因而阅读是一项非常复杂的、需调动各生理器官及知识结构的综合性活动。英语教学中的阅读教学不仅是方法和知识的传授，更是一项集教育学、心理学、语言学等多种学科于一体的综合性的智力开发工程。如何改进大学英语阅读的教学模式，有效提高学生的阅读理解能力，长期以来一直是广大英语教师和教学理论工作者所十分关心的问题。

要有效地培养和提高学生的阅读理解能力，需在阅读教学中针对具体的教学对象及教学阶段，采用与学生学习状况相适应的教学方法。但是，从目前大学英语阅读教学的状况来看，传统的阅读教学方法仍占有绝对的统治地位，它所存在的问题不容忽视，现从以下几个方面加以分析。

（一）片面强调语言符号的符号性分析，忽视文化教学

这种情况的出现有其理论根源。具体而言，它深受传统阅读理论中转换生成语法的影响。该理论认为，阅读必须从最小、最简单的语言单位开始，每个词、句子和段落本身有意义，独立地存在于材料中，与读者没有直接关系，阅读中的不能理解部分是由于材料本身的一些语言问题，比如，一些不熟悉的词或不适当的语法规则或句子之间缺乏关联。总而言之，该理论强调的是语言结构对阅读理解的影响，而不是读者自己对理解文本的影响。我们现用的大学英语阅读教程，绝大多数课文和阅读材料选自英美原文。由于东西方文化的差异，政治体制、风俗习惯、传统、道德的不同，如果对所学语言国家的有关文化背景知识缺乏全面的了解，在阅读原版文章时就会受到影响。因为不管什么国家，语言都是进行思想文化交流的工具，一个国家文化的发展，有其渊源和背景。在大学英语阅读教学课上，教师过分注重对阅读文本的符号性分析，并在此基础上进行机械似的拼合，忽视了学生内存的已有文化背景知识图式对阅读效果的影响。例如，“full moon”的短语。在西方文化中是与“恐怖”和“疯狂”的图式联系在一起的，而在东方文化中激活的则是“团圆”和“赏月”的图式。若是不了解英语的文化习惯，对该成语进行直译，则会偏离了其本义。实践证明，知识面窄，缺少相应的文化背景知识，是阅读理解的一大障碍，以至于有些学生一看到自己所不熟悉的题材就有了先入为主的畏难心理。这种潜在的心理干扰了正常的思维活动，从而影响了学生自身能力的正常发挥。

（二）重语言表层结构，轻篇章整体意义

传统的英语阅读教学理论认为，阅读理解的关键是词汇，学习的主要目标是语法、词汇及语言知识等。这种方法把完整流畅的语言分割和肢解成片段教学，忽视了对整体篇章意义的理解。在阅读教学过程中，教师对阅读材料的细节性解释占去了阅读课的绝大部分时间，在讲解中教师还生怕有所遗漏，对所有语言点，所有信息不分主次，平均用力，而且由于关键点未被突出强调，它阻碍学生进行整体阅读。教师很少系统地训练学生掌握一些获得词的逻辑意义的技巧，忽视对学生进行略读、查读以及猜测词义等能力的训练。这跟传统的语法翻译教学法的一度盛行不能说没有关系。常见的问题是不少学生在阅读时，潜意识地进行逐字逐句地默读或心译，生怕漏掉一个字。这种过于求全求细、“只见树木不见森林”的方法，主要是沿袭传统精读教学每句必细读、必精解的习惯，其结果一方面影响了阅读速度；另一方面读完之后脑子里杂乱无章，无法记忆或复现文章中的主要信息和重要细节，更谈不上彼此之间建立有机的联系。常有学生抱怨说，几乎每个单词都认识，可就是不理解文章意思。原因在于他们不知道如何在阅读中进行积极的思维活动，不懂得怎样对后续信息进行内容预测、结构预测、词汇预测等。

（三）忽视学生在教学中的主体地位

课堂教学中，普遍是以教师为中心的讲授式教学，忽视学生在阅读中的主体地位。就大学英语阅读教学的整体情况来看，学生的英语阅读能力不尽如人意，其中一个重要的原因是：学生未能积极参与阅读教学过程。目前的大学英语阅读教学仍以传授语言知识为主，阅读教学是以教师为中心的讲授式教学。按照这种方式，教师在课堂上只管使劲地讲，满黑板地写，成为课堂的主宰，而学生则在下面拼命地记笔记，被动地模仿、记忆和进行古板的、孤立的、教条式的句型操练及单句翻译。在这种情况下，学生参与课堂活动的意识淡薄，并容易产生厌倦心理，对学习英语失去兴趣，课堂气氛也显得非常沉闷。这样就严重挫伤了学生的学习积极性，他们就不会积极主动地参与到课堂教学活动中来，不少学生听课时心不在焉，甚至打瞌睡，以致出现费时低效的现象。如果不从根本上改变这种现状，必然会导致学习者在课内没有主动阅读实践的机会和课后缺乏自我阅读的动力的情况发生。

（四）课堂教学模式陈旧

当前大学英语的阅读教学中，由于长期受传统英语教学的影响，不少教师至今仍在使用老的教学方法，习惯于“讲”，擅长于“教”。例如，读一句译一句的翻译教学法，对每一句话都要进行语法分析的分析教学法等。这些教学方法刻板单调，不利于激发学生学习英语的兴趣，不利于学生实际语言技巧的发展。在阅读课后，学生总抱怨除了学到教材里的几个单词以外，一无所获。因而造成了许多学生至今仍保持着一些不良的阅读习惯，如逐字阅读，遇生词就查词典，阅读速度慢等，阅读能力处于较低水平且停滞不前。

（五）阅读教学内容把握不当

在教学内容上，重精读教学、轻泛读教学，过分重视词汇语法知识的教学，忽视语篇分析，忽视材料背景知识和语言文化背景知识的介绍。据问卷调查得出，教师授课常常对词汇知识和句子分析投入大量精力，较少介绍阅读技巧和策略，很少介绍阅读材料的人文知识。

（六）现有阅读教材设计不合理

教材是教学的重要指导性资料，在一定程度上影响着教师的教学内容、教学方向。但是纵观我国英语教材，其在设计上存在着不合理的状况，在整体上缺乏内在的连续性。

具体来说，我国大学教材注重阅读技能的训练。虽然从表面上看，教材设计本着层层深入的原则，在教学的不同阶段侧重性和针对性都十分明显，同时也符合学生具体的学习和认知规律，但是却存在严重的过渡问题，也就是前一个学习阶段和后一个学习阶段缺乏一定的承接性。

一种教材脱节的现象，在一定程度上影响了教学效果，对英语阅读教学也有着很大的阻碍作用。阅读教学过程中应该遵循循序渐进的原则，在不同的学习阶段，应该使学生接触到不同程度的英语阅读材料，但是由于教材的脱节，学生的阅读训练缺乏整体性。学生跟上原文的阅读进度已经感到吃力，更何谈提高英语阅读能力了。

此外，从教材内容上看，人选或人编的主题和篇章的结构性不适，所选社会科学主题、人文科学主题和自然科学主题在量的方面不均衡，主题筛选的广度和深度都有待进一步提高。教材的这种编写，缺乏与学生生活的联系性，因此学生对其的兴趣便得不到提高。

五、大学英语阅读教学策略研究

（一）运用语篇教学法

在传统的语法翻译理论的指导下，英语阅读常常重知识点的分析而轻语篇的整体理解，这样的只见树木不见森林的教学模式使学生被动接收信息，往往不能紧扣语篇结构作全面的分析。语篇分析理论主张把文章看作整体，从文章的层次结构着手，引导学生注重句子与句子之间的衔接、段落与段落之间的过渡，使学生在语篇基础上掌握全文，从而提高理解能力。在大学英语阅读教学实践中，运用语篇教学法进行教学的主要环节如下。

（1）围绕文章标题，预测文章内容。文章标题是文章内容的总概括，通过对文章标题的分析，可以有效地预测阅读材料的语篇类型及题材。在此过程中，教师可以围绕标题提一些启发性的问题，这不仅有利于预测文章内容，还为下一步导入文化背景做好了铺垫。

（2）导入背景知识，进行体裁和语篇分析。体裁是文体分析的三个层面之一。体裁分析是语篇分析的一个方面。要让学生学会比较不同的体裁所达到的不同交际效果，就必须在教学中及时导入相应的文化背景知识，只有让学生充分了解不同文体的特点，认识不同文体的结构，才能有效培养学生运用正确的阅读方法来进行阅读的能力，从而提高阅读效果。例如，记叙文阅读时要抓住三个要素：人物、背景（时间、地点）和事件的发生、进程及结果。记叙文常通过时间的先后和地点、空间的转移来描述事情的发展过程。议论文则要抓住论点、论据和论证这些要素。说明文则需要注意主题句及辅助句。说明主题句的辅助部分常用举例的结构形式，与此同时，读者一定要明确语篇的整体形式。如文章如何开篇，如何结尾，段落如何发展、如何照应，主要观点如何贯穿全文，中心思想如何表达等。

（3）抓住主题句，利用信息传递及组织模式把握语篇中句子和段落中心，并进行必要的语法、词汇衔接手段分析和意义连贯推理。在此过程中，教师可以把《新编英语语法》关于“篇章纽带”的知识以及有关语篇衔接与连贯的知识介绍给学生。例如，用表示时间顺序、地理方位、因果关系等逻辑概念的

“过渡词语”以达到文章的连贯性和黏着性；或运用“语法纽带”通过使用省略、替代、照应等句法手段达到承上启下的效果。从英汉语篇模式及其主题词的位置来看，英语本族语者重直线型思维。在英语语篇中，英语本族者倾向于在文章的前一部分（文章的头三分之一段落）提出主题思想。具体到段落中，每段常以一个点明中心思想的主题句开始，接着一层层展开主题，进行论述。

（4）精讲部分重要词汇用法，辨析词义；疏通语言点并提供操练句型。这一环节，在日常教学实践中，大部分教师都相当重视，但值得一提的是，词汇语法的辨析讲解需要把握一个度，若过了这个度，整个教学过程就容易给学生一种“只见树木，不见森林”的感觉。

（5）概括全文中心思想。语篇是由段落组成的，每段的主题句基本概括了段落大意，读者通常可以根据主题句推测出语篇的大致内容。换句话说，综合几个主题句就可以概括出全文的中心思想。只要把握住全文的中心思想就能更快、更好地理解文章。

（二）重视学生的词汇量和阅读量

词汇量和阅读量是阅读理解的基础，往往预示着阅读能力的高低。美国语言学家 Driller 研究指出：识记 2500 个常用英文单词，平均每页报纸上的词人们会认得 68%；识记 5000 个，为 80%；识记 10000 个，将达 92%，可见词汇量对于阅读能力的直接影响。因此教师要督促学生加大词汇量和阅读量，鼓励他们多读，多写，多记，同时传授一些词汇记忆方法，如文章中记忆法、造句记忆法、联想记忆法、构词记忆法等。此外还有必要系统讲授一些词汇学习理解方法，如利用词缀猜测生词的含义；利用上下文来推测词义；利用近义词、反义词、同类词来比较词义；通过加大阅读量来巩固词汇等。同时注意一词多义，引导学生掌握词汇的派生、合成和转化等构词法知识，建立起便于记忆和应用的新图式，扩大自己的词汇量。当读一篇文章时，必将会遇到一些生词，教会学生从上下文中猜出这些生词的意思。

1. 通过定义或重新陈述理解词的意思

作者有时为了使读者比较容易地理解某个词，常常在句子中给出该词的定义，或再用一个句子进行解释。例如：

（1）Jane is indecisive，that is，she can’t make up her mind.

（2）I am a resolute man. Once I set up a goal，I won’t give it up easily.

2. 通过一般知识理解词的意思

读者通常应用一般知识或自己的经验就可以猜出词的意思。例如：The door was so low that I hit my head on the lintel.

3. 通过相关信息理解词的意思

将上下文中有关的信息放在一起，读者就可以猜出词的意思。例如：Mike was now angry. Once again he flew into a rage.

4. 通过举例理解词的意思

作者通过举例子给读者一个提示，比如：She is studying glaucoma and other disease of the eye. 在这个句子中，作者没有告诉读者 glaucoma 的确切含义，但读者已从“other disease of the eye”几个词中知道了 glaucoma 是一种眼科疾病。

（三）传授快速阅读的技巧

1. 跨越生词障碍

影响阅读速度的最大障碍莫过于生词了。跨越生词障碍可以通过猜测词义来解决。猜测词义的方法有很多，比如根据语境、定义标记词（means，refer to，…）、重复标记词（in other words，…）、列举标记词（such as，…）以及同位语、同义词、反义词或常识等。但这些方法都离不开两大要素，首先是阅读者本身的文化修养，即语言、文化素质。其次是通过全局识破个体的能力。这就要求读者要不断扩大自己的知识面，懂得社会、天文、地理、财经、文体等科普性知识。

除了上述方法外还可根据构词法猜测词义。例如：large－enlarge（扩大，en－表示“使……”），tell－foretell（预告，fore－表示“前”），state－run（国有的）等。英语阅读教学中，教师需经常提醒学生，一定要重视利用词缀来扩充词汇和通过理解词缀的意义来判断生词的确切含义，达到提高阅读速度的目的。

2. 克服不良的阅读习惯，提高阅读速度

首先，要避免以单词为注视点，而要按意群进行阅读，这样才符合眼睛与大脑的协调。成组视读是一种科学的阅读方法。它首先要求把所读的句子尽可能分成意义较完整的组群，目光要尽可能少地停顿。成组视读的关键在于它既不是默读（心读）更不是朗读，而是通过目光在外语与大脑之间建立直接的联系，即外语思维。

其次，避免出声阅读和心读。出声阅读实际上是喃喃自语地把每个词读出来。心读实际上还是一种声读形式，只是没有声音，也看不到嘴唇的端动，但在内心想象各个单词的发音，存在着一种内心说话的形式。

再次，要认识到阅读是一种视觉过程，是靠眼球自左向右的转动和大脑的协调来获取信息的。有人阅读时总是一个词一个词地读，且常伴有一些习惯动作：用于指、摆头等，这些都是速读的障碍。读的时候要少眨眼、不摆头，只要眼球转动就可以了。

3. 利用略读、查阅来提高阅读速度

略读，即指读者以最快的速度粗略地对文章的内容获以梗概；而查阅，即指以最快的速度从一篇文章中淘沙拎金，获取读者所需的材料或信息，包括查找人名、地名、事件发生的事件或地点等。首先快速浏览文章的前面几段，以便对文章的内容、背景、写作的风格以及作者的观点等有所了解，而对后面的一些段落可以只读每段的主题句。主题句一般位于句首、句末，也有少数插入段中。

4. 浏览所提问题，带着问题读文章

一般来说，作者根据自己的意图和思维模式，通过一定的语言手段，把分散的细节的、具体的材料组织在一起，在训练或测试中，命题者往往采用多科方式进行提问，有直接的和间接的，但不管怎样，命题范围和思想基本与作者一致。阅读者首先要搞清楚问题的要求，带着问题和所需的信息去查询，以提高阅读速度。

（四）重视文化知识的介绍

文化知识即一些文化背景，包括民族文化、风俗习惯、人物传记、社会经历、政治背景等。文化背景的积累方法可以有以下几种：依靠老师在阅读前进行讲授；靠大量中、英文阅读积累，多读有关西方国家文化背景、风土人情的读物，特别是希腊、罗马文化故事；可查阅有关工具书参考了解有关背景知识，积极主动进行课外阅读。阅读的文章应体裁多样，可以包括记叙文、说明文、议论文等，语言是文化的载体和组成部分，也是文化的写照和表现形式，其产生、发展和变化过程受本民族文化的制约和影响，因而任何语言都带有所属文化系统的特征，包含着深刻的人文属性，体现着其民族的世界观和价值观。

二语习得研究发现，一种语言的习得和使用，不仅仅是语言结构本身的学习和使用，更离不开对这门语言所表现的文化内涵的了解，离不开对形成和使用这门语言的文化背景和底蕴的了解。在阅读过程中，文化背景知识的欠缺、跨文化意识的淡薄，会直接影响到英语阅读的各个层面。可以说学生对阅读理解的多少与深浅，很大程度上取决于他们对文章所涉及的文化背景知识掌握的多少。在大学英语阅读课的教学中，适时而恰到好处地介绍文化背景知识，对文化差异现象进行对比分析和讲解，有助于学生更好地理解阅读材料，激发其阅读兴趣。大学英语的阅读材料涵盖了政治、历史、地理、人文、科学以及风俗民情等各方面的知识。这就要求学生不断扩大自己的知识面，平时阅读时自觉形成收集有关英语国家的文化信息并内化为自己的英语方面的能力。在英语阅读课的教学过程中，对阅读材料的背景知识进行恰当介绍，不但可以激发学生的阅读兴趣，也有助于学生正确理解、把握阅读材料，提高英语阅读课堂教、学的效率。另外通过播放视频向学生介绍英美等国家的背景知识，使学生吸取知识，提高能力，丰富学生的阅读知识视野。

六、英语阅读有效教学的方法

阅读是一个相当复杂的心理认知过程，是读者通过语篇这一媒介与作者相互作用的交际行为；是读者借助于自身的经验知识，包括：语言知识与技能，以及阅读习惯、阅读策略与技巧、背景知识与语篇知识、文化差异等非语言知识对新信息进行筛选、分类和解释，以尽可能准确地获取作者的意图，实现阅读的目的。分析和研究大学英语阅读教学所存在的问题后，笔者认为，要提高学生的阅读理解能力，应采取以下相应的教学方法。

（一）激发学生的阅读兴趣，拓宽阅读范围，重视文化教学

在英语阅读教学过程中，教师应当尽量创造时间和空间，提供正常的阅读环境和真实的阅读材料，所选的阅读材料要有一定的标准。因此，在进行阅读选材之前，应尽可能地对学生的学习目的、学习期望、语言水平以及对文章的

趣味性、难易度、信息量、文章类型等方面的要求情况有一个深入了解，做到有据可循、有的放矢。一般来说，所选阅读材料语言要求质朴生动，难易程度要与学生的实际情况相适应，这样才能增强学生阅读的信心与成就感，激发学生的阅读兴趣。同时选材范围要广，尽可能涉猎多种题材的文章材料，如名人轶事、科普常识、文化习俗、人物历史、新闻报道、广告说明等，不断扩大学生的知识面。此外。教师还应根据文章的内容向学生介绍一些相关的文化背景知识。因为阅读理解不仅是语言符号的问题，背景知识、文化内涵也很重要。当我们在阅读一篇文章时，至少有两个活动在同时进行。一个活动是从单词、短语、句子等语言形式上进行字面理解；另一个活动是在理解字面内容的基础上，利用已有的文化知识和背景知识重建信息。也就是说，理解文章很大程度上是基于我们的现有经验来进行推测或是利用已有信息对读到的东西进行信息加工，这也就是所谓的“图式”。例如，美国的纸币不论面值多少，其颜色均为绿色，因而也就有了“green power（金钱的力量）”的说法。如果学生不了解这一背景知识，就很难联想到这一含义。

因此，在平时的教学中，教师应有意识地培养学生对文化背景知识的积累，使学生在阅读过程中能利用已储备的背景知识或已有图式对文章进行综合分析。以达到对篇章准确、全面深层次的理解，同时对阅读文章产生浓厚的兴趣，养成良好的阅读习惯，不拘泥于个别词句的理解，增强语感，使得英语文字在大脑里直接产生意义，如此才能提高阅读速度与理解的准确率。

（二）具体与抽象策略相结合，培养学生的语篇阅读水平

在课堂教学中，教师应让学生大量接触语言材料，把词义和句法教学融合到语篇教学中，重视对学生进行略读、查读以及猜测词义等能力的训练，在语篇的基础上，通过广泛阅读，使学生掌握基本的阅读方法、策略及技巧，培养学生运用已具备的相关背景知识对阅读材料进行猜测判断、概括等综合分析的能力。在大学英语阅读教学中，除了要求学生广泛阅读，使各种阅读方法和技巧得以反复操练外，还要针对不同的阅读对象和目的，自动地运用不同的阅读方法和技巧以达到相应的阅读目的，这就需要学生掌握一定的阅读策略。对于大学生的阅读而言，主要是采用具体和抽象两种阅读策略。如读不太熟悉的题材的文章时，要多用具体策略；读有关日常生活的杂志文章时多用抽象策略。

在教学中，笔者发现有的学生虽然对英语的基础知识掌握得很不错，但他们阅读的速度却十分缓慢，而且对文章内容的理解也较差，其中有一个重要原因就是他们在阅读时将注意力较多地放在具体策略上，而忽视了应用抽象策略；一般只注意包含信息的符号，把太多的时间花在了这些符号上，失去了对整体意义的理解。当然，这两种阅读策略并无实质上的高低优劣之分。任何给定的阅读材料，其中最佳策略的选择，应该基于这两种策略能否提供最正确的语义信息。所以，教师在阅读教学过程中，应指导学生对具体策略和抽象策略的双重使用。对待不同的文字材料，使用综合的策略，才能取得充分理解整篇文章的效果。还有，要达到对所读文章的完整理解，就要仔细阅读，从中寻找线索，收集新信息，就文章的有关部分进行推理和猜测，并注意有关因素间的相互关系。要达到这一目的，首先，对于文章中的生词和多义词，应指导学生运用文章背景以及自身的经验知识来推测其词义，而不是一遇生词就查字典。如根据构词法来进行推测，也就是从单词的结构上看是否有前缀或后缀，是不是合成词、派生词，单词的词根熟悉与否等；又如，根据生词同其他词语间的同等或同位或对比关系等进行猜测，从而猜出其词义。一是指导学生利用文章的标题、段落的开头、已读过的部分提出预测，并依据作者在文章中要表达的思想，检验预测是否正确。在阅读过程中，可利用多种语言手段（功能词、词语重复和句子位置等），回忆前面读过的词义、句义，甚至情节来验证预测。二是要指导学生根据事物发展的客观规律和阅读文章的篇章文体、修辞手法，以及语言中固有的冗余现象来做初步分析，提出假设，然后利用文中的各种语言线索，运用逻辑判断和推理的方法来检验假设，从一定文字符号中获得尽可能多的信息。在阅读过程中，指导学生学会不断修正预测中不确切的内容，直到最终完成对整篇文章的理解。

（三）以学生为中心，培养学生的自主阅读能力

阅读是指学习者通过自己的视觉识别文字符号，从书面语言中接受信息，获取篇章意义的心理过程。阅读教学是一个包涵学习者、教师、阅读教学目标、阅读材料及阅读策略和方法等若干要素的系统。在阅读教学活动中，学习者是阅读的主体，是阅读教学的归宿。阅读教学目标的实现与否取决于学习者参与阅读活动的程度。因此，阅读教学就必须根据阅读主体的心理发展规律明

确教学目标，优化教学内容，合理安排教学过程。在大学英语阅读教学中，应当改变过去以教师为中心、以知识传授为重点的做法，确立以学生发展为中心的教学理念，在实践中必须改进阅读教学方法，充分发挥学习者认知的主体作用，使学生在阅读过程中自主地建构知识体系。首先，阅读教学要有明确的目的和任务，课堂设计要有利于提高学生的学习主动性，激发学生的创造性思维。在这个方面，教师要给学生更多的感知语言的机会。如在阅读过程中，教师应布置一些与文章内容相关的启发性思考题，调动学生主动地参与英语阅读教学活动的积极性。当带着问题去阅读，学生就会在求知欲和好奇心的驱动下，积极主动地思考、理解问题，在文章的基础上加以联想，从而达到较好的阅读效果。又如，在讲解文章的过程中，教师不应是一味地解释文章中的词句，而应将一定的提问参与到讲解之中，以得到学生的互动反应；同时，将部分段落由学生讲解，教师或其他学生提出问题。讲解学生或其他学生解答与补充，以提高学生的课堂参与意识，使学生相互学习、互相促进、共同提高。二是要将因材施教的理念与开放式教学方法的探究结合起来。在英语阅读教学活动中，教师既要引发并适应学生的合理观念，参与学生开放式的问题探究，又要顾及学生群体中学习水平的差异性和层次性，做到因材施教，必要时可进行个别辅导。这有利于学生在理解的基础上，掌握规律提高阅读能力并运用在以后的阅读中，推动并最终实现以学生为中心的活动型的教学模式。

（四）培养阅读技巧，提高阅读速度

为了提高学生英语阅读的速度，还要训练学生养成良好的阅读习惯，不能边看边默读，眼、嘴并用必会降低阅读速度。阅读过程中遇到生词是学生常感到头痛的事，这时一般不应停下来查字典。英语教师必须使学生懂得：认识一篇文章的所有单词并不等于能理解这篇文章，而透彻理解一篇文章并不一定要认识文章的所有单词。英语单词是可以分析的，例如，可以用构词法来猜测、确定词义；还可以根据生词所处的句子或段落从上下文来推断该词的含义；除此之外，还可以根据同一篇文章中的其他信息来帮助判断。这类信息有：同位语、下定义、解释、举例、同义词、反义词、标点符号（如破折号、冒号都表示解释和说明）等。

掌握一定的阅读技能是提高学生英语阅读速度的保证。为培养英语阅读能力，教师应当向学生讲授略读（skimming）、跳读（skinning）、细读（careful reading）和评读（critical reading）等阅读技巧。略读和跳读是英语阅读的重要技巧，更是提高阅读速度的两大法宝。略读是读者快速浏览全文，跳过不重要的部分，把握文章的主旨；而跳读则是指读者在文中寻找有用的信息而忽略不重要的信息，不需要逐字逐句地阅读，这种阅读方法也叫查读；细读就是把握文章的细节；评读则是对文章进行评论。不同的英文文体有不同的结构特点，理解掌握了各种文体结构，有助于学生更有效地获取信息、提高英语阅读速度。总之，阅读能力是语言能力的一个重要组成部分，在大学英语教学中，英语教师应采取一系列措施，通过各种方法和途径，有的放矢地提高学生的阅读能力，并为以后更高级的专业阅读打下良好的基础。

第二节　高校英语写作教学方法研究

一、高校英语写作教学理论

（一）整体教学理论

1. 整体教学理论概述

“整体语言教学”（whole language approach）始于20世纪80年代的美国，最初用于美国中小学教授本族语的语言艺术及阅读教学，它强调语言的整体性，反对把语言肢解成音素、词素、词汇和语法学，强调口语和书面语言之间的互动性及内在联系。之后，研究语言习得的应用语言专家对整体语言教学也作了深入的研究。

美国亚利桑那大学教授、“整体语言”学源的主要倡导人之一K. Goodman研究发现，儿童在读、写能力受到比较重视的环境里，读、写能力的发展过程与听、说能力发展的过程是并驾齐驱的。这一发现揭示，过去按听、说、读、写顺序进行教学的原则违背了语言发展规律。俄罗斯著名心理学家Vygotsky认为：语言能力是通过与他人进行言语交际，思想交流而习得的。

整体教学中“整体”，是指在教学中把语言看作是一个整体，而不是教师在课堂上讲解并让学生学习一些支离破碎的“技能”。“整体”教学就是用整体、联系的观点与方法来组织教学，其目的是让学生能够主动、有效、持久地学习，而不是教师在课堂上填充式地直接讲解，或让学生被动地重复课文中或教师讲解中已提出的信息。学生的写作技能和策略是在整体的、真实的语境中发展而来的，各种技能的培养必须渗透到整个课程计划中，这就是整体教学的实质。

2. 整体教学理论在英语写作课堂上的应用

（1）整体。整体教学提出了整体统帅局部的原则，采用从整体出发，从整体来教局部，教局部不忘整体的教学方法。教师应全面掌握《大学英语写作大纲》中对学生的全部要求，对毕业后学生在写作能力上达到的水平有一个整体的构想，并设计出每一年、每一学期，甚至每一节课在写作方面所要达到的目标。把握整体的过程就是语言输入的过程，目的是让学生初步理解所学的知识内容，对所要学的知识有一个整体的认识。写作技能的培训可以贯穿于英语教学的各个学科，以精读课为例：在读一篇文章讲解分析的同时，教师也要设计本节课结束后，在写作能力的培养上达到怎样的效果，这样在课文的讲解中有意识的强调作者的写作特点和优点，在潜移默化中进行点滴积累，最后达到提高写作的目的。

（2）分散。语言的功能和形式依附内容而存在，语言教学从整体出发，教师应将写作所要求的各种技能融于日常的各个教学环节中，语言知识和技能应通过自然的语言环境加以培养，而不应人为地把语言知识和写作技能分开来独立进行培养。分散可以让学生在平时的渐进式学习和积累中掌握全部的写作技巧，在潜移默化中达到水到渠成的效果。具体做法如下：

①分散到教材。教师可利用精读、泛读课堂加强学生对词汇的感悟，特别是词之间的差异。例如，我们不宜说 Our teacher is thin.（应该用 slim）或 Our teacher is fat.（应该用 strong 或 plump，etc.）。通过这样栩栩如生的事例我们可以让学生明白词汇有抽象与具体、正式与非正式、高雅与通俗、褒扬与贬抑等区别。

词汇是语言的建筑材料，我们写文章总离不开措辞，文章写得好坏与用词有密切关系。在写作时学生犯的通病是该用具体词的地方却用了抽象词。“具体”和“抽象”是相对而言的，教师在授课时应用一些精辟的例句让学生明白在写作中词的意义越具体，越能给读者鲜明印象的道理，并鼓励学生掌握足够的词汇量，这样词汇量大了，才能在写作中左右逢源，随时能用上所需要的词。

②分散到时事。语言与我们的生活息息相关，教师可利用当前的一些国内外时事来激发学生要用英语表达的欲望。例如，2010年将在中国上海举办举世瞩目的世博会，请用简短的几句话描述一下你的心情。有很多学生可能都会用到good，nice，happy这类词，而且频率还会很高，但教师此时给出一些类似wonderful，fantastic，marvelous，gorgeous的词汇时，学生自己就会感悟到每个不同词汇的使用都会给文章带来不同层次的韵味。教师还可以适当扩展，对所学知识由表层向深层发展，引导学生对时事做出评论，从而掌握议论文的写作格式和要领。

③分散到媒体。多媒体计算机和网络通信技术的发展为学生学习提供了理想的认知工具，能有效地促进学生的认知发展。多媒体系统的多种感官刺激更符合人类学习认识规律，体现了学生认识主体的地位，同时还考虑到学生个体差异，改变了传统的“黑板＋粉笔”的教学模式。教师因势利导，通过媒体让学生了解并掌握一些计算机和网络的术语，并学会电子邮件和函购信笺的写作格式。

④分散到学生。整体教学体现出以学生为主导的教学思想，它改变了“教师讲学生听”的被动灌输方式，给学生创造良好的氛围，让学生之间展开讨论，相互学习，学生之间相互检查所写的文章，检查出漏洞，再由学生进行讲解、分析、改错这种学生与学生之间的学习要比学生向老师学习更有深远意义。

总之，把要学习的写作能力和技巧分散到每个学期、每一单元、每一节课，把要学习的知识要点和难点分散到各个单元，精讲多练，讲练结合，在每节课的点滴学习中收获写作的全部知识。

（3）全面综合。分散讲解完每个知识点后，教师应让学生以归纳的方式及时总结重点内容，归纳写作技巧和各种写作格式，最终在学生的头脑中留下完整的知识，形成完整的印象。全面综合的让学生对各个知识点的认识从模糊、凌乱到清晰、完整，这是质的飞跃，同时也符合记忆的心理规律。这一阶段可以用以下三种方法：课文内容的整体再现；词汇句式的综合再现；语法知识的重点再现。以课文内容再现为主导，教师可采用播放录音、复述提纲、图标归纳等手段得以实现，目的在于全面总结，使各语言点、知识点变得系统化、条理化。

（4）实际运用。运用是教学的最终目标，运用也是教学过程的最终体现。写作教学应该贯穿于各学科的始末，光学不练永远达不到预期的目标。教师应在授课的一定阶段，结合所讲内容和这一阶段所提示的写作技能布置一些相应的写作练习，让学生在实践中得以巩固。教师可以指导学生写课文摘要或进行缩写、改写，以培养概括能力；给主题句和关键词要求联句成篇；或根据范例模仿作文；教师还可根据课文内容设计一些具有概括性的话题，让学生讨论，以培养交际能力，因为整体教学的理论：听、说、读、写的能力是齐头并进的。

（二）语言模因理论

1. 什么是语言模因论

（1）语言与模因。模因论（Memetics）是基于达尔文进化论的观点解释文化进化规律的一种新理论。Mcme（模因）一词是英国牛津大学著名动物学家道金斯（Dawkins）在其著作《自私的基因》（《*The selfish gene*》）一书中杜撰的，他将之定义为“文化传递的单位”。《牛津英语词典》收录该词后将它解释为“文化的基本单位，通过非遗传的方式、特别是模仿而得到传递”。模因与基因很相似，基因通过遗传来繁衍，模因则通过模仿进行传播，所以，模因的核心是模仿。作为文化传播单位，模因的表现形式很多。任何能够通过模仿而复制的信息都可以称之为模因。从语言角度来看，学语言的过程就是语言模因复制、传播的过程，因为语言本身就是一种模因，任何字、词、段落乃至篇章只要通过模仿得到复制和传播都可以称之为模因。

（2）语言模因的创新。语言模因作为复制因子，具有保留性、变异性和选择性，即每一个模因既是对以前模因的复制与继承，又会在复制和传播过程中产生一定的变异，在变异中获得发展。因此，任何创造性的语言使用都是在模仿的基础上进行的，先模仿而后创新，没有模仿和继承，就谈不上创造和创新。联系到写作，仿写是读写结合的最基本形式。通过仿写能便捷地获得写作理法，缩短学生探索直接经验的时间，加速语言从理解到运用的过渡。从模因论的角度来讨论模仿写作教学，有利于我们掌握快捷有效的方法，在“模仿”

的基础上进行英语写作创新。

2. 语言模因论的传播方式

不管语言模因的形式和内容如何，其复制和传播方式基本上是重复与类推两种。

（1）重复＋背诵。重复主要涉及对语言模因的直接套用，背诵是达到这一目的的直接手段。背诵作为传统教学模式一直被我国教育者所沿用；但如今，越来越多的教师却不屑于使用背诵这一传统学习策略，特别是在大学阶段，他们忽略了语言是在不断的复制和传播中得以生存的重要道理。事实上，背诵在写作教学中发挥着重要的作用。卡洛尔曾指出："成功的外语学习就必然要求耗费大量的时间，这时间的大部分应用于重复操练上。"背诵能够强化语言输入，加深学生对所学语法知识的理解，提高词汇、句型的记忆效果，增强语言知识的积累，从而使英语语言输出规范得体化。

（2）类推＋仿写。类推是模因复制与传播的另一种方式，与写作教学结合在一起主要涉及同构类推。即保持原模因整体结构框架不变，替换其中某些内容从而出现新的模因变体或形成模因复合体的现象。在写作教学中类推其实就意味着仿写。仿写合理地运用了模因论"模仿"原则，是提高学生英语写作能力有效的训练方式。仿写常用的一种模因是表现型模因，即语言的形式嵌入不同信息内容而予以复制、传递的模因。仿写通常可以从两个层次进行训练：一是词句模因，二是段落篇章模因。

①词句模因。词汇是写作的基础，因此，教师应鼓励学生通过模因模仿积累同义异词或通过上下义、反义等关系联想记忆词汇。同义异词可以有效避免行文的单调重复，从而提高文章的表达能力。此外，实用句型模因也是非常重要的仿写训练内容，它可以提高学生的句子写作水平。

②段落篇章模因。段落篇章模因训练是模仿已知的段落或篇章结构，根据不同语境，变动原来的语言信息或其中的成分，表达出不同的内容。例如，在理解了某个经典段落后，教师可以详细分析段落的结构、写作手法与技巧的运用，指导学生进行仿写。

3. 模因论对大学英语写作教学的启示

（1）背诵是语言模因的第一要素。背诵的目的在于充分熟悉大量目标语素材，强化语言输入，加强学生对词汇、句型的记忆和语法知识的理解，使英语语言输出规范得体。同时，教师应帮助学生准备一些包含相应模因的材料，使他们在背诵过程中能不断复制其语言要素，从而进一步组装并构成个人所需的语料。

（2）针对优秀范文进行分析和仿写。仿写指在写作过程中模仿其他个体的写作行为或既成的规范语句或文章进行学习性写作的训练方式，它是遵循模因论“模仿”原则来提高学生英语写作能力的有效方式。因此，教师要引导学生运用不同的表达方式来陈述自己的观点，首先要求教师分析范文的结构，向学生讲解各种写作的体裁及其语言特色，让他们了解语篇建构由语言、语境要素和写作交际目的等诸多因素构成，然后通过仿写训练，达到提高英语写作能力的目的。

（3）采用联想教学启发学生的多层次思维。在表现型语言模因中，可以让学生产生不同的意义联想，在复制传播过程中可能会出现变异，但意义变异仍是语言模因变异的一种重要方式。因此，引入联想启发法可以促使学生积极地思考问题，开发他们的想象力。

（4）同伴之间的互相模因。互相学习从某种意义上也是互相模因，学生作文的评改讲评就是一个非常好的学习机会。在学生第一次写稿完成后，根据教师的“自我纠错”要点先自己找错，再交到小组里轮流“传阅品评”，然后交给教师，最后环节是课堂讲评。课堂讲评主要是教师找出学生作文中典型的语言错误让他们集体改正及作文评比，被讲评文章要有目的性、针对性和代表性，要兼顾优秀、一般、较差让学生进行比较，最终修改出好的文章，优秀的习作会放到班级论坛里供同学学习模因。所有活动自始至终都有学生的参与，是写作课的延续。

（三）错误分析理论

1. 什么是错误分析理论

错误（error）是语言学习过程中不可避免的现象。在语言学界，有关学习者错误的研究最先出现的是对比分析（contrastive analysis）理论。该理论将目标语（target language）与本族语（native language）进行对比，认为学习者错误是由本族语的干扰造成的，主张有错必纠。随着认知语言学的发展，对比分析的不是越来越明显了，其中最主要的问题是忽视了学习者在语言学习过程中的主观能动性和许多错误无法通过两种语言的对比来加以解释。20 世纪 60 年代末，Corder 提出了错误分析理论。该理论认为错误是语言发展过程中的必然产物，是学习者对新语言知识所做的一种假设（hypothesis）和尝试，为教师提供了学习者的语言掌握情况，对二语习得有着积极的意义。错误分析理论改变了对语言学习者错误的传统看法，即错误是需要彻底根除的学习障碍，对第二语言的教学和研究产生了深远的影响。

2. 错误分析及其意义

在教学法中，错误分析法是教学法中常用的一种方法，主要是对于学生在学习中产生的错误进行集中的总结和归纳。在英语写作教学中运用错误分析法，整理学生在写作中相对集中的错误点，通过对于学生的学习过程的分析，找到学生在学习过程中出现的语言错误的原因，从而从根本上认识和纠正学生在学习过程中的偏差。通过对于学生产生错误的分析，首先可以系统和全面地了解学生产生错误的原因，能够使我们在教学中更好地实现针对性的教学，提高学生的学习效果，减少学生在写作中的错误。其次，通过对于错误的分析，可以查找和检验我们实际教学中出现的问题，从而改进教学方法，提高教学效果。

错误具有三方面的意义：第一，教师对学生的语言错误进行系统分析，可以知道学习者距目标有多远，还需要学习什么内容；第二，学习者的错误能向研究人员提供证据，说明语言学习的方式和采用的策略或程序；第三，错误是学习者不可避免的，出错可以看成学习的手段，用于检验关于正在学习的语言规则的假设。

3. 错误分析理论对大学英语写作教学的启示

（1）改变了对学习者错误的看法。传统观点认为，错误是由于本族语的干扰造成的，是二语学习的大敌，需要尽可能地避免和去除。而错误分析理论认为，错误是语言学习中不可避免的现象，对二语学习有着积极的意义。Corder 认为，错误为教师提供了学习者的语言掌握情况，为研究者提供了语言是如何被习得的证据，是学习者发现语言规律所需运用的策略之一。二语习得者的错误其实是他们对目标语进行的尝试和假设，错误的改正就是假设被检验并修改。通过这种不断进行的假设检验，学习者就能逐步克服自身的不足，进而不断向目标语接近，这其实就是二语学习的过程。所以，教师应对学习者的错误有正确的认识，克服教学中的急躁情绪和焦虑心理，认识到错误不仅是语言学习中的正常现象而且有积极的意义。因此，对待错误不必如临大敌而应采取宽容的态度，并让学生认识到这一点。教师要鼓励学生多写多练，不要因为害怕出错而总是写简单的句子，而要勇于在写作中锻炼写长句和从句的能力。

（2）区分错误，采取不同的处理方法。对学习者错误的宽容并不意味着一概忽略，因为有些错误如果没有得到及时纠正，其形式就会固定下来并以潜在的方式存在于学习者语言（learner language）中，在多次纠正之后仍然会重新出现，这就是石化（fossilization）现象。石化现象会严重阻碍学生英语水平的进步。因此，教师要重视学生的错误，在批阅时对错误进行分析和归类。对影响句子的单个成分而不影响文章整体的错误可不必过多关注，而对影响句子整体和文章全局的错误，密集度高的和普遍发生的错误，由于缺乏对西方文化和英语语言特征的了解而产生的错误等则要有足够的重视。

教师在纠正学生错误时可采取多种形式，为学生提供尽可能多的发现和纠正错误的机会，如自我纠错、同伴纠错、小组纠错等，鼓励学生充分开动脑筋，积极主动地纠正错误，从而加深对错误的印象，避免以后再次出现。对密集程度高的和普遍发生的错误可以采取课堂集中讲解的方式，对个别学生的错误可以课后单独向其指正。但要注意，无论采取何种方式，教师都不能挫伤学生学习英语的兴趣和伤害其自尊心。

（3）重视输出在语言学习中的作用。在语言学习中，听、读属于语言输入，说、写属于语言输出。我国的英语教学中普遍存在的重输入轻输出的模式不利于学习者的语言学习。很多学生能够读懂有一定难度的英语文章，但是写出的英语作文却满是拼写和语法错误，甚至让人不知所云，这就是英语教学中轻视语言输出的后果。学习者的错误表示他们对目标语进行的假设，在错误得到改正，即假设得到检验时，学习者才能认识到他们在语言学习中的缺陷，他们语言学习的内在认知才能被激活。而只有在语言输出中，学习者才能对假设进行检验，才能认识到学习者语言与目标语的差别，这种差别的弥补会使学习者语言不断完善并逐步接近目标语。所以，大学英语教学中应重视对学生英语语言输出能力、特别是写作能力的培养，并重视反馈的作用。通过对学生写作中的错误进行分析、归类和纠错，使学生发现不足并予以弥补。这样，学习者语言中的各个元素就会不断重组，不断接近目标语，这就是二语习得的过程。

二、高校英语写作教学的特点和目标

（一）高校英语写作教学的特点

大学阶段的英语学习主要包括听、说、读、写四项技能的训练。其中，写作教学与其他技能的学习又有差异。主要体现在以下几个方面。

（1）写作课是一个输出和检验的过程：学生首先要有一定的信息输入——对体裁、内容都要有一定的了解，同时不论是课后还是课中，学生都应有一定的阅读量，积累了丰富的词汇、句型和语法，才能在写作课上游刃有余。换句话说，写作课检验了学生平时的知识积累程度，检验了学生对语法的掌握和词汇的运用等。学生如果没有日常的积累，就没有写作课上的灵活自如。

（2）写作课对教师的要求高。写作课是输出和检验的过程。它不仅检验了学生的知识积累，同时也在检验着教师的积累和准备工作。一名好教师，绝不会在写作课上让学生写一篇作文了事。首先，写作课教学要求教师充分准备素材，要让学生有所想，有所写，教师要启发学生思考。如针对题材的思考，针对体裁的思考，以及针对范文和造词用句的思考等，都需要教师的启发和教导。所谓“授之以鱼，不如授之以渔”。其次，写作课要求教师具有比较广博的知识。因为写作的内容涉及多个方面，教师除了要有较高的外语水平外，还要对相关内容有所了解。这样才能言之有物，不会离题万里。第三，教师课后要有耐心和责任心。学生写作的水平需要教师的指正才能有所提高，因此课后教师任务更重。阅读每一个学生的作文，然后给出适当的评语，没有充分的耐心和责任心是做不到的，或做不好的。所以说，写作课的成功与否，一方面需要学生自身的努力，另一方面也离不开教师的引导。

（3）写作课是循序渐进的过程。写作是一个复杂、循环、创造的过程，是一个不断发掘的过程。它要求写作者进行丰富的联想，发现题材并将之组织成文。要想提高写作水平并不是短时间能够做到的。许多学生平时能够阅读很复杂的文章但却写不出完整的句子。有些学生错误地认为临考前背几篇范文就能在写作方面得高分。要解决根本问题，切实提高自身的写作水平，还需要多阅读、多分析，反复练笔。因为，写作的过程并不是简单地记录所看到或所读到的内容，而是用另一种语言表达自己的思想的过程，其中涉及遣词造句、文章架构以及段落的衔接等方面的问题。因此，写作水平的提高需要较长时间的训练，非一两天或一两周所能促成。

（二）高校英语写作教学的目标

大学阶段的英语写作教学目标分为三个等级，即基础目标、提高目标和发展目标。

1. 基础目标

基础目标是针对大多数非英语专业学生的英语学习基本需求确定的。具体如下：能用英语描述个人经历、观感、情感和发生的事件等；能写常见的应用文；能就一般性话题或提纲以短文的形式展开简短的讨论、解释、说明等；语言结构基本完整，中心思想明确，用词较为恰当，语意连贯，能运用基本的写作技巧。

2. 提高目标

提高目标是针对入学时英语基础较好、英语需求较高的学生确定的。具体如下：能用英语就一般性的主题表达个人观点；能撰写所学专业论文的英文摘要和英语小论文；能描述各种图表；能用英语对未来所从事工作或岗位职能、业务、产品等进行简要的书面介绍；语言表达内容完整，观点明确，条理清晰，语句通顺，能较好地运用常用的书面表达与交流技巧。

3. 发展目标

发展目标是根据学校人才培养计划的特殊需要以及部分学有余力的学生多元需求确定的。具体如下：能以书面英语形式比较自如地表达个人的观点；能就广泛的社会、文化主题写出有一定思想深度的说明文和议论文，就专业话题撰写简短报告或论文，思想表达清楚，内容丰富，文章结构清晰，逻辑性较强；能对从不同来源获得的信息进行归纳，写出大纲、总结或摘要，并重现其中的论述和理由；能以适当的格式和文体撰写商务信函、简讯、备忘等；能恰当地运用写作技巧。

三、写作在英语教学中的地位

（一）社会的发展使英文写作越来越重要

当前，人类进入了信息时代。这个时代要求文化科学技术以前所未有的广度和速度传播，而传播的手段首先是写作，尤其是英语写作。虽然现代化的广播、电视和计算机互联网络等多媒体传播工具已普遍使用，但是专家、学者、教授、新闻记者和商人，一般都不是直接使用现代传播工具，而是事先写成文稿，然后才借助传媒工具进行传播的。因此，现代传媒技术的发展和普遍使用不仅没有降低写作的地位，反而对写作提出了更高的要求。出于英语写作在当今全球化不断加快的人类社会生活中占有极其重要的地位，因此英语写作在整个英语教学课程中显得格外重要。现在随着国际间各种交流的迅速发展，计算机网络等媒体技术的进步，电子邮件的便捷传输，英文信函的频繁往来，技术交流和论文撰写的需要使得英文写作与日俱增。如果我们的专业技术人员不具备满足社会需求的英文写作能力，就不能很好地适应工作的需要，就会在社会进步中处于被动状态。

（二）写作是重要的交际手段

写作在教学中的地位还取决于它在听、说、读、写四种技能中的作用。要学好一门外语，这四种技能都是不可缺少的，而且是相辅相成的。我们难以设想，一个写作中错误百出的学生会在阅读和听说方面达到较高水准。英语学习成功的标准不仅仅在于学生记住了多少英语知识，而在于他们是否能用所学的语言创造性地进行笔语表达，也就是说，他们应该不仅能认知，而且能内化他们学到的语言，并在此基础上进行分析、综合、判断、重建和再创造。外语教学的目的就是培养学生的语言交际能力，也就是要培养学生用目的语进行听、说、读、写的综合能力。以前人们在讨论交际能力时往往将重点放在口头表达方面，忽视书面语交际能力的研究。作为语言交际两大方式之一，书面交际能力应该受到相当程度的重视，这不仅因为现代社会生活对书面语交际能力有着更为迫切和现实的需要，而且还因为书面语交际在本质和方式上与口语交际有着很大的差异，它应该成为交际能力的重要部分而被予以高度重视。

学习语言离不开写作，写作不仅能巩固已学的语言知识，也是一种重要的交际手段。写作是听、说、读、写四项交际技能之一。四项技能各有特点，各有任务，但又相互关联，相互促进和制约。学习一种语言，这四项技能缺一不可。写作可以增强学习者的语言习得，因为当学习者尝试用词、句子或者更大的语段进行写作、有效地交流自己的思想时，强化了他们在课堂所学的语法和词汇。写作能有效促进语言认知的内在化，包括写在内的语言产出性运用有助于学习者检验目的语句法结构和词语的使用，促进语言运用的自动化，有效达到语言习得的目的。当学习者用英文表达意思时，不得不主动地调用已学过的英语知识，斟酌语法规则的运用，琢磨词语的搭配，掂量词句使用的确切性和得体性。通过写作，英语知识不断得到巩固并内在化，为英语技能的全面发展铺路。然而，由于写作是一个迂回复杂、动态的过程，受到各种认知和社会因素的制约，学会写作不容易。用英语写作，其修辞环境更为复杂，涉及跨社会、跨文化因素的制约和影响，因而更难。

四、大学英语写作教学的现状分析

英语写作能力是英语语言能力的一个重要组成部分，但长期以来，我国学生的英语写作能力一直没能得到有效提高。在全国大学英语四、六级考试中，学生“听”和“读”的成绩在近年来都有较明显的进步，但写作成绩则少有改善。这一方面可能由于早年的《大学英语教学大纲》对写作能力要求相对比较低，另一方面也与传统的英语写作教学方法有一定关系。当前大学英语写作教学情况主要表现如下。

（一）思想认识方面

我国英语写作教学中还普遍存在教师既不愿意“教”、学生也不愿意“练”的问题。从教师角度看，很多语言规则是无法通过课堂教学让学生掌握的，只能通过学生对英语语言的大量使用实现。这些使用不仅指“写”本身，也包括“听”“说”和“阅读”等。从学生角度看，由于写作涉及语言和内容两个方面，学生存在语言表达困难、缺少及时反馈等问题。而如果学生得不到及时、有针对性的反馈，便会进一步挫伤他们提高英语写作能力的积极性。

（二）受应试教学目标的束缚

写作教学内容不得不围绕考试指挥棒转，从而无法摆脱应试教学的藩篱。其后果是学生的写作思维教条化、模式化，写作内容千篇一律，无创新亦无内涵。除了写作范文和阅读理解文章外，学生很少有时间去阅读英文原版书籍杂志等，英语兴趣的培养和写作水平的提高都受到了很大影响。

（三）课程教学时间不足

英语写作教学大部分是穿插在各学期精读课之后的练习中来完成。若精读课能按教学计划顺利完成，教师就能利用有限的时间“蜻蜓点水”般地对写作进行简单讲解；否则，写作教学就被无情地忽视和删减掉，完全成为精读教学的附庸。因此，写作教学在时间和内容上都无计划性、系统性，而随意性强。

（四）教学材料和模式上的局限性

现行教材中存在的弊端是“不仅分散、铺排较广，且时间跨度较大，难成体系”。一方面，目前诸多高校参与编写的大学英语的系列教材主要还是针对阅读和听说方面，而专门针对非英语专业学生的写作教材并不多也不精。另一方面，大多数老师还是遵循传统写作教学模式。首先讲解写作方法和技巧，然后给学生指定作文题目，要求学生在课后独立完成并在规定时间内交给教师批改。忽视了学生对写作素材的收集、分析、判断、修改，而没有强调写作是一个由师生共同完成的教学实战过程。

五、大学英语写作教学策略研究

（一）大学英语写作过程教学分析

写作过程是一个复杂的过程，它不仅需要学生具有坚实的语言基本功，包括拼写、词汇、句法等，也要学生善于安排篇章结构，充分挖掘内容深度。一直以来，写作都是语言学习过程中最重要的一个环节，也是教学中最为薄弱的一个环节。

1. 写作过程教学指导

写作过程主要分三个阶段：写前准备、写作过程、定稿修改。准备阶段的教学目标是让学生在教师的指导下全面分析、掌握材料，形成写作提纲和“腹稿”。写作过程是学生根据要求完成写作的全过程。定稿修改是通过师生的信息互动，学生将作文修改完善。在整个写作过程中，始终注意突出学生是学习的主体这一根本指导思想，注意调动学生写作的积极性，充分发挥他们互相帮助、共同提高的协作精神。如果将这三个阶段进一步细化，可分为审题立意、列出提纲、确定主题句、组织扩展句、撰写结论句和精修细正这六个步骤。

（1）审题立意。审题是写好一篇文章的第一个且是最重要的环节。文章是否切题就看学生是否认真审题，是否能明白题材的写作要求。英语专业写作都会给出提示语，甚至是作文题，学生必须围绕所给提示语或题目展开论述。因此，审题并理解题旨很有必要。学生在拿到作文题目之后，先要仔细阅读题目，认真审阅写作部分提供的说明与要求，再确定相应的体裁，如议论文、说明文。议论文主要是权衡利弊或就观点进行反驳等；说明文主要是阐述主题或提出解决问题的方案等。教师可以对学生进行提问，了解他们的审题情况。通过审题，学生明确文章的中心内容，从而达到审题立意。

（2）列出提纲。在确定中心思想之后，学生需粗拟一个提纲。提纲是文章写作的计划，也是一篇文章的基本框架。提纲可根据文章的结构列出。文章是由引言段、正文部分和结论段三部分组成。引言段揭示主题，正文部分从不同的角度对主题进行阐述，结论段对全文归纳总结。

（3）确定主题句。主题句是表达全文主题的句子，它概括了全文的大意，全文的其他文字都应围绕它展开。因此，主题句一般放在文章的开头，其特点是开门见山地摆出问题，然后加以详细说明。这样一来，读者便能一眼就明了全文的大意。主题句具有较强的概括性，它概括了全文的中心思想，反映了作者的写作意图，它是全文的核心所在，作者思维的起点，扣题的准绳，叙述的对象，也是读者叩开阅读理解之门的钥匙，它对确保文章主题突出，有着举足轻重的作用。教师可以通过学生的主题句得知其对文章主题的把握情况，从而判定其写作前的准备工作是否充分。因此在英语写作过程中，我们应充分重视主题句，将主题思想准确而明了地表达出来。

（4）组织扩展句。扩展句是用来解释和支持主题句的句子。确定主题句之后，学生可以根据所列提纲，围绕主题进行分析，收集与主题句密切相关的写作材料为主题句服务，详细说明并支持主题句的思想。教师可检查学生有关主题的扩展，将任何与主题句无关的繁杂内容都舍弃。选择的材料最好来自于我们的日常生活，因为它们真实且具说服力，学生也相对熟悉，易于把握。在组织扩展句的过程中，注意句子之间必须用连词或关系词来连接，段与段之间要用过渡词，以体现文章的逻辑性，它们是连接句与句或段与段之间的纽带，在行文中起承上启下的作用。同时，学生也要注意整个篇章的层次性，将最重要的先写，然后逐级递减。这样可以使文章自然、流畅，重点突出。

（5）撰写结论句。最后一部分由结论句构成。结论句通常与主题句一样包含全文的中心思想，它总结了全文，深化了主题，但所用的措辞与主题句不同，它是换一种说法，变换措辞。学生可简明扼要地总结前面所写的内容，切中主题，使文章结尾与开头相互照应。结尾部分能加深读者对整篇文章的理解，给读者留下更为深刻的印象。

（6）精修细正。文章写完后，花几分钟的时间再认真通读一遍，修改明显的拼写错误，以及一些语法错误，如时态、语态等。修改环节很重要，如果行文错误太多，会影响到写作成绩的评定。所以，学生不要写自己不明确或不会拼写的词，以保句子的正确性，尽量避免语法结构错误。当然，不可能避免所有错误，所以尽量细心检查一遍也是非常必要的。这一过程虽不能针对立题、结构、修辞等方面进行全方面考虑，但对个别词汇、语法、拼写错误稍加改动也很有意义。在“过程法”教学中，教师往往不是学生作文的唯一回应者和评估人，所有的同学也参与其中。除学生自己修改外，还可以进行学生之间的互改互评，然后教师再进行批改、讲评。讲评的重点放在文章的结构与内容上。

2. 写作过程中的技巧

过程教学法强调教师对写作过程的指导。由于指导的重点放在写作过程上，这将有利于学生了解自己的写作过程，并懂得写一篇文章必须经历的几个步骤，如写作前准备、起笔、初稿、修改或重写等，这有助于他们写作能力的提高。但写作水平的提高也有赖于学生对语言形式与写作技巧的掌握。写作与其他语言技能是一个整体，它的提高与其他语言技能的提高是一个相辅相成的关系。所以在一定程度上，不可否认成果教学法的可取之处。最近，西方写作教学研究出现了一种“回归结果”的倾向。因此，在写作教学过程中，教师对学生的语言知识、写作技能培养同样不可忽视。

（1）遣词造句指导学生的表达与书写具体落脚在指导遣词造句上。其实，写作部分重点考查学生的英语专业表达能力，而阅卷人员也较重视语言。写作技能也包括了语言运用的准确性，也就是使用恰当、地道的词语以及正确的语法、拼写、标点等。学生最常犯的语言错误就是拼写与语法。语法的错误包括时态、主谓一致、名词复数等。因此，学生应把主要精力放在语言上，尽量避免拼写、语法等错误。除做到语言最基础的基本功外，还需从词汇、句型等方面下功夫。

①词汇根据不同的语境或上下文，学生需选择恰当的词语。在写作的时候，首先必须保证选词的正确性，然后根据所需表达的具体含义，选择最为恰当的单词。由于英语专业不像汉语那样喜欢重复，所以在考虑相同的意思时，同一词语在一篇文章中最好不要重复出现，而应考虑使用其他同义词或近义词替换，可以选择一些具有一定难度的单词进行替代。因为恰当地使用高难词汇有助于提高写作层次。例如，我们发表观点时，可以使用“think”或“believe”，除此之外，更应该选择“assume，argue，reckon”等词。再如“主要

的”多数情况下是用“main”，但更好的词汇是“chief，principal，major，leading，essential，primary”等。大多数学生在大多数情况下表达“重要的”的意思基本是用“important”，但如果学生能用其他的单词，比如“critical，vital，significant，crucial”等，效果就可能大不一样。当然，在选择同义词或近义词进行替换时，首要的条件是用词必须准确恰当，表达地道。同时使用不同的词性也是丰富英语专业表达的重要途径。

②句型在写作中，除了词汇可以丰富多彩外，我们还可以使用不同的句型结构。我们常发现学生的写作句式单一，变换不够灵活。学生在写作过程中受自身的知识和时间等方面的影响，在句式变化上未能深入地思考，以致出现行文呆板、不够灵活。在英语写作中，有很多的特殊句型都可以运用在写作中，成为文章的闪光点。例如，让学生多使用典型句式，适当运用成语和谚语，恰当使用一些平行、对比结构。

(2) 结构衔接在写作过程中，要使句子或段落之间的衔接紧密，需用一些关联词来连接，这样才能使文章自然、流畅。关联词可以连接段落或句子。段落是文章中最基本的单位，它表明了全文的结构层次。写作时一定要段落清楚，有开头、主体和结论三部分，故全文需分段撰写。而句子又是构成段落的基本单位。如何将它们有机地组合起来，这就需要使用过渡性的词语。根据关联词表示的逻辑关系不同选择关联词。

(3) 俗话说：“熟读唐诗三百首，不会作诗也会吟。”平时背诵一些常用搭配、习惯用法，以及一些名篇名句，有利于提高英语写作水平。学生通过大量语言信息的输入，扩大了词汇量，熟练了句型，拓展了知识面，在写作需要时会自然而然地运用到背好的经典词汇与句型。背诵的目的在于灵活运用，所以学生背诵时需深刻理解所背内容的含义，并掌握其使用的环境。写作时将这些背诵的词汇与句型运用于写作中或进行仿写。这样，既能节省写作时间，又提高了写作层次。可以背诵蔡基刚教授编著的《大学英语专业写作常用句型》中的句型，在文章开头引出人们对要讨论的问题的不同看法，然后提出作者自己的不同看法。

六、大学英语写作教学改革

随着社交网络、电子游戏等互联网应用的日益普及，人类社会已经进入一个全新时代。采取有效措施和手段，积极推进大学英语教学改革势在必行。

（一）教学观念的更新和转变

众所周知，语用性语言能力分为听、说、读、写四大板块，听读属于输入能力，说写属于输出能力。而传统的教学方法更注重输入即听读能力。不难看出，这种模式下培养出来的学生说写能力非常欠缺，让他们开口说英语是一件很困难的事，也就是人们所说的“哑巴英语”。为了改变这种现状，大学英语教师也做了很多的尝试和努力，但情况并不是让人满意。原因可以归结为以下两点：一个主要原因是非英语环境。在汉语的环境里，学生没有说英语的语境。二是传统的教学模式和理念导致输入大于输出，这一点可能是长时间的因素造成的。学生刚开始接触英语大多是在小学，从小学开始教师就重视输入能力，而忽视输出能力。因此解决问题的办法要从源头抓起，即从小学抓起，从根本上改变“哑巴英语”的产生。同时，教师也可在课堂上多创造让学生说的机会，比如安排一些情景，举行一些英文歌唱比赛等。总之，教师要鼓励学生先开口说，刚开始不必纠正学生说时所犯的语法语音错误，因为对学生来讲，能够开口说就是一大挑战。

（二）创造更加真实的语言教学环境

作为大学英语教师，我们应该引进现代技术手段，改革英语教学模式。现代化的教学手段，可以吸引学生的注意力，能够提高教师的课堂教学效率。现代化的教学手段有很多种，如录像、录音、电视、电影、网络以及多媒体课件等。大学英语教师课堂上应该有效地利用这些现代化的教学手段，从而改变传统的一支粉笔、一张黑板的教学工具。同时为了师生更好地交流，还可以设立师生互动平台，提前为学生提供英语背景知识及英美文化介绍等。

（三）大学英语教师队伍建设

近年来很多高校都进行了大学英语教学改革，随之而来的就是教师的教学任务不断加重，另一个突出的问题就是师资力量短缺。同时出现的问题是现有的大学英语教师的学历也不能满足和适应现有的教学任务，教师的创新能力低，科研成果少。很多学校都有本科教师教本科学生的情况，面对这种情况，教师自己本身要有压力感，努力提高自己的专业水平和素养，同时各高校要有一个提高教师学历的整体规划，加大财力物力的投入，支持和鼓励教师外出学习和培训。同时还可以采取在岗轮流培训的制度，培养大学英语教师成为自主学习型教师。

（四）课程计划的改革

所谓课程计划，是指在上学期末或本学期初要求每位教师就本学期就教授内容列一个详细的计划，大致内容主要是每周教学进度和内容。

很多高校还将课程计划列入教师考核的标准。当然课程计划可以促使教师有计划、有步骤地进行本学期所教内容的讲解，能够保障教学的顺利进行。但是大家也应该看到它的弊端。教学计划虽然规定了教学的进度和内容，但是在某种程度上却制约了教师教学的能动性和创造性。教师会沿着统一的教学步骤采用统一的教学风格把本学期所讲内容按部就班地讲解完，教学效果可想而知，事实上，在统一的教学大纲的指导下，按专业设置来制订教学计划应该是一种比较理想的状态。只要不违反大学英语教学目标，给任课教师适当的自由，让他们根据自己的专业特色制订教学计划。

七、写作教学新思路

（一）加强大学英语写作教学的系统性

首先，制订系统的教学计划，由浅入深，循序渐进，使大学英语写作教学真正摆脱目前的无系统性状态。其次，按层层递进原则，分阶段、分步骤进行大学英语写作教学。所谓层层递进原则就是根据词、句、段落、篇章、文体的顺序，循序渐进地分阶段进行教学。大学英语写作教学的整个教学过程按写作特点可以划分为基础、中级和高级阶段。基础阶段从写句子入手：写简单句和复合句。基础阶段主要以扩大词汇量、熟练掌握词组和句型为主，同时兼顾语法的正确使用。重点放在包容量大、涉及面广的汉译英练习，并从中发现学生存在的各种问题。中级阶段主要放在一般常见文体的写作上。主要训练学生主题句的写作、上下文的衔接、文章的开启及收尾等，提醒学生注意段落的连贯性、上下文的逻辑性以及篇章的整体性等。高级阶段教学主要放在各种实用文体的写作上，以便提高学生英语的实际运用水平。这一阶段包括作文修改方面的一些问题，如标点符号、书写规则和修辞手段等。这一阶段还要加大写作力度，如要求学生在课堂上限时完成某类题材的作文。写完后，可以让学生彼此随堂传阅，目的在于让学生在取长补短的过程中，提高书面表达能力。

（二）培养学生的写作兴趣

在基础阶段特别要注意培养学习的兴趣，帮助学生树立能用英语写作的信心。这一阶段学生的写作可以不限题材，任其发挥，目的在于鼓励学生自我表达，充分发挥学生的想象力和创造力。教师可以在每次精读课前要求两位学生将他们的作文抄写在黑板上，如果是多媒体课堂，可以要求两位学生演示他们的作文课件，然后组织全班学生进行点评。这样可以极大地调动学生的参与积极性和写作热情；同时，还可以使同学们知道展出的作文好在哪里、不足之处是什么，借鉴别人的长处、避免别人的不足，是提高写作能力行之有效的办法。与此同时，为了不使学生对写作有挫败感，教师在批改学生们作业时，除了严重的错误必须要指出外，尽量对学生进行鼓励性的点评，以保护学生的写作兴趣，树立对写作的信心。

（三）扩大写作量，尝试“写长法”

“写长法”是针对我国英语教学听、说情境不足，而读、写情境有余的国情提出的适合中国学生英语学习的教学方法。其宗旨是以写作来激发学生的英语学习潜能，提高英语学习效率。具体做法是：教师设计，学生就某一题目或不限定题目作文。不限定作文长度，学生能写多长就写多长；同时，教师鼓励学生不断地写、大量地写，通过扩大写作量来达到质量的提高，即由量变促成质变。在写作过程中，通过“写长”，学生的写作水平极限受到挑战，写作能力得到锻炼，也体会到由此带来的成就感。

（四）写作题材多种多样

鼓励学生充分发挥其想象力和创造力，在业余时间多进行写作练习。写作的时间不限、字数不限、题材不限。学生可以写文章摘要、课文缩写、故事续写、观后感、读后感、游记、小说、诗歌等，这些写作作为英语学习中输出性的活动、作为学生英语水平的重要体现形式之一、作为英语应用能力的体现，正越来越受到社会各界的重视。改革写作教学，提高学生的写作水平，是我们的努力方向之一。

第五章　听力与口语教学方法研究

第一节　高校英语听力教学方法研究

一、英语听力教学研究的必要性

为了适应我国高等教育新的发展形势，深化教学改革，提高教学质量，满足新时期国家和社会对人才培养的需要，对外语教学提出了新的明确要求。“高校英语教学是以英语语言知识与应用技能、学习策略和跨文化交际为主要内容，以外语教学理论为指导，并集多种教学模式和教学手段为一体的教学体系。高校英语的教学目标是培养学生英语综合应用能力，特别是听说能力。使他们在今后工作和社会交往中能用英语有效地进行口头和书面的信息交流，同时增强其自主学习能力、提高综合文化素养，以适应我国经济发展和国际交流的需要。”可见，新的高校英语教学目标把提高学生的听说能力放在了首要位置。而英语听说能力是以“听懂”为前提的。所以，以听、说为主的英语实际应用能力的培养成了英语教学中的关键。而提高学生的听力能力成为摆在英语教师面前的急待解决的一大难题。

二、英语听力教学的理论基础

听力理解由三个相互关联而又循环出现的阶段组成：感知、分析和使用阶段。感知阶段指声音信号进入感觉记忆，信息保存的感觉记忆时间为 14 秒，然后经过筛选，其中一部分进入短时记忆进行加工处理。分析阶段指短时记忆中的信息经重组、编码后，形成有意义的命题，听者要对连续性的语流进行切分，切分的主要线索是意义，而意义体现在句法、语音、语义三个层面上。使用阶段是将形成的命题和长时记忆中的已知信息相联系，确定命题的意义，当新输入的信息与已知信息相匹配时就产生理解。在使用阶段，当形成的命题与长时记忆中的已知信息相联系时，大脑便通过积极的思维活动去分析、合成、归纳，使其成为连贯的语言材料，从而实现意义的重构。

认知心理学家进一步分析了解码过程中大脑对信息的处理方式，提出了“自下而上”和“自上而下”两种信息加工模式。“自下而上”的模式注重细节特征，是一系列由低级到高级，即由字词解码而最终获取信息的过程。“自上而下”的模式突出整体结构的识别，强调长时记忆中存留的背景知识、经验在理解中的作用，是一个预测、检验和证实的过程。这两种方式相互联系、交互作用，并且同时加工。从而在词法、句法、语篇等不同层面上共同促进听力理解。

三、听力教学理论指导下的具体实践

在英语听力教学中，多数学生存在听力障碍。实际上听力理解不单纯是“听”的问题，而是一个综合运用语言技能的过程。根据听力教学理论分析可知：这个过程涉及语言因素和非语言因素。前者主要指“自下而上”的语言基础知识——如语音、词汇、语法的加工过程，而后者则包括“自上而下”的文化背景知识、良好的听力习惯、良好的听力技巧和较快的阅读速度等综合知识的加工过程。只有这些“自下而上”和“自上而下”的语言因素和非语言因素的信息处理过程互动、互补，才能达到较好的听力理解效果。因此，作为英语教师，只有采取综合措施才能有效地提高高校生的英语听力。

（一）强化语音知识、克服语音障碍

非英语专业的高校生普遍存在语音问题，一方面是由于没有经过正规系统的语音训练，另一方面是因为很多人对语音不够重视，觉得只要能读得出、看得懂就可以了。久而久之，形成了错误的听觉形象，以至于非常简单的句子却听不懂。很多学生对于英语语音知识，如重音、连读、不完全爆破、义群、语调等就知之甚少。因此，入学之初有必要给学生复习一下音标知识、教授一些读音常识、纠正错误发音，以使他们尽快摆脱错误，养成按正确的语音语调发音、朗读和说话的好习惯。

1. 注意容易混淆的词素

强调注意区分容易混淆的音素：如/s/和/θ/、/a/和/ə/、/ɜ/和/ʌ/、/æ/和/e/。强调双元音发音要到位，如/ai/、/ei/ɔi/的发音。

2. 注意区分容易混淆的单词的发音

如 mouth 和 month、bus 和 bath、think 和 ink、some 和 same、shy 和 shine 等。

3. 了解发音常识

如单词中，s 在字首，/t/、/k/、/p/发音应相应地浊化为/d/、/g/、/b/。又如，以/d/、/t/发音结尾的单词在句子中语音失去爆破等。

4. 了解英美发音差异

如 where 英音为/we（r）/，美音为/hwe（r）/；Tuesday 英音为/tju：zdi/，美音为/tu：zd/；due 英音为/dju：/，美音为/du：/；ask 英音为/a：sk/，美音为/esk/。语音错误非一朝一夕所能克服，必须在以后的学习中反复提醒、练习。课堂上争取所有学生能将课后所列生词、词组读准，对所出现的语音错误及时纠正。对于听力材料中比较典型的语音失去爆破的句子、连读的句子等，有意识地多放几遍，以引起学生的注意并让他们模仿。由于课时有限，课堂上语音练习不能占用很多时间，因此要求他们在掌握了一定的语音知识后，课外每天坚持朗读 20 到 30 分钟，先跟着录音读，注意模仿语音、语调、连读，把握朗读节奏，然后脱离录音，背诵课文。

（二）熟悉听力常用词汇

听录音主要是获取信息，就像我们平时听别人说话一样，不必每个词都听懂；只要抓住关键，抓住要点就可以了。而所谓抓关键就是在听单句时，善于捕捉主要信息，尤其是一些关键的名词、动词、否定词等。

1. 生活常用词汇

这些词汇常出现在对话中，了解它们有助于推断出对话场景、对话内容、对话者的关系及对话者的意图等。如办公室常用词汇：manager，secretary，type letter，document，file，e-mail，fax，make a telephone call，copy，arrange a meeting，leave a message 等。机场、车站常用词语：make a reservation，ticket office platform，gate，hostess，departure time，due to arrive，take off，land 等。宾馆餐厅常用词语：reception desk，book a loom，a single/double room，waiter/waitress，menu，order，pay the bill，soft drinks，salad，dessert 等。商场购物常用词汇：supermarket，department store，on sale，suit，dress，size，color，be in style，fashion，cash，credit card 等。学校常用词语：

pass，fall in，examination，test，home work，thesis，degree，academic record，score scholarship，professor，tutor。

2. 常用否定词汇

除了最常用的 not，no 外，要特别注意以下表示否定的词语：Neither…nor，seldom，scarcely，hardly，little，few，rarely，none，too…to，no better than，would rather。

3. 常用数量词汇

英语听力材料中有一部分是关于数字的，这些数字包括时间、价格、数量、年龄、电话号码、航班等。关于数量的听力材料要特别注意：

（1）有些数字的基数词和序数词的区别：如 six 和 sixth，seven 和 seventh，ten 和 tenth 等。

（2）弄清十几和几十的词尾“－teen”和“＋ty”读音的区别。

（3）弄清几个常用量词的读音和表达的数量：如 hundred，thousand，million，dozen，decade，century .

（三）熟练掌握语法知识

1. 虚拟语气

它表述的意思与事实相反。如：I had worked hard last tern. I could have passed the final exam. 事实上，“我”没有通过考试。又如：I wish this wonderful moment would last forever. 而事实上，“好花不常开，好景不常在”。

2. 比较级

注意以下表示比较的词语：如 more…than，would rather，prefer…to…，no better than，从而弄清两个事物或人之间的比较关系。

（四）扩展知识面，培养语感

鼓励学生课外大量阅读各种读物，文科学生有意识地涉猎一些自然科学方面的常识，理科学生则注意多浏览有关社会科学的读物。同时，多听英文广播歌曲，多读英文报纸杂志，多看英文电影、光盘等，日积月累，知识面就会拓宽，语感也会加强，听英语材料就会容易得多。

（五）培养良好的听力习惯和听力技巧

（1）要培养学生排除杂念、专心致志地听录音的好习惯；

（2）要使学生养成快速记笔记的好习惯，尤其是一些关键词、重要的细节、数字等，要边听边记，以免出现虽然听得明明白白就是没记住的情况；

（3）要培养学生遇到不懂的地方不停顿，只抓要点不究枝节的好习惯，根据要点对所听内容做出分析推理，掌握通篇大意。教师不必要求学生百分之百地听明白；

（4）引导学生注意暗含语气及语音语调的变化对内容的影响；

（5）培养学生听录音前先读试题选项，根据已知信息猜测未知信息的答题技巧。

例如，某试题的四个选项为（A）at the airport，（B）at the office，（C）at school，（D）in the street，那么，这个问题一定是就地点进行提问的，听时要特别注意关于地点的内容。又如，假设某个试题的四个选项为（A）＄12.5，（B）＄25，（C）850，（D）＄35，那么，这个问题很可能是关于价格的，因此，听时要特别注意数字问题。通过这样的预测，听对的几率会大大提高。

（六）提高阅读速度

在四、六级考试及研究生入学考试中，各个试题之间的间隔约为15秒，如果考生阅读速度慢，则一个问题还没有答完。下一个问题又已经开始，弄得手忙脚乱，即使听明白也回答不对。所以，尽量提高阅读速度，争取在问题开始前读完选项，以便听时心中有数，有的放矢；如果这道题还没有读完，问题就开始了，而你对答案又没有把握，就先舍弃它，读后面的选项，做到“丢卒保车”，总之，只有狠抓语言基础知识如语音、词汇、语法等语言因素的学习，同时积极拓展知识面、培养良好的听力习惯和技巧、提高阅读速度，即采取综合治理的措施，才能提高高校生的英语听力。

四、高校英语听力教学的现状分析

近年来，高校英语听力在高校英语课程改制及等级水平考试中的比重不断加大。但是在实际教学中，还存在着一些问题，具体如下。

（一）传统的英语听力教学模式过于单一

（1）英语听力教学手段滞后。虽然多媒体教学有了很大的发展，但是资源有限，学生众多，区域、高校的经济发展还不能让所有学生体验网络教学。尽管学校在多媒体上下了不少功夫，兴建多媒体教室，可是这还是不能很好地解决英语教学资源问题。

(2) 忽视听力技巧的指导。英语听力技巧指的是引导学生如何在拿到听力题目时，合理进行审题，使用听力技巧，抓住听力材料中的关键词句，快速记下，并联系上下文，把握全文的主要意思。然而，由于教师忽视听力技巧指导的重要性，许多学生在拿到听力题目时不知从何下手，仅仅采用单一、古板的方式试图听懂一段材料，所得效果较差。由此可见，若缺乏高效的听力技巧指导，将难以真正提高学生的听力水平。

(3) 教学缺乏指导性和趣味性。填鸭式的应试教学甚至使学生对学英语有了逆反情绪，这成了学习中最大的绊脚石。学生在课堂上常感到单调乏味、课堂氛围沉闷。学生进步缓慢，对听力产生了抵触、厌烦情绪。

(二) 学生听力方面的原因

(1) 学生缺乏良好的英语听力习惯。学生没能养成良好的听力习惯，具体表现在听时头脑不清醒、精力不集中，不能整段地听，而是听得零零散散、断断续续的、不完整的单词、词组，没有掌握必要的听力技巧。

(2) 学生的词汇量匮乏、语言基础较薄弱。目前，许多学生由于词汇量匮乏，在听力时往往很难快速写出需要的单词，或是找不到合适的单词，或是单词拼写出错、大小写错误等，由于词汇量匮乏，学生的语言基础大多较为薄弱，听力教学效果难以提升，往往导致听力扣分。

(三) 教材单调，缺乏真实性

目前，我国高校英语听力教材存在的问题主要有两方面。

(1) 听力教材过于单调。我国现在的高校英语听力教材仍然还是一本教材外加几盒磁带的模式。高校英语听力的教学缺乏规范的、与课文录音配套的音像辅助资料，缺少必要的视听设备和科学理论的指导。很多教师将课文的录音磁带发给学生让学生课后自己练习，由于缺乏教师的监督和指导，学生往往毫无策略，而教师也无法从学生那儿得到任何反馈信息，无论是教师还是学生，都没有很好地利用磁带。这种单调的听力教材使听力课堂气氛沉闷，学生很容易产生厌倦心理，严重影响了听力教学的课堂教学效果和学生的学习积极性。

(2) 听力教材缺乏真实性。我国高校英语听力教学中使用的听力材料大多是由专家整理、改编，再由发音纯正的外国人士录制而成。这种听力材料常被称为非真实材料或“人工”材料。非真实材料语言的节奏和发音语调都不太自然，说话没有自然的停顿和开始，也没有快慢的变化，说的内容好像不是说出来的，更像是读出来的，毫无真实语言的特点。学生使用这样的听力材料进行听力训练很难培养在真实语境中交际的能力，听力水平也很难得到提高。

(四) 教学评估不完善

教学评估对于实现教学目标至关重要，是高校英语教学的重要环节。教学评估既是教师保证教学质量、改进教学管理、获取反馈信息的重要依据，同时也是学生改进学习方法、调整学习策略、提高学习效率的有效手段。在我国的高校英语教学中，教学评估一直左右着英语听力教学模式和教学方法的实施。各院校和各级教育行政部门也将高校英语课程教学评估视为本科教学工作评估的重要内容。

但是由于受“应试教育”思想的深刻影响，教学评估依然是以学生的成绩作为唯一的考核标准，很多院校更是以高校英语四、六级考试成绩来衡量学生的学习情况和教师的教学情况。这些都给高校英语听力教学带来了很大的影响。因为在高校英语四、六级考试中，听力所占比重较小，致使很多教师和学生都将精力放在比重较大的阅读上面，在课时和学分的分配上也更侧重于精读，这都不利于学生听力水平的提高。

五、高校英语听力教学的策略研究

(一) 高校英语听力教学模式策略分析

由于深受传统教学模式的影响，很大程度上，教师在教学中只是遵循着固定而又呆板的教学模式：先放录音，再做题，之后给出答案。这种传统教学课堂因为呆板的组织而显得枯燥乏味，教师成为教学的主体，学生基本处于被动状态，师生之间缺乏感情沟通和知识信息的交流，课堂气氛枯燥，学生的主动性没有得到应有发挥，致使教与学在很大程度上脱离，极大地影响了听力教学效果。因此，教师要勇于尝试新的教学模式，灵活选择使用。

1. 交互式教学模式

(1) 什么是交互式教学模式。交互式教学模式也称互动式教学模式，是指通过营造多边互动的教学环境，在教学双方平等交流探讨的过程中，达到不同观点的碰撞交融，进而调动教学双方的主动性和探索性，强化教学效果的一种教学方式。

交互式教学模式是一种适应时代的教学理论和策略。区别于传统教学法中以教师为中心，学生被动参与学习的模式，交互式教学法是以学生为中心，让学生积极主动地参与组织教学的各个环节，参与教学活动的全过程，真正成为教学活动的主体，与此同时，还要注意发挥教师在教学中的主导作用，实现教师与学生、学生与学生的双向交流与互动。简言之，它是旨在建立以教师为主导，以学生为主体，在师生、生生，以及人与多媒体之间通过“互动”方式组织起来的一套英语教学法。“互动”是两个或更多的人相互交流思想感情，传递信息并产生相互影响的过程。目前流行的交际英语教学理论的核心就是交际能力培养必须具备“互动”这个性质。交际能力培养强“调动”的重要性，是因为人类在各种背景下使用语言的目的就是“传递”信息，简单地说，是把自己头脑中的信息传递给另一人，反之亦然。

(2) 交互式教学模式的必要性。交互式教学模式的中心是“交流”，课堂教学最重要的形式也是交流，没有课堂交流，课堂教学就没有实施条件。有效的课堂交流是达到教学目的的前提。从信息交换的角度来说，教师和学生之间的信息交流是双向的，他们之间存在着大量的信息交流。针对现在高校英语听力中依然是传统的以教师为中心的课堂的现状，实施基于交互式教学法的高校英语听力教学模式是非常有必要的。交互式教学模式将传统的“以教师为中心”的教学模式转变为教师引导、学生积极参与、师生之间良性互动，“以学生为中心”的教学模式，即教师在教学过程中是作为参与者而非整体的控制者，它注重了师生的协作互动，提高了学生的教学参与性，从而提高了高校英语听力课的教学效果。

(3) 交互式教学环节。交互式教学模式在听力教学具体实践过程中，应分为听前准备、课堂训练、听后总结三个关键环节。

①听前准备。“如果听者事先知道他将做出某种反应，他会立刻带着目的去听，并且他知道会听到什么样的信息以及如何去反应”。在听每段材料前，教师应该和学生充分交流，了解学生感兴趣的话题，进而让学生寻找和准备相关的材料，准备一些与该话题相关的词汇。在课堂上，教师可根据学生准备的

情况提问，针对这些问题让学生进行自由讨论。这些可以看成是听力训练前的热身。通过“热身”，一方面学生对将要听到的内容会有大致的了解，引起学生的兴趣，通过相互流交，提高学生的积极性，使学生更好地融入课堂；另一方面展开了师生、生生之间的互动，活跃了课堂气氛，促进教学效果以及培养学生语言交际能力。

②课堂训练。交互式教学模式强调教学的互动，以及从传统的以教师为主的教学模式转变为以学生为中心的教学模式。在课堂训练前，经过热身阶段的师生交互活动便可以正式地开始听力技能训练了。首先，为了不破坏语篇的完整性，可以整体先听一遍材料，让学生对材料有一个大概的掌握；其次，第一遍听完之后，可以叫学生结合热身阶段的讨论对所听材料进行一下评价，评价是引导学生深入理解材料的好方法，然后要回答其他学生就材料理解进行的提问；最后，由教师进行正确与否的评判。这样既锻炼了学生的逻辑归纳能力，又实现了生生、生师之间的互动。在互动中，学生还可以总结出一些适合自己的听力技巧或策略。在该过程中，学生充分参与教学活动，成为教学的主体，而教师在此过程中除了充当指导者外，还可以是学习的共同参与者和合作者。

③听后总结。听力活动结束之后，教师应对学生的任务完成情况给予及时反馈。在反馈过程中，教师可以先让学生们评估目的任务完成情况。反馈完后，教师要对所听内容进行巩固，首先对所听材料中的词汇、基本句型和习惯表达进行总结；然后可根据实际情况，对所听材料进行角色表演和分组讨论，通过语言的再次学习，更好地理解和掌握所学知识，从而促进学生语言的实际运用能力。

2. 文化导入式教学模式

（1）什么是文化导入式教学模式

文化导入式教学模式是一种通过引导的方式让学生主动建构语言与文化知识、促进英语综合运用能力的相对稳定的操作性框架。该模式主张教师在一定的教学环境中，根据教学大纲、教材和学生实际，运用正确的方法对学生进行积极引导，激发他们的思考与想象，促进学生主动进行内部心理表征的建构，从而培养学生对文化差异的敏感性、宽容性以及处理文化差异的灵活性，提高学生综合运用英语的能力。该模式在教学内容上注重文化概念与思考方式的引入，突出相关文化内容，在教学形式上注重学习主体作用的发挥，同时也要求教师积极发挥主导作用。

（2）文化背景知识导入的方法

①适时培养学生对文化背景知识的敏感性。为培养学生对文化的敏感性，教师要充分利用教材发现问题，培养学生从文化角度来审视问题的根源，提高他们发现目的语文化现象的存在和这一文化与母语文化之间相符相悖的敏感性。例如，在对待一些文化知识和反映文化的词语表达上，教师不能简单地介绍，要多问几个为什么，在备课时准备充分的资料，让学生在中英文化对比中了解异国文化，逐步培养学生对中英文化差异的敏感度。

②利用词语导入文化背景知识。词语包括单个的词和短语。语言的各种文化特征都能在词语中展现出来。教师在教学中应适当地导入听力材料中具有一定文化背景知识的词语，让学生充分理解其文化特征与内涵。以习语为例，有这样一句材料：You’d better know that only work no play makes Jack a dull boy。这句话中没有一个生词，但学生却不能理解这句话的含义，从而导致做题的失误。事实上 only work no play makes Jack a dull boy 的意思是只工作不玩耍，聪明孩子也变傻。

③听说并重，增强文化理解力。要想真正提高听力水平，必须强调听说并重。教师可以根据不同的材料通过复述、问答及根据听力组织对话、进行小品表演等形式对学生进行听力检查。这既可以加深学生对有文化内涵知识的掌握，又可以提高学生的听说能力。例如，关于个人空间和称呼的一段材料中，由于材料本身涉及西方文化知识。教师可以采取复述并进行动作表演的方式进行教学，这不仅加深了学生对听力材料的理解，又提高了学生对文化背景的认知程度。

④借助视听媒介导入文化。教师应发挥多媒体的优势，充分利用电影、电视幻灯等资料进行辅助教学。因为这些媒介是了解西方文化的有效手段，是包罗万象的文化载体。学生可以在观影中直观、真实地了解西方的民族文化、社会习俗、交际方式、价值观念等文化内容。

⑤延伸教学空间，拓展英语文化。教师可以采取布置任务的方式，让学生提前查阅与所学单元相关的文化知识，并让学生以幻灯片形式展示成果，使学生在参与中增强信心和成就感。同时，鼓励学生课后大量阅读介绍英美文化的书籍，这既可获得语言知识，又可深化学生对文化差异的了解，从而提高学生

的听力水平。

3. 视听说结合式教学模式

(1) 视听说结合式教学的必要性

著名语言学家 Stempleski 和 Tomalin 认为，音像结合的教学手段比任何一种教学媒体都更能全面而真实地展示语言。它能刺激控制形象思维的大脑右半球和控制抽象思维的大脑左半球同时发挥作用，并参与吸收知识的活动。心理学对人类记忆特点的研究表明：单靠视觉记忆，其效率为 27%；单靠听觉记忆，其效率为 16%；视听并用其效率为 66%，而不是二者简单相加的 43%。在我们人脑的记忆活动中，形象信息的记忆要比语言文字信息的记忆牢固得多，在提高高校英语听力教学质量方而存在很大优势。视听结合，使学生处在耳目一新的教学环境当中，在视觉和听觉的双重刺激下接受语言信息，在这种环境中启发学生说英语的欲望可以达到事半功倍的教学效果。

无论是在外语教学中，还是在真实的言语交际中，听和说都是密切相关、不可分割的。“听”是凭借听觉器官对言语信号进行意义建构的过程，是理解言语的技能；而“说”则是借助语言外壳通过发音器官将思想转换成具有句法和语音结构的言语信息的过程，是言语表达的技能。口头表达能力的提高必然会促进听力技能的提高，教师应尽可能地为学生创造练习口语的机会，将听与说有机地结合起来，以听说结合的方式切实提高其听力水平，从而改变现有的听音画钩，单纯以获取信息为目的教学现状，保持外语习得过程中的输入与产出的平衡。

视、听和说三者在听力教学中有着相辅相成、互相促进的关系。集文本、图像、声音于一体的多媒体能及时为教学提供生动有趣、灵活、方便、实用的学习和实践的空间，使学生置身于一个真切实际的英语学习世界。选择难度适中、题材广泛、内容风趣、语言清晰规范的视听材料，并灵活性、创造性地调整和补充教材内容，通过视觉、听觉双重刺激，把听和说结合起来。要求学生理解所听内容，并且要做出积极反应进行口头练习，视觉效果有效刺激听觉能力，口语练习有效促进听力理解，不仅能锻炼学生的英语思维能力，还有助于提高记忆力，有利于知识的获取和记忆，达到运用英语、实践英语的目的。

(2) 视听说结合式教学环节

通过视听说结合的方式，可以解决英语教学中的“质”的问题，通过指导学生按照粗略观看、仔细听解、口头讲述三个步骤来完成从语言输入到输出的过程。在组织观看阶段，教师根据视听内容，利用图片、实物、背景知识的介绍和单词的讲解等形式进行巧妙地导入，让学生对视听材料的大体内容有所掌握，为下一步教学做好铺垫。在仔细听解阶段，不仅指导学生进一步明确整段话语的大意，更要把焦点放在语言材料本身，要求学生能够回答具体的细节问题，甚至区别细微的语音现象。在讲述阶段可以采取如问答、复述、谈论话题、讨论、情景对话、描述、角色扮演等多种形式，对视听材料有选择地进行再现、借鉴或者创造。以上三个步骤可以根据教学的实际需要，有重点、有目的地进行练习。

教师在课堂上的主要任务是示范和指导学生如何采用视听说结合的方法，按照以上三个步骤，克服听的过程中出现的来自语音、语言和文化等方面的困难，促进语言知识的使用和内化。教师在语音材料与学生之间充当媒介，帮助学生将听力内容同已有的知识技能有机地联系起来。采取灵活多变的方式进行课堂主体教学，由浅入深，由易到难，循序渐进，营造良好的学习环境和氛围。根据学习材料的主题和内容的不同而进行精心的设计，充分发挥多媒体声图文并茂的优点，采取文字、图片、音乐和短小视频的形式，激起学生的学习兴趣。在听力训练的过程中，教师不可一味地唱“独角戏”，除了要向学生提供必要的背景知识、语言知识和听力技巧来帮助学生理解外，应该设计出形式多样的活动使学生参与到教学之中，对视听材料进行模仿和拓展，充分发挥学生的想象空间。和学生共同融入听力训练中，注重倾听个体学生的答案和解释，给予适当的提示和指导，尤其是多给予积极的肯定和鼓励。

（二）高校英语听力训练策略

1. 选择多样化的听力材料

在选择听力材料时，教师既要结合教学实际的需要，也要结合学生现有的能力和兴趣，还可以让学生在课堂上以英语游戏的形式参与活动，循序渐进地进行练习，让学生既在乐中学，也在玩中学，最大限度地挖掘他们的潜在能力，发挥他们的主观能动性。

丰富的课堂内容，比单一的听力训练更能激发学生的学习兴趣。兴趣是最好的老师，有了兴趣，英语学习就是一种享受，自然会事半功倍。传统听力教学长期采用单一的教学模式：放音、练习、对答案，过于依赖教材，听力内容单调乏味，无法激发学生的学习兴趣和热情，因此在课堂材料的选择上，应充分考虑学生的兴趣、心理状态、当下热门话题等。

在多媒体教学环境下的今天，教师可以播放英文电影、教学情景对话、英文歌曲或某个明星的演讲，甚至 VOA、BBC 新闻练习听力，通过增强听力内容的趣味性、时效性，适当引入一些流行元素，提高学生的英文水平。英文电影作为一种直观、形象、生动的方式，越来越受到学生的青睐。英文电影有吸引人的剧情，让学生身临其境，有些情节非常具有趣味性，影片中的英语不再是死气沉沉的、让人望而生畏的语言，而变成妙趣横生、充满生机和活力的实践。

每周增加一点这些内容，并在人机对话中让学生学唱英文歌曲，进行英文电影配音，这将大大提高学生的英语学习热情和积极性，从而使其在轻松愉悦的氛围中提高英语听力水平，并且对提高学生的口语表达能力也非常有帮助。

2. 加强文化背景知识介绍

随着英语听力教学的不断深入和发展，文化背景知识的导入愈来愈受到重视。每个民族都有自己独特的文化背景和风俗习惯，如果不熟悉西方英语国家的文化背景知识，不懂得用西方思维方式来理解英语语言，就会给英语学习造成很大的障碍，学生就会很难理解某些听力材料或是产生误解，有时学生可能已经听清楚每个词了，却不能完全理解整个句子或是整篇文章所要表达的意思。在高校英语听力训练中，介绍文化背景知识是十分重要的。从下面几个文化背景知识对听力的影响就可以看出。

（1）民俗习惯。随着国际交往的进一步发展，越来越多的中国人知道了一些西方节日，但是因为不了解西方文化，往往不知道这些节日的起源和发展。例如，有篇关于 Boxing day 的听力材料。Boxing day 译为节礼日，是每年的圣诞节次日或是圣诞节后的第一个星期日。关于节礼日的起源存在争议，一种被广泛认可的说法是雇员在圣诞节后的第一个工作日会收到雇主的圣诞礼物，这些礼物通常被称为“圣诞节盒子”（Christmas Boxes）。另外一种说法是牧师将在这天打开功德箱，将里面的捐款分发给穷人。节礼日现在普遍被认为是购物日，因为在圣诞节过后的第一天，一般商家都会推出减价活动。如果学生并不了解有关节礼日的文化背景，就会误以为是拳击日，是打架争斗的日子。

（2）思维方式。不同的民族有着不同的思维方式，对待同一事物的看法也会有所不同。如在时间观念上中西方就存在差异。在赴约时，中国人会提前到达以示礼貌，而美国人则更注重要准时到达。如果迟到，让人等候，显然是不礼貌的，可去得太早也不好。因为主人要收拾房间，准备饭菜，如果去早了，主人还没有准备好，又要出来接待你，就会造成很多不便。所以在一些非常正式的场合，守时就显得更为重要，一旦去早了，最好在外面等几分钟再进去。在这样一道听力题目中：

What is considered polite for guests according to the American culture?

a. To arrive on time

b. To arrive about 5 minutes early

c. To arrive about 5 minutes late.

如果学生了解中西方对于时间的不同理解，很容易就能选出这道题目的正确答案。

（3）法律制度。在不同的国家，法律法规、制度政策等都会存在着很大的差异。如果对于这些差异不是十分了解的话，就会造成听力理解上的障碍。例如，有一篇讨论私人持有枪支是否合法的听力材料。中国公民私自拥有枪支是违法的，而美国公民则可以。如果了解这两个国家在法律规定上的差异就会更好地理解这篇听力材料了。再如在一段关于交通法规的听力对话，其后有这样一道题目：

What could happen if you park your car by a double yellow line?

我们知道关于交通法规中的一些标识语各个国家是有所不同的。如果知道在英国“a double yellow line”表示“No Parking”，这道听力理解题目就很容易解决了。

（4）生活习惯。在不同的文化背景下，各个民族的生活方式及礼仪习俗必然有所不同。了解了这种生活习惯上的差异有助于更好地理解听力材料的内容。例如，有这样一道听力理解题目：

What would your English host think if you finish your food at a dinner?

a. You would like some more

b. You had a good appetite.

c. You didn’ t quite like the food

d. You had enjoyed the food.

按照中国人的习惯，在做客时不要吃光所有的东西，要留一点表示你吃饱了。而在英国客人要吃光自己碗碟中的东西表示你很喜欢主人为你准备的美食。知道了这点生活礼仪上的差异，这道题目也就迎刃而解了。

3. 播放听力材料前的提示

在给学生上听力课时，教师不能只是给他们放录音带，也不能只给他们解释一点词汇或者短语，而是应当用已有的与材料相关的知识来引导学生。比如，老师可以用简短的讨论进入主题，让学生根据听力题目或者预先给的一些暗示来猜猜听力的内容，从而帮助学生理解所听的材料。通过这些方式，可以让学生对将要听到的内容有所期待，也从心理上进入一个准备阶段。

更为重要的是，要给学生一个可选择的任务与目的。没有一定的目的，学生将处在一片黑暗之中，当他们努力地想记起一切的时候，事实证明到最后他们什么也想不起来。所以，应当尝试在播放听力材料之前给学生一些问题，或者要求他们挑出两到三个点，或者给出听力过程中的主要步骤。设计一些有特点的与主题相关的任务，摒弃无关的信息。有时候材料过长的话，可将材料分割成几个部分，根据不同部分的内容提一些相关的问题。如果材料有一定的难度，可先用简单的语言来表述，但是切记不能说太多或者将材料重复地跟学生叙述。否则，学生将可能因此而对材料失去兴趣。同时，也可以培养学生在听力材料的同时做笔记的能力，在听听力材料之前给学生一些相关的问题，这样，学生就更有目的性，效率也会提高。用这种方法，学生就不会遗漏材料中的一些要点和细节，同时，这种方法也有助于学生理解较长的听力材料。

4. 教会学生抓住重点

通常，学生们喜欢把材料里的每个单词都理解清楚。事实上，不同的听力材料在不同的语速下，大部分学生特别是听力能力不是很好的学生，想听懂每个单词基本上是不可能的。对于这些学生而言，要把每个单词都听清楚并弄懂它的含义，往往可能会顾此失彼，赶不上听力内容的速度，只能抓住其中的部分意思。甚至有的学生中过于纠结某个单词的意思而错过了听力材料的大部分内容，得不偿失。

所以总的来讲，只要学生能把听力材料的重点，即能帮助理解材料的内容听懂并理解就可以了。一般来说，一篇材料的诸多新单词并不会影响学生理解全篇大意，所以教师应当经常提醒学生要听重点，根据问题留意某些细节就可以了，教会学生如何抓住听力材料的重点。

5. 精听与泛听相结合

精听是指“精确听力练习”，要求学习者在听力练习中捕捉到每一个词、每一个短语，不能有任何遗漏和不理解之处；而泛听则要求学习者在听力练习中以掌握文章的整体意思为目的，只要不影响对整体文章的理解，一个词，一个短语甚至一个句子听不懂也没关系。

精听的练习方法如下：

第一遍精听。这个时候一定要全神贯注、专心致志、心无二念、一心一意。以篇章为单位，听完一遍之后，试试看能回忆出多少刚刚听到的内容。这个阶段只要求回忆大意就可以了。如果可以回忆出来那最好，如果有问题的话，就再听一遍，直到可以回忆出来为止。在这个过程中，要注意检查自己，是不是能听到发音类型，听到的生词多不多，语速是不是过快或者过慢，能不能听到一篇文章或对话中句子之间的逻辑关系。

在精听第一遍的时候要达到的效果就是：回忆出大意。

精听第二遍。第二遍要达到的效果是：复述原文。有了第一遍的基础，再听一遍。还是以篇章为单位，一遍一遍地听。听完一遍，暂停，然后张嘴出声地复述自己刚刚听到的内容。接下来就是用自己的话概括一下文章的大意，不用精确到具体的时间地点数字（这些是下一阶段的任务）。

精听第三遍。第三遍的精听就是细节听力。与前两次不同，这次听的时候，要适当地用笔记记录下来一些细节，比如说时间（昨天还是今天？早上还是晚上？几点？哪年？哪月？哪日？星期几?）、地点（哪个国家、哪个城市、哪条街、哪个巷、几号门牌）、人物（名字、关系、年龄、职业、爱好、特长），以及文章中具体描述那件事情的一些细节，还有，如果有列举的成分在，一定要努力列清楚所有的条目。听完一遍后，看着自己的笔记，试试看能不能把这个文章讲出来。不仅仅讲大意，还要讲细节。其实，这个过程就叫作“笔记辅助复述”，就是越能详细地复述出原文越好。

精听和泛听可以结合练习，如某一篇文章中有几段可以用精听的方法练习，在练习的过程中准确无误地听到某些细节性的信息，有几段可以用泛听的方法了解文章的梗概。

第二节　高校英语口语教学方法研究

一、学生口语水平与教学目标要求相差甚远

旧的英语教学大纲强调培养学生的阅读能力。长期以来，高校英语口语教学一直未给予足够的重视，大纲对口语基本不做要求，没有课堂教学，学期总分不包括口语成绩。高校生的口语水平普遍较低。用人单位对近几年来毕业的高校生的英语综合能力普遍感到不满意，对口语及写作能力则更为不满。例如，他们认为口语能力强或非常强的仅为5%；差的或极差的为37%；能胜任或基本胜任参加国际会议讨论的仅为7%；能胜任或基本胜任参加对外业务谈判的仅为14%。

为了适应国际形势以及我国高等教育发展的新形势，深化教育改革，提高高校生英语的实用能力，大力改革高校英语的教学现状。高校英语教学的目标：培养学生综合应用能力，特别是听说能力，使他们在今后工作和社会交往中能用英语有效地进行口头和书面的信息交流，同时增强其自主学习能力，提高综合文化素养，以适合我国社会发展和国际交流的需要。

对口语教学提出了一个层次的要求：一般要求、较高要求和更高要求。一般要求是："能在学习过程中用英语交流，并能就某一主题进行讨论，能用日常话题和英语国家的人士进行交谈，能就所熟悉的话题经准备后做简单交流，表达比较清楚，语音、语调基本正确。能在交谈中使用基本会话策略。"较高要求是："能够和英语国家的人士进行比较流利的会话，较好地掌握会话策略，能基本表达个人意见、情感、观点等，能基本陈述事实、事件、理由等，表达思想清楚，语音、语调基本正确。"更高要求是："能就一般或专业性话题较为流利、准确地进行对话或讨论，能用简练的语言概括内容较长、语言稍难的文体或讲话，能在国际会议和专业交流中宣读论文并参加讨论。"

反观我们周围的高校生，其英语口语水平与大纲要求相差甚远。那么，是什么制约着高校生的英语口语水平呢？

二、制约高校生英语口语水平的因素

非英语专业高校生综合运用英语的能力不强，口语水平仍然较低，"聋子

英语”“哑巴英语”现象较为普遍。造成这一现象的原因何在？制约口语能力发展的原因主要有以下几个方面。

（一）缺乏语言交际的环境

在以英语为第二语言的国家（如印度和非洲的一些国家等），新闻媒介、官方文件、广告和教学等为学习者提供了一个比较真实和自然的语言环境。而在中国，很多高校的学生都很难有这样的语言环境。他们的英语课外应用机会极少。人们学习英语的最终目的是能够在真正的交际场合进行有实际内容、有实际意义的交际。他们学习英语的唯一用途就是要通过考试，情境的缺乏使得他们很少运用目的语进行交流和思维。

英语口语能力的提高依赖于可供语言大量输入和输出的语言环境。我国外语学习的主阵地是课堂。每周有限的课时难以保证学生有足够语言输入或输出的机会。此外，高校扩招造成的学生数量急剧增加与高校英语教师不足的矛盾日渐突出，不少高校只好采用大班上课的方式。这种教学环境违背了语言学的规律，不利于学生口语能力的培养。

（二）教学理念与教学模式陈旧

观念的正确与否是英语教学改革成败的关键因素之一。尽管新大纲规定要加强听说能力的培养，提高学生综合应用英语能力，但是相当多的高校英语教师教学理念、教学模式依然陈旧，在教学中仍然把重点放在知识传授与阅读能力的培养上面，热衷于讲解词汇和语法，不重视口语训练。学生上课忙于抄笔记，课后背单词、背例句，很少有机会练习口语。由此可见，教学理念、教学模式陈旧是制约高校生口语能力发展的重要因素之一。

（三）应试教育的负面影响

应试教育的影响渗透到英语教学的每个阶段。小学毕业考、中学毕业会考、中考、高考、高校英语四、六级考试、英语专业四、八级考试及研究生入学考试皆为笔头考试，不要求口头表达。学生应付各类英语水平或能力测试只需书面语不需口语。他们笔试得分高，但口头表达水平却很低。虽然改革后的四、六级考试不设及格线，只发分数单，但这个分数单的作用比原来的合格证书更大。事实上，新四、六级考试的形式及成绩报道方式仍然是高校英语教学的指挥棒，多数高校的高校英语教学仍是应试教育。

（四）学生的原因

首先，许多学生学外语的内在动机仍然是通过考试。其次，心理障碍也是制约学生口语能力提高的原因之一。由于语言基本功不够扎实，语音语调不够规范，语用能力薄弱等原因，使得学生对自己的口语表达缺乏信心，因为害怕出错而羞于开口。此外，社会文化观念也是影响学生口语能力提高的因素。受中国传统观念的影响，中国学生在人际交往中较为含蓄，在课堂上不愿主动发言，在课外也不愿主动与外教进行交流。

综上所述，我国高校英语口语教学现状依然不能令人满意，从这一方面来讲，我国英语口语教学改革势在必行。

三、英语口语教学应遵循的原则

（一）以理论为指导，以训练为主线

英语口语教学是一个以理论指导教学实践的过程。在这个过程中，教师要积极主动地学习系统的理论知识。不仅要认真研究教学大纲的新要求、研究教材中新的变化，还要认真研究教学对象的特点，包括学生的语言基础、学习语言的能力、学习动力、心理障碍等。以理论为指导的口语教学应以学生的口语训练而不是教师的讲解为主。学生的口语实践是课堂教学的主要内容。

（二）以学生为中心

英语口语训练过程本身是一种双边活动训练，其成效既离不开教师的组织与指导，又取决于学生的主观努力。教与学、师与生正是在一个设计合理的训练过程中取得和谐的共振效应的。在培养学生语言运用能力的实践中，训练的主体是学生而不是教师。教师的作用是以正确的方法引导学生认真观察分析，随时帮助和鼓励学生。除了必要的启发、提示、归纳总结外，教师应该学会保持沉默，减少自己“说”的时间而增加学生“说”的分量，克服习惯上的以教师为中心的教学思想，给学生留出足够的时间参与语言实践活动，从根本上树立“以学生为中心”的思想。

（三）课内带动课外，课外丰富课内

众所周知，要真正提高学生英语口语能力，全靠课内学习是不行的，还需要坚持课外训练。课外活动的丰富性、实践领域的广泛性能有效地弥补课内训

练的不足、范围的局限、教学形式的单调等不足，使课外活动成为课堂口语教学的实践、补充和发展。在二者结合的过程中，教师应妥善处理好课下训练任务和督促检查的关系；同时要坚持课外活动多样性的原则，以求经过课内课外的结合，使学生的英语口语训练走上良性循环的轨道。

（四）训练检测与现代化教育技术手段相结合

英语口语教学课堂效果的评价、学生实际口语运用能力的高低是教师在教学过程中必须把握的一个重要方面。学生水平检测无疑是一个重要的信息反馈，是教学的一面镜子。它反映教学效果的好坏，是改进教学的可靠依据；它也可以使学生正确认识自己的口语学习状况，激励、督促他们提高训练的效果。要想取得积极、可靠的反馈效果，必须借助先进的教育技术手段，以达到令人满意的效果。

四、改进方案

（一）制订循序渐进的教学计划

英语口语涉及音位学、词汇学、句法、语义学、社会语言学以及情境因素等多方面知识。经验告诉我们，非本族语学习者在短时间内掌握这些知识较为困难。因此，教师必须根据学生的实际情况，制订循序渐进的教学计划，逐步提高学生口语表达能力。教师可根据学生的实际情况制订较为详细的学期、月、周教学计划，以求学生在口语实践中，逐步提高自己的口头表达能力。

（二）采用多种训练方法，激发学生口语学习兴趣

口语训练和方法在很大程度上决定口语训练的效果。教师应采用多种多样的方法鼓励学生进行口语练习，创造条件，提供说的机会。可根据教材设计多种练习形式，如：问答、复述、描述、情境对话、看图说话、下定义、释义、讲故事、口头作文、现场讨论等，还可在上精读课或阅读课时利用几分钟时间，安排学生报告新闻，在听力课堂上做到听说结合。教师应创造条件使语言教学真实化、课堂社会化，应尽快地使口语训练进入到交际性操练阶段，以提高学生的口语水平。兴趣是最好的老师，课堂上教师可选择趣味性强的材料来进行口语训练，选择学生感兴趣的话题组织口语活动；可适当穿插英语幽默故事、名言警句，采用播放英文歌曲、英文电影等形式来激发学生学习口语的兴趣；还可采用表演式教学及参与式教学及游戏式教学，开展有趣的英语课外活动等形式来提高学生学习口语的兴趣。

（三）改革传统的考试方法，增加英语口语测试

为使学生平时重视口语训练，在期末考试中，增加英语口语测试，每班由两名教师任主考，学生抽签决定考试内容，准备5～10分钟后进入考场参加测试。为保证口试的效度和信度，对主考教师应进行考前培训，制订详细的口试办法及评分细则。这样，学生学习口语的积极性将会被更好地调动起来，其口语水平也会有较大幅度提高。

五、课堂口语活动主要类型

丰富多彩的课堂活动可以营造较自然的口语学习与口语使用的情境，为学生提供实战演习的机会，给他们带来丰富的语言使用经验。同时，它创造了教师与学生、学生与学生之间的相互合作，相互促进的环境，每个学生的解释、表达和争辩可能来源于同学与教师的启发和鼓励，也可能启发或激励别人。那么，哪些课堂活动对学生更富于吸引力，更符合口语交际特征，更有利于达到口语教学的目的呢？通过筛选和实战，笔者认为以下三种形式较为可用。

（一）故事接龙

学生渴望了解所学语言国家的生活习俗、民间故事、历史事件、名人轶事，也喜欢用新学的语言谈论这些生动有趣的事物，因此，教师可以选用难度适中、情节完整、时空顺序变化少的故事，组织学生接龙讲述或做些其他相关练习。

1. 准备

课前教师需准备一些材料用以展示故事情节，影视故事可选用录像或录音带片段，其他故事则以连环画的形式画在纸板上，每个故事中的录像带片段或纸板画的数量要适中，适合全班学生做接龙讲述。同时，学生应在课前了解熟悉故事背景、故事情节。

2. 接龙

教师根据学生的程度选取一些学生可能使用的词汇、句型进行讲解。之后，由学生讲故事，每人一句或若干句，轮流讲述，直至叙述完全部的情节或描绘出所有画面。针对遗漏的情节或错误的叙述，教师可引导学生以总结的形式进行补充纠正，或将学生分为两组，互相纠正。教师还应组织学生评选出表现最精彩的学生，以鼓励学生的积极性。

3. 对话

按故事片段数或纸板画数量将学生分成若干小组，每组编写一段对话，组里的每个成员扮演一个角色，每组轮流在其他小组面前表演本组对话。将每组的对话串起来编成一部小话剧，教师可引导学生排练表演。

（二）模拟情境

由语言学家奥斯丁（Austin）创立，赛尔乐（Searle）发展的情境对话学说认为，言语是由各种情境用语构成的，如打招呼问路、告别、致谢等，学习者掌握了这些情境用语就能够自如地表达思想、愿望。在英语教学中，教师也应经常模拟各种情境，提高学生在不同情境中的口语技能。

1. 情境创设

例如，教师向全班宣布："我们班李鸿同学即将赴英留学（可以是真实的也可以是假设的），请你对他说几句话。"同学们立即沉浸在即将离别的情绪中。

2. 在情境中活动

处在离情别绪中的同学们想起他们间的友谊，想起即将到来的离别，纷纷用英语表达了他们的友谊、良好的祝愿；有的还想起了我国古代的送别诗，并进行翻译；还有的同学唱起了苏格兰民歌"友谊地久天长"。就这样，在情境中活动，在活动中体会情境，学生们在教师的引导下，进行生动活泼的口语活动。

（三）小组讨论

小组讨论不仅可以提高学生口语表达水平，而且还有助于培养他们的逻辑思维、辩证思维，促使他们养成独立思考、相互学习的良好习惯。

1. 选题

讨论题目多选用有争议的话题。一般而言，有争议的话题往往是有话可说的话题，而且，话题要有挑战性，能够调动学生积极思考，引导学生运用演绎、归纳、举例、类比、说明等逻辑顺序阐述自己的观点。同时，教师还应提供话题的相关素材，开阔学生的思路。

2. 讨论

讨论多以小组为单位，每组成员除讨论外还有其他任务。其中有负责组织讨论的主持人，记录讨论过程的秘书和对外总结发言的发言人。通过分工协作，学生提高了参与讨论的积极性，增强了学习热情。

3. 评价

学生在讨论结束时，总是希望教师、同学对讨论结果给予指点，做出评论，也想与其他小组的讨论质量做比较。如果教师评价讨论结果时只泛泛地谈一些语言错误，会挫伤学生参加讨论的积极性。教师对学生讨论的评价应当从多方面入手，有明确标准，也可以组织学生以小组为单位按照标准互相评价，可互相评分，以提高学生的鉴别力。

让学生参与评价不仅为他们提供了向别人学习借鉴的机会，而且还培养了他们思考判别的能力，为他们今后的自学打下良好的基础。英语教师应充分认识到改革英语口语教学的迫切性和重要性，努力探索口语教学的新思路、新方法，积极培养学生的口语交际能力，让学生真正把语言作为思想交流、感情交流、互相学习、互相促进的工具，使高校英语口语教学朝着培养新时期合格人才的方向健康发展。

六、高校英语口语教学的现状分析

高校英语教学改革实施以来，取得了很大的进步。但相对于社会对外语人才听说能力的需求，英语教学在对学生“说”的能力的培养上还明显不足。

（一）教学与学习方法单一

英语口语教学的目的是培养学生运用口语进行交际的能力，因此，英语口语教学应将教学重点放在能力的培养上，而不是一味地进行知识的传授。口语表达能力的获得主要依靠教师的指导与学生的练习。

从教师角度来看，很多教师并没有意识到口语课与其他课程的不同，讲授口语时仍然使用传统的“讲解—练习—运用”的教学方法，难以调动学生开口表达的欲望。

从学生角度来看，他们已习惯了长期养成的上课记笔记、下课做练习的学习模式，在口语学习中处于被动的接受地位。他们往往在没有语境的情况下做大量机械的转换、造句等练习，没有形成主动参与课堂活动的意识，甚至害怕提问、害怕开口，学生的口头表达能力自然难以提高。

（二）教师指导方法欠佳

在英语口语教学中，很多教师在对学生的口语表达进行指导时缺乏科学合理的方法。具体表现在以下几个方面。

（1）很多教师在口语教学中使用逐字逐句的纠错方式，这容易使学生产生依赖心理，打击学生学习的积极性。

（2）很多教师没有对口语话题提供足够的语言支持，如给学生提供一些必要的词汇、重要句型等。

（3）很多教师没有对口语话题进行适当或必要的解释，没有从观念、情感、文化、价值观等方面对话题进行拓展，学生对话题理解不透彻，自然很难进行有意义的互动。

（4）很多教师没能从学生的角度出发去指导口语使用策略，如如何根据说话者的意图、语言功能、语境等对口语内容与方式进行组织。

（三）学生口语能力差、心理压力大

由于教师与学生在口语方面投入的时间较少，中国学生在口语方面普遍表现欠佳，具体表现在以下几个方面。

（1）很多学生在进行口语表达时往往缺乏自信，他们总是担心自己出错，担心被批评、被嘲笑。虽然有些学生的口语能力并不差，却仍然不愿意开口说英语，这些负面情绪阻碍了口语交际能力的提高。

（2）由于不懂得话题展开的技巧，加上缺乏必要的练习，学生很难将学到的词汇、语法运用到口头表达中，因而常常会造成无话可说或不知如何去说的尴尬。

（3）受汉语影响，学生在口语表达上难免会出现各种问题。有的学生发音不准，影响了语义的表达；有的学生不能正确使用语调、重音等，影响了口语表达的规范性；有的学生带有很重的地方口音等。

（四）教学环境有待改善

由于受传统英语教学观念的影响，英语口语教学环境有很多亟待改善之处。具体体现为以下几个方面。

（1）课时严重不足。与阅读、听力和写作相比，口语能力的提高往往需要更长时间的练习，这就意味着教师需要把更多的时间与精力放到口语教学上。然而，目前我国高校英语口语教学并不是一项独立的教学内容，分配给口语的教学时间也难以保证。以高校使用的《新编实用英语综合教程》为例，该教材主要包括五项内容：听、说、读、写、译。各个班级若按45人计算，加上学生参差不齐的英语水平，那么即使分配给口语课两个小时，每位学生接受的训练也十分有限。因此可以说，课时不足是英语口语教学的硬伤。

（2）缺乏配套教材。就目前的情况来看，我国适用于非英语专业的高校英语口语教材少之又少。我国大部分院校使用的英语教材或者将口语训练当作听力训练的延展而附在听力训练之后，或者直接取消口语训练。而那些处于附属地位的口语练习往往内容简短、系统性差，缺少必要的练习指导与参考答案，其实用性很难得到保证。

此外，市面上的口语教材要么过于简单（只涉及简单日常用语），要么难度太大（涉及一些专业领域），与高校英语教材在难度上难以实现对接，因此这些教材在辅助学生口语练习时的效果并不理想。

（3）教师素质有待提高。英语口语教学对教师自身的素质要求很高，很多教师的能力尚达不到教学的要求，最突出的表现就是很多教师的发音不够准确，对学生在发音中出现的问题无法给予及时、正确的指导。

（五）教学评价不科学

通常，高校要求是英语口语成绩占期末总分的10%，但具体怎么考核并没有一个统一的形式和标准，因此大多都是教师自己把握，有的老师为了省事，直接将每人每期一次的值日报告的成绩算作是口语成绩，而值日报告基本是学生在课前事先准备好，只要在台上宣读或表演一番就可以了，基本上算不上口语交际。也有少数老师对学生进行口语测试，但基本都是老师划定范围，学生考前准备，考中背诵出来而已。真正的即时交际少之又少。

总的来说，对于口语交际的考核和评价，目前大部分院校还没有出台具体的评价方法和实施方案，评价也多以教师的主观评价为主，缺乏科学理论作指导，因此对学生的学习热情激励不够。

七、高校英语口语教学策略研究

英语课主要目的是通过大量的语言实践和有意义的语言运用，帮助学生提高语言技能和实际运用英语的能力。英语课应倡导学生主动参与课堂教学活动，以口语训练为主、勤于动口，积极与他人合作、交流，激发英语学习情趣。

（一）纠正学生的英语发音

在高校英语的第一堂课，向学生阐明正确发音的重要性，即标准的发音是一个人英语口语素质的基本体现。并督促学生积极纠正，在课下同学之间互相帮助互相监督。同时教师也应该帮助学生总结一些极其容易出错的发音在课堂上有针对性地指出，让学生引起足够的注意和重视。教师可以安排学生课下做一些他们感兴趣的原声材料模仿练习并要求在课堂上进行展示，例如，电影对白、演说词、诗歌朗诵、英文歌曲等。学生通过模仿不仅可以纠正每个单词的发音，也可以有意识地去学习纯正的语调及地道的表达方法，从而增加对英语的语感。长此以往，一定能收到很好的效果。

（二）培养学生自主学习意识

口语课成功与否很大程度上取决于教师与学生是否明确他们各自在口语课上的作用。现代英语教学法专家则认为，教师不应是课堂的中心，真正的中心是学生。建构主义学习理论认为学生是信息加工的主体，是意义的主动构建者。在英语口语教学中，学生是主体，教师要相信学生，培养他们的自主意识。学生并非一切都要等待老师教才能学会，让他们用自己的眼睛、耳朵、嘴巴、手去看，去听，去说，去写。调动学生参与课堂教学的积极性，有效地改变教师一言堂的沉闷、单调的教学模式，形成以学生为主体的课堂教学氛围。具体到外语课堂上就是学习者中心地位的确立，著名语言学家 David Nunan 认为当今世界外语教学的总体趋势是以交际法为功能（Communication functioned）、学习者为中心（Learner centered）、任务性学习为载体（Task－based）。

（三）培养学生用英语思维的能力

（1）鼓励学生掌握尽可能多的词组。在高校英语教学中，单词的学习，不能占用太多的课堂时间，而应该成为学生自主学习的一项主要内容。传统教学中比较重视单词的掌握，并配以一定的例句，但在实际生活中，词组才是人与人交流的最小单位。因此，学生应以词组为单位，尽可能多地掌握词组。教师为了引导学生可以在课堂上适当地加入词组接龙竞赛之类的游戏，要求学生按顺序将自己所掌握的词组写到黑板上，这种方法一方面可以活跃课堂气氛，另一方面也可以提高学生记忆词组的积极性。

（2）地道英语/固定表达法的学习。有些地道的英语表达法可以猜出他们的意思，却很难在说的时候想到这些固定的说法。所以，教师应该引导学生多看些纯正的英语阅读材料、地道的英语影片，并有意识地积累这样的句子，比如用一个小本子把平时看到的这样一些纯正地道的句子记下来，有空时就多拿出来翻一翻，读一读，在日常的生活中也可以随时地向周围同学朋友“显示一下”，来帮助自己记忆。这样，久而久之，在很多情境下，学生们就可以按照英语的模式来表达意思了。

（3）背诵文章讲故事，培养语感。学生通过背诵短小精悍的文章，可以缓解畏难情绪，激发他们的兴趣，更重要的是培养了他们的语感。在跟读—朗读—背诵这三步曲的练习中，学生们大大提高了他们的断句能力和理解能力。其实，无论是什么材料，只要是地道的英文，难度符合学生的水平，内容是学生们感兴趣的，坚持背诵，都能提高学生的语感。例如，教师可以在每节口语课上安排一个学生讲故事的环节，要求学生们把课下收集的或者自己感兴趣的故事或者笑话在课上讲给人家听，其实只要是学生感兴趣的，他们都能在课堂上踊跃表现。

（四）注重口语教学中的输入和输出活动

口语教学的特殊性也表现在语言的输入与输出的关系上。输入与输出是构成口语交际能力的重要部分。外语交际能力包括准确接受信息和发出信息的能力，也就是输入与输出的能力。只有经过一定的语言材料的输入才可能有输出。一般来说，中国高校生很少有机会与来自说英语的国家人士交谈，缺乏真实自然的语言环境。教师作为课堂教学的组织者，既要注重给学生创造外语的环境，尽可能多地用英语组织教学，扩大高校生间、师生间的英语交流，更要把课堂里所要掌握的知识与口头表达有机地融合在一起，给学生创设一个听说英语的氛围。这就需要教师在教学中想方设法培养学生“听”和“说”的能力，帮助他们养成听说结合的习惯。

（五）强化交际性训练，提高口语交际策略

Canale和Swain（1980）认为，交际能力包括四个方面：一是语言能力，指正确理解和表达话语（utterance）和句子意义所需的语音、词法、句法、词汇等语言知识系统；二是社会语言（socio linguistic）能力，指语言使用的规则，即在人际交往中正确理解和使用话语的能力；三是语篇（discourse）能力，指在超过句子水平面上理解和组织各种句子构成语篇的能力；四是语言策略能力，指说话者在遇到交际困难时运用的一套系统的技巧，用于补救交际中因缺乏应有的能力而导致的交际中断。从以上分析可以看出，语言能力只是交际能力的一个组成部分，缺乏语用能力，即社会语言能力、语篇能力和语言策略能力，交际能力只是纸上谈兵。因此，高校英语口语教学应注重在交际性训练中培养语用能力，提高口语交际策略。

一要创造语言环境，营造以“学生为中心”的课堂交际场景。语言学家Heaton曾说过：“课堂上的交际越真实、越频繁，自然环境和课堂环境的界限就越模糊。”因此教师应联系社会生活设计真实的任务情景，将语言知识的学习融于语言使用的活动中，使语言能力和语用能力的发展紧密结合起来。另外，策略能力也是交际能力不可忽视的一部分。当学生语言知识和语言能力有限，不足以充分和合适地表达自己的思想时，可利用转述、借用、手势与回避等策略保持交际渠道畅通。

二要发挥教师的指导作用，调控与激励学生的学习动机。根据Good和Brophy的动机理论，动机策略包括激发和调动学生的外部动机和内部动机。外部动机指学习活动的表现与活动结果之间的联系，如表现所带来的知识积累及其在今后学习中的价值；内部动机指学生在活动中花费努力而获得的自我愉悦和成就感。因而教师应充分调控与激励学生的学习动机，为他们提供必要的资源和帮助。

三要充分利用多媒体辅助教学，享受纯正的现场语言交际情景。多媒体信息量大、速度快，可帮助教师传递大量信息，给学生提供多种形式的训练方法及更多的语言实践机会，有利于语言应用能力的提高。同时，它具有语言、画面、音响三结合的特点，把学生带进真实的社会语言交际场所，视觉、听觉冲击力强，效果得以优化。

第六章　高校英语教学评价方法研究

第一节　高校英语教学评价的目的、目标和意义分析

一、评价的目的及目标

评价是一种价值判断的活动，是对客体满足主体需要程度的判断。评价不应过分强调甄别与选拔功能，而应促进学生发展。

《课标》对英语课程评价的目的是这样说明的："通过评价，使学生在英语课程的学习过程中不断体验进步与成功，认识自我，建立自信，促进学生综合语言运用能力的全面发展；使教师获取英语教学的反馈信息，对自己的教学行为进行反思和适当的调整，促进教师不断提高教育教学水平；使学校及时了解课程标准的执行情况，改进教学管理，促进英语课程的不断发展和完善。

评价的目的因人而异。(1) 管理人员为教育提供了人力和财力，他们想知道究竟他们的计划是否顺利进行，唯一的途径是了解学生在课程学习中实施的情况如何。如果评价的结果与他们所期待的不同，就会调整计划，以便日后能更好地完成任务。(2) 教师把管理人员的计划付诸实施，他们想知道在教学过程中已做了些什么，下一步该做什么；学生已经掌握的或能做的东西；不知道或不能做的东西。如果希望计划顺利地进行，很大程度上得看教师能否最终实现计划的表现。(3) 没有人会比家长更想知道自己的孩子在学校学得怎样。家长不能看见学生在课堂上的表现，他们得从学校和教师对孩子表现的反馈中做出评价。(4) 最后是学生想知道他们完成任务的情况，知道他们今后该怎么做，从自己的成功中获得信心和满足感。

二、评价的意义

美国评估学者斯塔弗尔比姆曾明确提出：评价最重要的意图不是为了证明，而是为了改进，这一观点强调了评价的改进功能。改进的过程就是一个发

展的过程，所以，发展性评价的目的是着眼于学生未来的发展。而学生要改进和发展的要素很多，即追求综合素质的发展，因而评价内容也是多要素结构的，从而使评价从单一的纸笔考试转变为多元化评价。中小学生发展评价的目标是使学生实现自我发展。人最高层次的需求是“自我实现的需要”，所以，学生发展评价应充分考虑学生的需要，多元化的评价就是满足每个学生的需要。

(1) 评价目的从甄别选拔转变到发展上来，进行发展性评价的研究，这是激励学生进行自我教育的一种有效方式。它意味着评价要把握学生的差异性，从思想上、情感上、行动上接纳智力不同、兴趣爱好不同、个性心理品质不同的学生；意味着将评价视为一种积极而及时诊断问题、总结成绩、改进教学目标、优化教学方案、激励学生成功的手段。这就允许不同智能结构的学生根据自己的感觉选择展示的方法，以显示自己对教材的理解程度。评价使学生学习的兴奋点和拥有的能力相一致，使每个人都各得其所，最大限度地发挥自己的潜能，体现“以人为本”的精神。

(2) 评价方式从终结性转变到过程性评价，即评价必须包括学习过程，并具有真实性情境。加德纳明确指出，学习过程应该是评价的重要组成部分，它能够反映学生是如何思考的，即智能状况，达到全面了解学习历程、激励学生的学习、改进教师的教学。评价过程成为一种激励机制，同时使评价的主体从“他评”转变到学生自评、互评、师生互评结合起来，实现评价主体的多元化，使评价成为学生发展自我认识、自我教育、自我管理和自我及同伴激励的手段。通过评价培养兴趣、增强自信、学会合作、负起责任，从而调动学生自主发展的动力。

(3) 评价内容从单一的纸笔考试转变到评价主体、内容、目标、方法的多元化，让每个学生自主开发潜能，全面落实新课程改革的评价理念。对学生的评价不只注重“双基水平”，而是评价每个学生综合素质的发展。一是实现评价内容目标的多元化，二是运用多种不同方法，实现教学评价方法的多元化，使评价方法走向多元开放，多元评价承担了诱发或唤醒每个层次学生潜能的任务。多元的评价内容、目标、方法提供各种机会使学生选择能够展示自身潜能状况的检测题目，尽力展示自己的智能长项，成功中增强自信，具有学习的快乐感并不断进取，激发学生学会超越自我和超越已知，富有创新精神，符合素质教育和要义。

（4）评价的方法与手段从质性评定与量化评定分离，走向质性评定与量化评定的有机结合，例如，真实情境性评价内容将取代量化评定。教师的评语既有质的规定又有量的精确性，反映学生昨天、今天、明天三点的变迁，反映学生的个体差异和优缺点。评价的语言是具体的、充满情感的、富于激励性的，是形成师生情感沟通的“感情链”，让每个学生生命的潜能自由、充分、全面、和谐、持续发展，改变基础教育缺少人文关怀的倾向。评价从游离教与学的过程转变到教、学、评的统一，使评价与教学过程相结合。评价的知识内容是值得深刻理解的核心概念，应是学生选择和确定的接近最近发展区的学习目标。评价的问题具有挑战性，能够激发学生进一步探索兴趣的积极性，不但促进“双基”的落实、智能的发展，而且有利于培养学生积极的学习心态，养成良好的学习习惯和对自己学业负责的情感，是多元智能教学策略的体现，也落实了“情感态度价值观”培养的教育目标。

（5）评价促进学生主体地位的回归，培养学生的实践创新能力；形成一条评价反馈激励机制，培养学生对学业负责的情感，总之，评价促进课堂教学质量的提高。

第二节　高校英语教学评价的分类

教育评价是根据一定的教育目标，运用可行的科学手段，对教育现象及其效果进行价值判断，从而为教育决策提供教育依据，以改进教育服务的过程。根据不同的分类方法，可将教育评价分为不同的类型，常见的分类方法有以下几类：根据评价对象的层次和内容可分为宏观评价和微观评价；根据内容的复合程度可分为单项评价和综合评价；根据评价的功能和用途可分为诊断性评价、形成性评价和终结性评价；根据评价参照的标准分为相对评价、绝对评价和个体内差异评价；根据评价主体可分为他人评价和自我评价；根据评价方法的不同又可分为定性评价和定量评价。

一、按评价基准分类

按评价基准分类，教学评价可分为相对评价、绝对评价。

（一）相对评价

相对评价是在被评价对象的集合中选取一个或若干个个体为基准，然后把各个评价对象与基准进行比较，确定每个评价对象在集合中所处的相对位置为相对评价而进行的测验，一般称为常模参照测验。它的试题取样范围广泛，测验成绩表明了学生学习的相对等级。由于所谓的常模实际上近似学生群体的平均水平，所以这种测验的成绩分布符合正态分布规律。

利用相对评价来了解学生的总体表现和学生之间的差异，或比较不同群体间学生成绩的优劣是相当不错的。它的缺点是基准会随着群体的不同而发生变化，因而易使评价标准偏离教学目标，不能充分反映教学上的优缺点，不易为改进教学提供依据。

（二）绝对评价

绝对评价是在被评价对象的集合之外确定一个标准，这个标准被称为客观标准。评价时把评价对象与客观标准进行比较，从而判断其优劣。评价标准一般是教学大纲以及由此确定的评判细则。

为绝对评价而进行的测验一般称为标准参照测验。它的试题取样就是预先规定的教学目标，测验成绩主要表明教学目标的达到程度，所以这种测验的成绩分布通常是偏态的。低分多高分少，为正偏态；低分少高分多，为负偏态。

绝对评价的标准比较客观。如果评价是准确的，那么评价之后每个被评价者都可以明确自己与客观标准的差距，从而可以激励被评价者积极上进。但是绝对评价也有缺点，最主要的缺点是客观标准很难做到客观，容易受评价者的原有经验和主观意愿的影响。

二、按评价功能分类

按评价功能分类，教学评价可分为诊断性评价、形成性评价和总结性评价。

（一）诊断性评价

这种评价也称教学前评价或前置评价。一般是在某项活动开始之前，为使计划更有效地实施而进行的评价。通过诊断性评价，可以了解学习的准备情况，也可以了解学生学习困难的原因，由此决定对学生的适当对待。

教师想要制定适合每个学生的特点的有效教学策略，必须了解学生，了解他们的知识储备，了解他们的技能和能力水平，了解他们对所要学习的学科的态度和水平，了解导致学生学习成功或失败的原因等。了解学生的手段之一，就是对学生进行诊断性测试。不过，教育中的“诊断”含义较广，它不限于查明、辨认和确定学生的不足和“病症”，也包括对学生的优点和特殊才能的识别。教育诊断的目的，即在了解学生的基础上“长善救失”，帮助学生在原有的基础上和可能的范围内获得最大的进步。

对学生的诊断不仅可以单独设计和进行，而且可以利用总结性评价和形成性评价的结果来设计和进行。

诊断性评价的用途在于以下几个方面。

1. 确定学生的入学准备程度

学校和教师如果打算使每个学生都喜欢学校学习并积极参与教学活动，就必须通过诊断性测试和其他方式了解学生的入学准备程度，并据此确定每个学生的教学起点并采取某些补救性措施，或给学生以情感方面的关心和支持。

2. 决定对学生的适当安置

同一年级的学生肯定在知识储备能力和能力倾向、学习风格、志向抱负及性格等方面互有差别。因此，根据学生的个别差异对学生划分层次，是教师组织教学活动的前提，也是使每个学生获得充分发展的必要条件。

3. 辨识造成学生学习困难的原因

教师必须借助各种手段（包括诊断性测验）设法查明学生不能从教学中获益的原因。通过各种考试（考查）、同其他教师一起进行教育会诊或请教有关方面的专家（如心理学家、医生等）进行诊治分析是常用的诊断方法。

（二）形成性评价

形成性评价是在教学进行过程中，为引导教学前进或使教学更为完善而进行的对学生学习结果的确定。它能及时了解阶段教学的结果和学生学习的进展情况、存在的问题等，以便及时反馈、及时调整和改进教学工作。形成性评价进行得较频繁，如一个单元活动结束时的评估，一个章节后的小测验等。形成性评价一般又是绝对评价，即它着重于判断前期工作达到目标的情况。对于提高教学质量来说，重视形成性评价比重视总结性评价更有实际意义。

第一，与总结性评价不同，形成性评价的主要目的不是给学生评定等级成绩或证明，而是改进学生完成学习任务所必备的主客观条件；第二，形成性评价的测试次数比较频繁，主要在一个单元、课题或新的概念和原理、新的技能的初步教学完成后进行。正是这一点，才使之能及时为师生提供必要的反馈；第三，形成性评价的概括性水平不如前者那样高，每次测验的内容范围较小，主要是单元掌握和学习进步测试。这类评价旨在确定每一个学生在单元学习中已掌握的内容以及为了顺利进行下一步学习还需掌握的内容，并帮助每一个学生学会那些本应掌握而尚未掌握的要点。

简言之，总结性评价侧重于确定已完成的教学效果，是“回顾式”的；形成性评价侧重于教学的改进和不断完善，是“前瞻式”的。

就形成性评价的设计与实施来看，最重要的是，“反馈一定得伴随有各项改正程序”，以便使学生“为今后的学习任务作好充分准备”，这些改正程序包括：给学生提供内容相同但编写形式不同的教材和教学参考书；由几个学生互相讨论和复习有关的教材内容；教师对学生进行个别辅导以及家长对子女进行辅导，等等。

形成性评价的用途有以下几方面。

1. 改进学生的学习

形成性测试的结果可以表明学生在掌握教材中存在的缺陷和在学习过程中碰到的难点。当教师将批改过的试卷发到学生手中，学生对照正确答案自我检查时，就能了解这些缺陷和难点，并根据教师的批语进行改正。有时，当教师发现某个或某些题目被全班大多数或一部分学生答错时，可以立即组织班级复习，重新讲解构成这些错题的结构或概念；如有可能，教师应该用不同于先前的教学方式进行复习。当有些错误只存在于个别学生身上时，教师可提供符合其特点的改正途径，或者指定自修教科书的相应内容，或者进行个别辅导，或者由两名学生组成小组讨论。

2. 为学生的学习评价

用评价结果为学生的学习进行评价是形成性评价的另一个有效用途。英语学科的教学通常是以循序渐进、相互联系的学习单元进行，学生对前一个单元的掌握往往是学习下一个单元的基础。形成性评价可以用来确定学生对前面单元的掌握程度，并据此确定该生下一单元的学习任务与速度。如果形成性测试能有计划地进行，就可使学生一步步地（一个单元接一个单元）掌握预定的教学内容。要使形成性评价为学生的学习定步，最重要的是教师应对课程进行分析，划分构成层次序列的各个单元的学习任务，并制订与各单元教学进度相一致的测试计划。

3. 强化学生的学习

形成性评价的结果可以对已经完成或接近完成某单元学习任务的学生起积极的强化作用。正面的肯定，一方面通过学生的情感反应加强了学生进一步学习的动机和积极性，另一方面也通过学生的认知反应加固了学生对词汇、语法、结构和功能的认识。

要使形成性评价发挥这种强化作用，重要的一点是，形成性测试不要简单地打等级分数，而应通过适当的形式让学生较容易地知道他是否已掌握该单元的学习内容。要经常提供肯定的或鼓励性的评语，如 Good! Thank you for your correct answer! It will be better if you. 等，将使学生保持成功的自信心，以饱满的情绪投入学习。

4. 给教师提供反馈

形成性评价可以给教师提供有关其教学效果的必要反馈。通过对形成性测试结果的分析，教师可以了解自己的教学目的是否明确，教材的组织和呈现是否有结构性，讲授是否清晰并引导了学生的思路，语言结构是否有效地完成了功能任务，使用的教学手段是否恰当，等等。这些信息的获得将有助于教师重新设计和改进自己的教学内容、方法和形式。

要把形成性评价用于改进教学，首先教师应把测试引向提供信息，而不要把它作为简单地鼓励学生学习或为终结性评价收集资料的手段。其次，教师应把形成性测试和对学生的日常观察结合在一起，把从学生的课堂行为中获得经常性反馈结合起来，从而清楚地了解自己的教学。再次，教师应仔细地分析测试的结果，逐项鉴别学生对每个问题的回答情况。如果班上大多数或相当一部分学生对某个试题的回答有误，那就说明，自己的教学很可能在这个方面有问题，应及时予以调整。当然，在任务型教学中，为了追求交际的流畅性，对学生的口头错误往往持容忍态度。但教师要做好记录，在以后适当的时候进行纠正。

（三）总结性评价

总结性评价又称事后评价，一般是在教学活动告一段落时，为把握最终的活动成果而进行的评价。例如，学期末或学年末各门学科的考核、考试，目的是验明学生的学习是否达到了各科教学目标的要求。总结性评价注重的是教与学的结果，借此对被评价者所取得的成绩做出全面鉴定、区分等级，对整个教学方案的有效性做出评定。

总结性评价的首要目的是给学生评定成绩，并为学生做证明或提供关于某个教学方案是否有效的证据。

总结性评价有以下三个基本特点。

总结性评价的目的，是对学生在某个领域或某个重要部分上所取得的较大成果进行全面的确定，以便对学生成绩予以评定或为安排学生提供依据。总结性评价着眼于学生对某门课程整个内容的掌握，注重于测量学生达到该课程教学目标的程度。因此，总结性评价进行的次数或频率不多，一般是一学期或一学年两三次，期中、期末考查或考试以及毕业会考等均属此类。总结性评价的概括性水平一般较高，考试或测验内容包括范围广，每个题目都包括许多构成该课题的基本知识、技能和能力。

总结性评价结果最常提到的用途有以下几个。

1. 评定学生的学习成绩

在学校工作中，总结性评价最常见的用途是评定学生的学习成绩。教师通过日常观察和几次总结性考试，对学生的进步水平和达到的目标程度予以确定并打出分数，评出等级或写出评语。

总结性评价的等级成绩一般是几次总结性考试（考查）或作业得分的合成物。在进行这类评价时，教师常常将几次得分综合起来并加权，从而得出学生在这段教程中的总成绩或平均成绩。

2. 预言学生在后继教程中成功的可能性

总结性评价的结果也常被用来预言学生在随后一门课程或一段教程的学习中是否可能取得成功。一般来说，在某门学科的总结性测评中成绩好的学生，大多数在其他学科或该学科的其他部分的学习中也会取得好的成绩。由于青少年具有可塑性，所以，学生的成绩也具有易变性和波动性。学生的学习能力和学习结果不是恒定的，学生在各个学习阶段上的进步也不可能是匀速的。因此，教师在利用总结性考试结果预测学生的学习潜能时，务必要谨慎小心。

3. 确定学生在后继教程中的学习起点

在这一点上，总结性评价的用途与形成性评价和诊断性评价基本相同。某个年级结束时的总结性评价结果，既可作为确定学生在下一个年级的教学中从何时起步的依据，也可以反映学生在认知、情感和技能方面的学习准备程度。不过，要使总结性评价的结果可以用来确定学生在后继教程中的学习起点，有一点是至关重要的，这就是，总结性评价不能只用分数或单一的综合等级分表示，而应伴随比较详细、具体的评语，最好是编制一份关于该学生学习成绩的“明细规格表”，用内容——行动这两个纬度来表明学生已经掌握了哪些知识和技能，具备了哪些能力或进一步学习的先决条件。否则，单一的分数不可能给后继教程的教师提供有助于其确定学生学习起点的有用信息。

4. 证明学生掌握知识、技能的程度和能力水平

总结性评价的结果也可以用来证明学生是否已掌握了某些必备的知识和技能（至少在当时），并具备某些特殊的能力。中小学的各科总结性考试成绩就具有这种用途。由于种类考试把重点集中在某些特定内容的行为表现及其特点上，因此，测试题必须认真挑选，评定也必须具体。

5. 对学生的学习提供反馈

总结性评价大多数在阶段教学任务完成时或期末进行。如果它测试的是学生在教程某一阶段上的学习结果，并且，如果测试题能反映学生对各个单元学习任务的掌握程度，那么，合理编制的总结性考试（考查）也可为学生提供有关其前一阶段学习情况的信息，从而起到反馈作用，要么鼓励，要么使之纠正前段学习中的错误或改进自己的学习方法。即使是期末进行的总结性考试，如果编制巧妙、评分得当，学生仍然可以从评价结果中获得有用的信息，了解自己对这门课程的掌握程度、存在的问题和难点，了解自己的成功之处。这些信息将有助于学生明确下一阶段或下一学期自己的努力方向并建立自己的学习目标。要使总结性评价对学生的学习起积极的推动作用，关键的一点，是在综合的单一评分中必须包括各个试题的分项得分，必要时还需给出评语和指导语。

总结性评价、形成性评价和诊断性评价的比较见表 6-1。

表 6-1　总结性评价、形成性评价和诊断性评价的比较

种类	总结性	形成性	诊断性
作用	评定学业成绩	确定学习效果	查明学习准备和不利因素
主要目的	证明学生已达到的水平，预言在后继教程中成功的可能性	改进学习过程，调整教学方案	合理安置学生，考虑区别对待，采取补救措施
评价重点	结果	过程	素质、过程
手段	考试	经常性测试、作业、日常观察	特殊编制的测试、学籍档案和观察记录分析
测试内容	课程和教程目标的广泛样本	课题和单元目标样本	必要的预备性知识技能的特定样本，与学生行为有关的生理、心理、环境的样本
试题难度	中等	依教学任务而定	较低
分数解释	常模参照	目标参照	常模参照、目标参照
实施时间	课程或一段教程结束后，一般每学期 1～2 次	课题或单元教学结束后，经常进行	课程和学期、学年开始时，教学进程中需要时
主要特点	“回顾性”	“前瞻性”	

另外，从考试成绩判别的标准的角度，测试可以分为常模参照测试和标准参照测试。

（1）常模参照测试

常模参照测试是将某一考生考试的结果与参与同一考试的考生的成绩相比较以判别其语言能力的测试。例如，参加同一考试的考生有 100 名，考生 A 的成绩虽为 60 分（总分 150 分），但与其他考生相比，分数可能在前 10 名，属 10%的优秀生之列。目前我国实行的新四、六级大学英语考试就属常模参照测试，部分省份的高考也采用了常模参照测试。

（2）标准参照测试

标准参照测试是以某种特定的语言能力标准作为判别标准的测试。通过这类考试，我们可以了解考生实际运用某一语言的能力，但并不将其与其他考生相比较。标准参照测试的目的是根据考生能否令人满意地完成某一项或某些任务而将其进行分类。任务是固定的，只是对考生完成的情况进行评估。原则上讲，所有的考生都通过或一个也通不过都没有关系。标准参照考生有两个优点：一是它们的标准是不变的，它主要要求考生能够达到某一标准；二是考生可以有明确的奋斗目标，能为达到这一目标而努力。

最后，根据阅卷的标准，我们还可以将测试分为主观性测试和客观性测试两种。

（1）主观性测试

阅卷标准主要根据阅卷者个人的判断，这种测试称为主观性测试。有效测试主观性大一些，有些则小一些，如英语自由作文测试，其主观性要比简答题大。

（2）客观性测试

阅卷标准事先确定，不需要任何阅卷者个人主观的判断，这种测试称作客观性测试。

三、按评价表达分类

按评价表达分类，教学评价可分为定性评价和定量评价。

（一）定性评价

定性评价是对评价资料作“质”的分析，是运用分析和综合、比较与分类、归纳和演绎等逻辑分析的方法，对评价所获得的数据、资料进行思维加工。分析的结果有两种：一是描述性材料，数量化水平较低甚至毫无数量概念；另一种是与定量分析相结合而产生的，包含数量化但以描述性为主的材料。一般情况下定性评价不仅用于对成果或产品的检验分析，更重视对过程和要素相互关系的动态分析。

（二）定量评价

定量评价则是从“量”的角度，运用统计分析、多元分析等数学方法，在复杂纷乱的评价数据中总结出规律性的结论。由于教学涉及人的因素，各种变量及其相互作用关系是比较复杂的，因此为了提示数据的特征和规律性，定量评价的方向、范围必须由定性评价来规定。可以说，定性评价和定量评价是密不可分的，两者互为补充，相得益彰，不可片面强调一方面而忽视了另一方面。当然，评价的出发点和标准不一，评价的类别也就各异。

第三节　高校英语教学评价质量分析

要想使教学评价优质，就必须确保评价的效度、信度和公平性。效度、信度和公平性是评价（测试）中极其重要的因素。测试的效度、信度和公平性的缺失将会使得测试变得不可靠和无意义。

一、效度

一项测试只有能够准确地测试它所希望的测试内容才有效度（validity）。测试的效度包括内容效度、标准效度、构卷效度和表面效度等几种。下面我们分别予以简要的介绍。

（一）内容效度

如果某一测试的所测内容是测试者希望的某种语言技能的典型代表，那么该测试具有内容效度（content validity）。例如，语法测试所测试的内容必须是语法，但它只有在包含了有关的典型语法结构内容的情况下才能说具有内容效度。有关的语法结构要根据测试的目的而定。为了保证测试具有内容效度，人们通常将需要测试的技能或结构详细描述出来，供出题者参考。

内容效度对测试来说十分重要。一般来说，内容效度越高，就越能精确地了解到所要测试的内容，如果某一测试内容的说明未能在测试中体现，就很难说它的结果是准确的，而且这种测试极易产生负面反拨作用，因为测试中忽略的内容往往在教学中也被忽略。

（二）标准效度

测试的效度还可以从另一个角度来证实，即将测试的结果与其他高信度测试的结果进行对比，看它们在多大程度上吻合。作为对比的其他测试的结果就成了检验现有测试效度的标准。这种测试的效度称作标准效度（criterion－related validity）。

标准效度可分为两种：一种是同现效度（co－occurrent validity）；另一种是预测效度（predictive validity）。同现效度指两种测试同时举行后比较的结果。例如，我们要测试一组学生的口头表达能力，考生的需求都已以各种语言功能的形式确定，但如果考生必须完成所有的项目，每人至少要45分钟，这显然工作量过大，不切实际，于是我们决定将口试时间定为10分钟。这样就产生了一个问题：这10分钟能否准确地测试出学生完成所有各种功能的能力？换句话说，这一测试是否有效？从内容效度的角度，这取决于所测试的各种功能是否有足够的代表性。如果这一点得到了保证，我们就必须设法确定它的同现效度。我们可以在所有的考生中采取随机抽样的方式选择一组学生，这些学生将参加预定的45分钟的完整的口语测试，为保证评分的可靠性，我们可以组织一个4人以上的裁判小组。这一考生的结果就可作为10分钟测试的对比标准。然后我们将这些学生45分钟的测试结果与采用普通的评分方法的10分钟的测试结果相比较，如果两者十分吻合，那就说明10分钟的测试具有同现效度。

所谓预测效度主要是指测试预测考生未来实际能力的准确程度。例如，某水平测试是为了确定某学牛未来在英国某大学学习某研究生课程的能力，其预测效度的判定可以从该学生导师对学生实际能力的判断或该学生学习该课程的结果（通过或未通过）作为标准。

（三）构卷效度

construct这里指语言能力理论中某种假想的能力组成部分，如阅读能力中的根据上下文猜测词义的能力、写作能力中的标点使用能力、语域能力等就属于这种概念。如果可以证明某一测试或测试的某一部分能有效地测试这种能力，那我们就可以说它具有构卷效度（construct validity）。

确定某一测试是否具备构卷效度，关键是看对能力组成部分的理解。如要测试学生的写作能力，我们通过写作预测（pilot test），将得到的结果与真实的样本或结果对比，建立写作能力组成成分的对应关系。

（四）表面效度

如果某一测试看起来像是测试它所要测试的内容，那就可以说它具有表面效度（face validity）。例如，一个旨在测试学生的语音能力的测试，如果不要求学生开口讲话，那就可能被认为不具备表面效度。教师、学生或教育行政部门往往对不具备表面效度的测试拒绝接受。因而，一些新的间接测试方法的使用，必须借助有说服了的解释，逐步推广。

以上，我们简要讨论了测试的效度问题。任何测试必须保证具有内容效度并在可能的情况下，与实践经验中的某些标准相比较，确认其测试某一能力概念的真正有效性。

二、信度

与测试效度密切相关的另一个重要概念是测试的信度（reliability）。测试的信度可以分为两个方面，一是测试本身的可信度，二是评卷的可信度。

测试本身的信度主要与它的内部一致性有关。如果考生在不同的时间参加同一测试而得分截然不同，其可靠性就值得怀疑。

检阅测试本身的信度有两种主要方法，一是连续测试法（test－ retest），即让学生在不同的时间做同一试题，然后比较其结果。这种方法十分简单，其缺点是时间间隔不易掌握，因为如果两次测试间隔太短，第一次的考试就会影响第二次；如果间隔太长，学生在这期间又可能产生了遗忘（或学到了新的东西）。另一种测试某测试内容一致性的方法是“一分为二”测试法（split－half），即将一份试卷的内容分成两半，对比考生这两部分的结果。这种方法要求两部分的内容（在数量和类型上）几乎完全相当，这一方法的优点是省时省力，缺点是两部分的比重难以掌握。

如果测试是主观性的，那么评卷的信度就是一个十分重要的问题。评卷的信度可以分为两个方面，一是同一个评卷人前后评卷标准的一致性，二是不同评卷人所用标准的一致性。如果同一评卷人评卷时前后所持的标准不一致，或不同的评卷人之间使用了不同的评分标准，那就会在很大程度上削弱测试的可信度。

Hughes 提出了一系列提高测试信度的方法，包括以下几方面。

（1）有足够的考试内容。同一项目的测试最好有几道互相独立的试题，如果测试结果非常重要，测试内容和实践就应相应加长。

（2）限制考生答题范围。题目如果给予考生过多的自由，就会影响测试的信度。例如，在测试考生写作能力时，如果只是给出几个题目让学生选择，对内容不加规定或限制，其可信度就值得怀疑。

(3) 考题要求应十分明确，避免模糊。

(4) 保证考卷的印刷质量，考题布局合理。

(5) 应使用考生熟悉的试题样式与测试要求。

(6) 应提供统一的、无外部干扰的考试环境。

(7) 考生项目应尽量采用易客观阅卷的类型。

(8) 考生之间的比较应尽量采用直接的方法。

(9) 阅卷答案应十分详细。

(10) 对阅卷者进行统一培训。

(11) 考卷应按数字编号，不让阅卷人了解考生的姓名。

(12) 阅卷应尽量采用相互独立、交叉的方法。

三、公平性

优质教学评价不仅具有效度和信度，还应具有公平性。当所有学校学生有平等机会来学习和展示他们的知识和技能时，评价就具有公平性。当教师制定了恰当的教学目标，提供了与目标相符的有效内容和教学，并选择了反映目标、内容和教学的评价时，评价就具有公平性。评价偏见包括冒犯和不公平的惩罚。如果测试题目冒犯了亚群体的学生，该评价就具有偏见。当测试中包括了对特定亚群体的负面刻板印象时就属于一种冒犯。例如，假设在一个测试中，试题所描述的男性都拥有待遇高且享有声望的工作（医生或商业主管），而女性的工作待遇差、声望也更低（职员和秘书）。这种性别上的不平等可能会让一些女性应试者感到不快，由此产生的压力将使得女性在测试中的成绩低于正常水平。如果某学生因为其群体身份而遭到不公平的惩罚时，评价也就有了偏见。

这些群体身份包括种族、社会经济地位、性别、宗教和能力丧失。例如，假设富裕家庭学生对某个关注的信息比低收入家庭的学生更加熟悉。一名教师打算了解学生以小组形式合作解决问题的情况。准备讨论的问题内容是当地上演的系列歌剧和交响音乐会，只有那些能够支付昂贵票价的人们才能去欣赏它们。即使富裕学生没有亲自去欣赏音乐，他们也许听到了父母在谈话中有所提及。因此，低收入家庭的学生在合作完成关于音乐的问题解决练习时可能表现欠佳，这并不是因为他们缺乏此类问题的解决技巧，而是因为他们不熟悉歌剧和交响乐。

一些评估专家认为创建多元评估价值体系很重要，该价值体系包括在课堂上和校园里关注文化的多样性，通常包括教学中和教学后的绩效评估。可用作多元评估组成部分的绩效评估包括学生成绩档案、项目、展示、面谈和口头陈述等，但这并不意味着放弃单项选择题等客观测量形式。

第四节　高校英语教学评价方法研究

现代教育评价更加突出了过程评价的地位，强调形成性评价的重要性，并将其作为促进学生发展的首要手段。所以，我们对形成性评价的内容、方法和工具进行专门讨论。

一、形成性评价的内容

（一）学习条件

包括先前语言学习的经验、学校学习设施、班级的大小、教师教学能力、学生之间的关系、师生关系、课堂环境、家庭背景、社区环境等。

（二）学习过程

包括接受材料的方式、课堂活动方式、学生行为的质与量、教师行为的方式、教学进度、教材内容和使用方式、学生合作形式、学习任务的智能水平、情感过程等。

（三）学习成效

包括语言知识的记忆量、语言知识的组织形式、话题范围和内容、功能范围和内容、语篇知识和运用、口头谈话技能、书面表达技能、语用因素的参与（如策略、情感、文化等）、学习策略（如学习技能、学习意识和习惯、反思能力）等。

二、形成性评价的方法

（一）自我评价

有效评价要求学生投入。这种投入可以使他们进行反思，也可以使他们肯定自己学习的努力，并看到改进的必要性以及进取的可能性。自我评价是指在学习过程中学生依据评价标准对自己的学习和行为进行的评价。

为了让学生评价自己的学习和行为，他们需要有好的榜样。这样，教师必须和学生一起具体制订各项评价标准，如讨论优秀口头表达的构成成分、优秀阅读理解的构成成分、体现良好合作精神的标准等。要做到这一点，仅仅进行文字陈述是不够的，更重要的是为学生提供具有语言表现特征与要素的实际例子，并让他们能够“见到”或“听到”这些范例。这样，学生就能够知道“优秀”作品是什么样子的，进而对自己的作品进行评价。学生参与了标准的制订，其后还需要有机会应用这些标准，对实际作品（或行为）进行评价。首先，他们可以以小组形式对范文（范例）进行评价，然后开始独立的自我评价，找出自己的精彩之处和问题所在。学生根据自己的弱点调整学习目标，教师针对学生的弱点和需求对自己的教学计划进行改进，使课堂指导更有效。

（二）互相评价

互相评价是在教学过程中，以划定的学习小组为单位，依据评价标准，同伴之间对学习条件、过程及效果做出的评价。我们可以让四五个学生评价某一个学生，每一个评价者为某个学生的学习行为写出评语，重点在其优点以及改进建议。反过来，被评的学生将根据同学和老师的评语写一个总结，确定自己的改进目标。学生互评的成功和自评成功一样，需要教师提供榜样，展示优秀的互评范例。通过评议，学生可以充分理解评价的标准，逐步增强“我也能做”的信心。同时，让他们会信任、诚实、公正地对己和对人。同伴评价的最重要的一点是要了解对方的学习，包括学习经历，让学生意识到“同伴文化”的力量及友好气氛在学习过程中的重要性。互评鼓励学生合作和向他人学习。通过与同学讨论学生可以说出他们的忧虑和困扰，听取他人的观点，从而确定自己努力的方向。

（三）教师评价

学生的自评和互评，都必须与教师的评价结合起来，在对学生进行评价时，教师的作用是多层面的：他要示范学习的方法和评价方法，帮助学生自评，管理学生学习；当学生制定和应用评价标准时，他还必须给予指导和支持，与学生一起反思学习，确定目标，组织学生收集和编辑档案材料。更重要的是教师与学生一起讨论学习的目的，定期评价学生的进步，抽查学生的自评和互评，仔细检查他们自定的改进目标，给学生提供反馈意见。

教师的评语应该简洁、具体，并有针对性，评价应包括优点和缺点两个方面，可以将评语附在新学生的作业上，以便学生获取诊断性信息。教师评价还可采用日常记录的方式，或采用学生行为评价表或评价量表以及座谈的形式，这样，教师、学生共同协作建立起与学习目的、个人需要以及整个班集体需要的评价方式。

（四）合作评价

在教学评价中，教师和学生共同面对学生的成长。各种评价方式不仅给学生也给教师提供了教与学的信息，学生得到个人反馈，明确努力方向；教师得到个人反馈以便改进教学，提供给学生更有意义和针对性的指导。这种教师—学生合作评价是建立学生档案过程的一部分。

家长也是教育评价的主体，因为家长既是教育活动的直接参与者，也是教育结果的重要责任者。家长对学生、教师、学校及整个教育都会经常做出自己的价值判断，随着独生子女的增多，家长对子女的发展层次十分关注。他们不仅关心学校和教师对子女的评价，而且直接对子女做出经常性的评价。

三、形成性评价的工具

形成性评价的形式有测试型和非测试型之分，对测试型评价大家比较熟悉，这里着重介绍非测试型评价的工具。

（一）观察

观察是评价人类技巧和行为的基本方式。所有语言信息收集的方法都可以被理解为：在特定情况下，用来了解学生学习行为、态度的具体工具。这里重点介绍的是课堂事件、教学活动、学生之间相互交流的观察。我们可以观察学生日常的阅读、写作、听和说的经历；教师和学生可以随时随地、随意地观察学习上的具体行为。观察可以以日常记录、评价表或评价量表的方式进行；教师及时将记录收集起来提供给学生，以便学生真实了解自己的实际学习行为。通过观察，教师可以了解到学生学到了什么，哪些学习策略对学生有帮助，哪些学习策略最有效，哪些活动和材料学生最喜欢等。

在观察中究竟采用哪种记录方法，不仅取决于设定的观察目的、观察对象、时间、条件的可能性，还取决于自身的习惯。

1. 日常记录

日常记录是教师根据学生日常语言、行为和学习所做的记录。记录包括对日常重要事件以及涉及学生的活动和进步的纪实和描述。记录可以在学生活动发生时或放学后进行，记录形式应简易灵活。

2. 评价表

评价表应反映某一特定时间内，学生在某一活动或过程中的表现和进步程度，它依据所使用的一系列的具体标准而制定。评价表用来记录学生是否掌握某种具体知识、技巧、过程、能力及态度。通过评价表，教师可以了解哪些方面教师的教学取得了良好的效果，学生在哪些方面需要帮助或进一步指导。评价表的形式应该多样化、方便使用。

3. 评价量表

评价量表记录学生达到了某一具体标准以及学生在所给时间或所给范围内达到的标准。评价量表与评价表相似，只是量表显示了从恰当到不恰当的一种持续性，以便判断。教师可经常将评价量化。我们一般采用三种量表，即数学、图表和描述。

（二）学生成绩档案

学生成绩档案是出于学生或教师在一个时期内有计划、系统地收集的反映学生努力、进步和成就的材料的汇集。学生档案以学生为中心，从多方面向学生、教师、家长及学校反映每个学生在一段时间内的成长过程以及学生学习目标的制订和评价。教师可以鼓励学生自己决定将哪些资料存入档案并解释这些资料的重要性。学生和教师可以一起为每个学生编辑档案。

学生成绩档案可包含的材料有以下内容。

（1）诊断性测试：新课程开始前，旨在了解学生学业基础。

（2）学生学习行为记录：如课堂上参与朗读、朗诵、角色表演等情况。

（3）书面作业的样本：通过由学生决定收入自己认为最满意的作品（作文、读书笔记、周记、画作等）。

（4）平时测试：由教师评分，或在教师指导下由同学评分，或由自己评分。

（5）自我评价表：对其学习态度、方法与效果的反思与评价意见。

（6）教师、家长对学生学习情况的观察评语。

（7）其他教师或学生认为有必要装入档案的材料。

与传统的测试相比，学生成绩档案在多方面具有优越性，它是形成性评价的最常用的工具。

（三）访谈或座谈

教师与学生间的访谈、座谈或讨论有利于对学生个人成就和需求作正确和积极的评价。在讨论中，教师可以发现学生对他们自己的进步和学习的感受与态度。简短的座谈可以在课堂中随时进行。采访问题可以根据学生个人的需要和教学要求来确定。

（四）问卷调查

以书面方式提出，通过收集被调查者的回答来获得资料的方法。

（五）其他

（1）多媒体：为鼓励学生积极主动地学习，我们可以利用多媒体使学生所学的东西生活化。学生可以运用所学的笔头词汇、口头词汇、所听的音乐、所看的录像带、照片、图片及图表，利用网络来互相交流。学生教师、家长也可在网上进行评价。

（2）卡通：学生可以制作卡通来展示他们所学的知识。

（3）任务与演示：如任务活动、书面报告、课堂论文等。

第七章 高校英语多媒体教学与网络教学研究

随着现代化信息技术的发展，以多媒体为核心的信息技术以及网络技术得到迅猛的发展。将多媒体与网络应用于英语教学成为我国英语教学改革的趋势。为了更好地推动英语教学与改革的发展，本章就教学改革背景下的高校英语多媒体与网络教学进行探讨，希望通过本章的学习，能够给英语教学改革提供一定的理论指导和借鉴。

第一节 高校英语多媒体教学研究

随着信息技术不断地与英语教学相结合，多媒体教学在高校英语教学中起着越来越重要的作用。本节就对高校英语多媒体教学的相关问题进行探讨，包括大学英语多媒体教学的优势、特点、原则、教学模式以及发展方向。

一、高校英语多媒体教学的优势

（一）能够实现以学生为中心

多媒体教学能够给学生提供一个真实的英语教学环境，学生能够在这个真实的语言环境中自主地发挥主观能动性，自主地安排学习内容以及自我把握学习进度，学生不再被动地接受知识，反而主动、积极地进行英语学习。可以说，多媒体教学真正地实现了以学生为中心的教学准则，并有利于提高学生的综合英语能力。

（二）能够激发学生兴趣

高校英语多媒体教学将文本、图形、音频、视频等多种媒体整合到英语教学中，这种方式使英语学习内容不再枯燥乏味，而是充满动态色彩，充分地激发学生的英语学习兴趣。另外，在英语多媒体教学中，通过音频、视频的交互教学，可以有效培养和提高学生语感能力。

（三）能够打破时空限制

在传统的英语课堂教学中，由于教室空间的限制，每节课容纳学生的数量是有限的，最多只能容纳几十个学生，并且学生本身有着不同的学习条件，其学习水平也是不同的，而每节课的时间也是有限的。英语教师只能在有限的时间、空间内对学习水平各异的学生进行教学。

然而与传统英语教学不同的是，英语多媒体教学真正地打破了时空的限制，学生除了在课堂上进行英语学习之外，在其他任何地方、任何时间都可自由地通过多媒体软件学习，对课堂中不懂的知识点也可重新学习。在多媒体软件中，教师还能给学生共享多方面的学习资料，真正地实现学生在世界的各个角落随时可完成学习任务。这一学习过程也有利于培养和提高学生分析信息、解决信息的综合能力。

（四）能够增加课堂信息量

传统的英语教学内容主要以课本为主，但是由于版面的限制，课本的内容设置是有限的。而英语多媒体教学则能够为英语学习提供丰富多彩的内容，让学生能够全方位地从文本、图像、声音、影像等层面进行英语学习，可谓是大大地增加了课堂信息量。

另外，在传统的英语课堂教学中，即使教师花费了大量的时间进行讲解，但是授课的信息量仍然很少；而英语多媒体教学则是集各种媒体手段于一体，将课文的信息快速、生动地呈现在学生面前，并且授课的信息量也非常大。

综上所述，英语多媒体教学有着传统教学无可比拟的优势，不仅可以节省课堂教学时间，还能增加课堂信息量，从而有效地促进英语教学效果的提高。

（五）能够优化课堂环境

在传统的课堂教学中，由于每个学生位于不同的位置，因此会受到一些客观因素的影响，如位于教室后排的学生，常常会由于教师不同的音频对其英语学习造成一定的影响。具体而言，教师的音频越高，后排的学生听到的学习内容越清楚；教师的音频越低，后排的学生越容易听不到任何内容。长期下去，则会影响学生对英语学习的兴趣。而在英语多媒体教学中，无论学生位于教室的哪个位置，都能够清楚地听见教师的教学内容。这是因为多媒体教学集音频、视频于一体，这在教学中尤其是大班教学中，能够有效地解决传统英语课堂教学的弊端，从而优化课堂环境。

二、高校英语多媒体教学的特点

（一）资源的共享性

多媒体技术下所有的信息资源都可以实现数字化，这就意味着它们大多可以共享。如今我国很多英语教材出版商为了有效地介绍并推销自己的商品，纷纷建立自己的网站，这些网站里大多有与其出版的教材相配套的电子教案以及教师的教学体会交流等，以供需要的人下载使用，这就大大减轻了教师的负担。资源共享一方面有利于教师学习他人的经验，另一方面也使教师从繁重并具有重复性的教学活动中解放出来，使他们可以有更多的时间来探索教学道路，也能把更多时间放在学生身上，帮助他们解决学习上的困难。

（二）信息处理的集成性

过去，我国的英语教学是以教材为核心来开展教学活动的，这样只能发挥学生的视觉功能，无法调动学生其他感官，这就对学生综合语言能力的提高造成了不小的障碍。多媒体教学将语言信息通过多通道组织和存储成为一个统一的整体，各种信息不再是相互分离，单独进行加工和处理的单一个体。通过多媒体技术，文字图形、音频、视频等多种媒体信息都能集中在一起呈现出来。如此一来，学生也就能从眼、耳、口等多种渠道接收信息并送入大脑，然后通过大脑的综合分析与判断来获得全面而准确的信息。这种集成性使人们能够更加轻松地处理信息，因此有助于增加英语教学的生动性，提高学生的综合语言技能。

（三）信息媒体的多样性

人类对信息的接受与反应依赖于听觉、视觉、嗅觉、触觉和味觉五种感觉。其中，人类从外部获取的10％的信息是通过听觉获取的，而人类通过视觉获取的信息为70％～80％，可见人类接受信息的最主要途径是视觉，而人类从外部获取的10％左右的信息是通过嗅觉、触觉和味觉共同获取的。多媒体技术下的信息呈现能够从各个方面刺激学生的各种感官，这就有助于学生全身心地感受知识、理解知识，从而更正确地使用知识。

另外，信息媒体的多样性也有助于提高学生的学习效率，学习的一个重要环节就是及时强化所学知识，而由于计算机处理器具有的强大功能，多媒体教学软件能够在短时间内调动有利于英语学习的信息，也能为教师与学生提供及时的反馈，针对反馈，师生逐渐调整教学策略或学习策略，从而强化学生对英语知识的记忆。

（四）学习过程的互动性

多媒体教学在学习过程中具有互动性的特点。互动性是指将人的活动当作一种媒体，纳入信息传播过程中，让信息的发出者和接收者都可以参与其中，参与各方都可控制、编辑和传递信息的这种特性。

互动性有助于在获取和使用信息时充分发挥学生的主观能动性，增加对信息的理解。而传统的英语教学则是以教师为中心的、单向的知识辐射，因此单位时间内知识的传输受到了很大的限制。教师传送知识信息，可能只对其中一部分学生有用，而对那些已经掌握相关知识的学生而言则是浪费时间。

多媒体教学环境下，教师可以人为地改变语言学习的顺序，随机变换操练句型，从而更好地做到因材施教；学生也可以主动检索、查询感兴趣的知识或还未掌握的知识，而不是像在传统教学中那样被动地接收信息。

三、高校英语多媒体教学的原则

（一）以学生为中心原则

以学生为中心的原则强调学生在学习中的主体地位。英语的学习需要大量的实践，而实践的主体又是学生，因此在英语多媒体教学中，无论采用何种教学手段，都应坚持以学生为中心，为他们的学习活动提供环境支持。在多媒体英语教学中，教师应让学生充分地参与到英语学习活动中，让学生自主地构建学习的意识，根据自身的兴趣特点，自我安排学习进度，自主地选择学习内容。学习遇到困难时，学生可以通过教师、同学，甚至是计算机来解决问题。例如，通过 E-mail 等方式向老师寻求帮助和解答；或在班级建立论坛、QQ 群发布帖子与其他同学进行讨论。在此过程中，学生一边自己动手操作，一边积极思考，增强了自主学习能力，整个英语教学也就实现了由“以教师为中心”到“以学生为中心”的转变。

（二）情感与合作学习原则

情感因素（包括态度、动机、兴趣、注意力等）是影响学习质量的一个重要方面。显然，积极的情感因素能促进英语的学习，消极的情感因素则会制约英语的学习。多媒体英语教学具有生动、丰富等特点，这非常有利于激发学生的学习动机，以及激发学生的英语学习兴趣。同时，多媒体英语教学为我们提供了一种全新的教学方式，它克服了许多传统教学的弊端，将抽象的、乏味的学习内容转换为形象的、生动的、动态的学习内容，使教学内容更容易被接受和理解。需要指出的是，多媒体和网络的使用必须恰当，如果教师过于依赖多媒体辅助英语教学，长期下去，会给师生之间的交流造成一定的障碍，学生也会逐步地丧失对英语学习的兴趣。

（三）情景与交际性原则

语言的学习与社会文化背景有着紧密的联系，这些社会文化表现在各种各样的情境中。真实的情境对学生的联想思维起到促进作用，能够让学生根据原有的知识经验，来分析并探讨当前的最新知识，这样就在新旧知识之间建立了联系，同时也在旧知识的基础上，对新知识赋予了新的深层含义。英语教学的目标就是提高学生的英语综合运用能力。要实现这一点，学生就必须在真实和半真实的语境中，不断运用所学知识，锻炼听、说、读、写、译五种技能。

目前，多媒体技术已经渗透到了英语教学的各个领域，并以其技术优势为英语教学创设虚拟真实的语言情景，支持着英语交际活动。其中不可避免地会涉及英语文化知识，这就需要培养学生的跨文化意识。以网络为依托的英语多媒体教学应充分发挥其特有的优势，在真实或虚拟真实的语言情景中不断地培养学生的跨文化意识，从而提高学生的跨文化交际能力。

（四）目的性原则

英语教学采用的某种教学方法，除了受教师的语言观和学习观的影响之外，在很大程度上也受到教学目的的影响和制约。教学目的的不同，也会导致教学方法的不同。因此，在多媒体教学中要遵循目的性原则。

在多媒体英语教学中首先要明确教学目标。宏观上来看，教师应了解《教学大纲》或《英语课程标准》所规定的总体教学要求，明确培养目标；微观上来看，每节课都要有清晰的教学目标，并据此选择合适的教学内容或相应的教学手段。总的来说，英语教师必须根据教学大纲的要求以及教学的实际情况，筛选、补充并更新相应的教学资源与内容，充分发挥现代化教学手段的优势，将丰富的教学资源有效地传递给学生，借助多媒体教学手段，在调动学生的各种感官的前提下，指导并帮助学生理解、掌握所学的内容，最终实现预期的教学目标。

（五）系统性与最优化原则

语言学习不是一蹴而就的，而是需要一个循序渐进的过程。因此，多媒体英语教学也必须遵循这一规律，使学习内容系统化，教学目标渐进化，最终实现英语教学的系统化与最优化。

目前的教学光盘、多媒体教室以及相关的网络系统都能为英语的教学提供大量丰富的系统性与渐进性的教学资源。教师在选择教学材料的时候必须考虑学生的实际需要和现有水平，所选择的材料不能太难，也不能太容易，而应难易交错，并随着学生语言能力的提高而不断提高。另外，教师还应根据学生自身的学习进度，发现学生在学习过程中所遇到的问题与困难，给予适时的指导和帮助。系统性的目的是为了实现教学的最优化，因此英语多媒体教学应遵循系统化与最优化的原则。

四、高校英语多媒体教学的模式

（一）集体教学模式

集体教学模式与传统的教学模式类似，主要是依托多媒体技术，提前备好教学资料，利用多媒体将教学资料以文本、图像、音频、视频的方式呈现在学生面前的教学模式。集体教学模式通常以教师的讲解、演示为主，在一定的空间范围内对一定数量的学生开展教学。集体教学模式主要以教师为主，多媒体软件仅起到辅助的作用。

另外，为了充分地调动学生的学习兴趣，在使用集体教学模式时，教师还可以利用单个多媒体资料，如幻灯片、音频、视频等，以影像或电影的方式呈现英语教学内容。这种教学方式不是以教师的讲解为主，而是以影片对学生的启发为主，比单纯的知识讲解更有深度。同时还节省了一定的师资力量，并提高了教学效率，有利于实现良好的教学效果。

（二）个别化教学模式

个别化教学模式是指针对不同的学生所进行具体的教学模式。在英语教学中教师要以学生为中心，针对不同学生的学习特点、兴趣以及学习进度，设定不同的教学目标，安排不同的教学内容。只有这样才能确保每一个学生个体都能得到综合的发展。

使用个别化教学模式进行教学时，教师主要是根据学生的具体需要给学生制定自主学习方案、共享学生学习资料，以及针对学生在学习过程中遇到的问题进行及时的指导和纠正，并对学生的学习进度进行适当的监督。例如，在个别化教学模式的指导下，学生可以自主地选择适合自己学习水平的英语教材进行学习。学生也可自主地利用网络图书馆查询与英语相关的学习资料，可使用E-mail给教师提交作业，并对自己遇到的问题进行咨询从而获得解答等。

（三）支架式教学模式

支架式教学模式认为，知识的学习不是从教师那里获取的，而是在真实的英语语境中，学生利用多媒体资料在教师与同学的帮助下，通过意义建构的方式获取的。支架式教学模式要求教师在英语教学中，首先为学生的知识体系的形成建构一种知识框架，然后按照一定的层次逐步展开，从而不断地提高学生的英语学习能力。具体而言，支架式教学模式的实施主要包括以下几个环节。

1. 构建知识框架

构建知识框架是支架式教学模式的首要环节，要求教师在这一环节中，按照实际的教学主题，制定切实可行的教学目标，在构建知识框架的过程中注意协调各个教学主题之间的关系。

2. 进入问题情境

在这一环节中，教师可以利用多媒体技术（如音频、视频等）给学生的学习创建一个真实的英语情境，在这个情境中给学生设定一定的问题语境。在这一环节中需要注意综合使用视听与学生的思考相结合的策略，这有利于培养学生独立思考的能力。

3. 学生独立探索

通过上一环节设置问题情境，在教师的指导下，学生开始对问题情境以及既定内容进行探索。学生在起初探索时，教师可对其进行相应的引导，并让学生从中得到一定的启发；随着探索次数的增加，要逐渐地减少教师的引导，让学生自主地进行探索，使学生在知识框架中自由地徜徉，直到找到与问题相关或者与学习内容相关的信息。

4. 小组协作学习

经过探索之后，需要分小组协作学习。在小组协作学习的过程中，需要将探索的信息进行协商、讨论，最后在小组共同讨论的基础上，对问题的答案以及所学内容形成一个全面的认识，这最终也完成了对既定内容的意义建构。

5. 教学效果评价

教学效果评价是支架式教学模式中的最后一个环节。教学效果的评价不仅包括教师对学生学习效果的评价，还包括学生的自我评价以及学生之间的相互评价。教学效果评价的内容不仅包括对学生的杰出表现进行表扬，还要对学生在整个教学过程中是否完成知识的意义建构（即支架式教学目标）做出相应的评价。

五、多媒体英语教学的发展方向

（一）多媒体英语教学日常化

多媒体技术成熟、丰富的应用软件、越来越多可共享的网络资源，使得多媒体辅助英语教学日常化成为一种可能。英语教学未来的发展趋势是教师的授课都是通过多媒体来完成的，多媒体的内容几乎覆盖了英语课本的全部内容，真正实现了无纸化的英语教学。对于教师与学生而言，多媒体教学已经成为日常化的一种教学手段。多媒体在英语教学中可扮演多种角色，除了扮演教师和学生之外，多媒体还可扮演同学及伙伴，这样使英语教学真正地实现了虚拟化、合作化、个性化。

（二）英语多媒体教学软件更加广泛

多媒体技术开发的语言识别系统能够为学生创建一个真实的语言环境，并让学生沉浸其中。随着多媒体教学的广泛深入，各种多媒体教学软件的种类和功能更加完善，涉及范围更加广泛。这有利于激发学生英语学习的兴趣以及提高学生英语学习的自主性和积极性。

多媒体教学软件具有便捷、功能齐全的特点，尤其是捆绑式的软件能够提供学生所需的各种学习信息。例如，测试性软件的发展趋势是开发出不仅能对学生的口语或写作能力进行检测，还能对学生的主观性答案进行适当、有效的教学评价的教学软件。随着多媒体与英语教学的日益结合和发展，多媒体教学软件会像 VCD、DVD 光盘一样普及，并且擅长教学设计又懂教学软件制作的人才将大受欢迎。英语多媒体教学软件的日益普及将成为英语教学的最新发展方向。

第二节　高校英语网络教学研究

当今世界是一个高速发展的信息化时代，网络在教学中扮演着越来越重要的作用。本节我们就对高校英语网络教学的相关问题进行探讨，包括高校英语网络教学的优势、问题、对策、教学模式以及发展方向。

一、高校英语网络教学的优势

（一）有利于提供大量的学习资源

网络可以给学生提供大量的学习资源，并且这些资源的更新速度很快，因此具有时效性，其实用价值也相对较高。对于高校英语教学而言，英语教学十分注重学生所学语言的纯正、真实、实用。与传统教学相比，网络教学具有非常明显的优势。传统教学所提供的学习资源大多是文学著作，使用的大多是文学用语，很少涉及学生在日常学习或生活中的交际用语。网络所提供的英语学习资源除了文学语言之外，还有日常生活用语，这些网络所提供的生动的、大量的英语语言是教科书所无法比拟的。

另外，英语教学非常注重培养学生的语言技能与积累相关的文化知识。由于传统教科书的文化知识内容受版面的限制，常常很难满足学生对文化知识积累的需求，而快速、涉及范围广泛的网络可以不断地给学生提供全方面的文化知识，从而有效地提高学生自身的文化素养。例如，学生在学习语言学时，可以借助网络来扩充与语言学相关的理论知识；学生在学习英美文学时，可以借助网络了解文学作品的相关背景等。

（二）有利于培养学生的听说能力

网络教学具有开放性和灵活性的特点，学生不需要太多的语言学习材料，只要有一台计算机，便可以随时随地地利用教学资源进行学习。传统的教学资料仅仅是文本与图片的结合，是静态的；而网络教学资料集文本、图片、音频、视频等多种媒体于一体，给学生的学习带来了完美的视听享受，丰富的语言学习材料、生动有趣的动感信息增添了学习的趣味性。

除此之外，英语网络教学还给学生提供了一个线上交流的平台，通过网络学生可以和其他英语爱好者一起交流学习。这就是英语网络教学所具有的视听优势。英语学科主要培养学生的听说读写能力，而网络教学所提供的正是视听方面的教材。因此，相比其他学科，英语学科使用网络教学更能体现其优越性，也为学生个性的发展提供了更广阔的空间。

另外，语言的学习主要通过交际实现，目前由于我国传统的英语教学缺乏良好的语言教学环境，大部分的知识都是从课堂中获取的，课堂上的交际活动也往往受到很多因素（如师生对事物的不同认知态度、年龄、学生个体语言能力差异等）的制约。而网络英语教学给学生提供了真实的英语交际环境，学生可以通过人机交流不断地锻炼自身的英语交际能力。

综上所述，网络教学所提供的视听资源、网络线上交流平台以及网络提供的真实的英语交际环境有利于培养和提高学生的听说能力。

（三）有利于提供新的师生交流平台

网络教学能够拓宽师生的课下交流平台。学生可以通过论坛给教师或同学留言，可以通过发帖的形式提出问题或回答他人的问题。教师也可以通过平台的通知板块为学生提供学习建议，提出学习目标或是发布近期作业。

此外，在英语教学中，教师可以通过网络教学中的电子邮件等手段来加强师生之间的课下交流与讨论。可以说，网络不仅使师生之间的沟通更为方便、快捷，还促进了教师与学生之间的交流。

（四）有利于培养学生的自主学习能力

传统的英语教学主要是以教师为中心，采用的是灌输式的教学模式，主要以教师的讲解为主，学生只是被动地接受教师所传授的知识，学生的参与很少。长此以往，教师的语言表达技能得到了充分的训练，却逐步地削减了学生的自主性以及积极性。

网络教学中网络平台的使用合理地解决了这一问题。在网络教学中，学生可以通过操控网络学习平台，不受时间和空间的限制进行自主式的学习，自主选择课程，自主安排学习进度，并通过人机交流的方式进行语言练习。从而实现真正意义上的个性化学习。学生学习语言知识不再仅仅依靠教材和教师，而是通过网络自主学习，在构建自己的知识体系的过程中逐步地提高自身的综合语言水平。

二、高校英语网络教学存在的问题

（一）校园网络建设质量差

目前，我国高校的校园网络建设质量非常差，主要是由于很多高校过于追求先进的网络技术，而忽视了网络教学的内容。由于教育评估将高校的网络建设列为其中一项重要的指标，很多高校为了取得良好的教育评估，投入了大量的资金和人员，不断地开发网络课件并用于校园网站建设。同时，有些高校为了吸引学生的注意力，增加学校网站的点击率，设置了大量华而不实的网络功能，结果并没有给学生的英语学习提供实质性的指导和帮助。还有些高校过分地追求高技术的英语网络教学，让很多的教师编写了大量的教学软件，这些教学软件往往具有重复性，其水平也是较为低下的，这样做的结果则是浪费了大量的教师资源以及网络资源。

国家鼓励高校建设校园网络，是为了给学生提供更多的学习资源，方便学生学习工作的开展，提高学生的知识水平以及学术能力。因此，高校的网络建设应以教育教学活动为中心，而不是网络技术的应用。

（二）部分师生对网络教学不适应

目前我国的英语教师以女教师居多，学生的学科结构偏文，对于计算机及其网络运用方面的知识缺乏一定的了解，部分教师对信息化的现代教育技术存有一定的畏惧心理，甚至在英语教学中坚决反对使用网络化信息技术。还有一部分教师认为网络教学与个人的发展前途并没有一定的直接关系，因此教师将其主要精力用于写论文、评职称或者提高自身学历，并不是着眼于提高自身的教学水平，这样的教师从自身的主观方面就对网络教学缺乏一定的积极性。以上教师的行为严重地制约了英语网络教学的发展。

在我国，计算机的普及程度受到不同地区的教育发展水平的影响，对于一些贫困地区而言，计算机网络教学尚未得到一定程度的普及，学生往往对计算机网络的了解也是少之又少。因此，网络教学在教育发展水平低的地区开展会有一定的难度，这些地区对网络教学往往会带有一定的抵触心理。

（三）英语网络教学手段落后

与西方国家的网络教学相比，我国的英语网络教学的建设稍显滞后，这主要是由于我国计算机发展水平较为缓慢造成的。主要表现为网络教学建设起步较晚，英语教学研究也相对较少。目前，我国在网络教学软件开发、语料库建设以及教育教学设计方面的人才较为欠缺，尤其是在英语网络教学领域，了解并熟知英语教学、能够熟练地掌握并设计网络教学软件的人才非常少，这就导致高校网络教学软件中缺乏适用于英语教学的软件，而现有的英语网络教学软件则普遍存在质量低、不适用的现象。

（四）学生自主学习能力不足

由于受传统英语教学模式的影响，学生只会按照教师的要求进行学习，严重缺乏自主学习的方法和能力，一旦离开教师的指导，学生往往不能自主、独立地进行学习，不知道学什么，也不知道如何学，这种现象严重影响了学习效率的提高。下面就导致学生自主学习能力不足的相关因素进行探讨。

1. 学习动机被动

我国的高校英语教学还属于应试教育的范畴，学生学习英语的主要目的是成功地获得高校英语四、六级证书或英语专业四、八级证书。为了能够顺利地通过这些考试，学生将大量的精力投入到应试的强化训练中，并侧重于学习与考试内容相关的英语知识，根本就无法投入更多的时间和精力用于提高英语学习的综合水平。在考试中追求优异的成绩是学生学习英语的主要动机。虽然这种动机在短时间内能够对学生的英语学习起到一定的激励作用，但是从长远的角度看，则不利于培养学生对英语学习的兴趣以及学生英语知识的积累。

2. 传统教学模式的影响

传统的英语教学模式以教师为中心，教师在教学过程中扮演的是知识传授者的角色，学生只是被动地接受知识。在传统教学模式的影响下，学生往往习惯并依赖于教师的指导，遇到不懂的问题直接寻求教师的帮助，很少自己主动地分析并解决问题，长期下去，这样的教学模式会严重抑制学生的学习积极性，也不利于培养学生的自主学习能力。因此，很多学生在最初接触网络教学模式时，由于缺乏一定的自主学习能力，往往不知道如何有效地安排自己的学习，需要很长的时间才能逐步适应。

3. 学生自控能力差

教师除了传授给学生英语知识之外，还对学生的学习过程进行适时的监督。学生已经习惯了教师的监督，一旦离开教师的监督，往往就会表现出注意力不集中、自由散漫的状态。这都是学生缺乏自控能力造成的，影响了学习效率和学习效果。例如，在网络学习中，一旦教师对其进行监督，学生会乖乖地打开英语学习界面；一旦教师离开，学生则将注意力转移到其他与英语学习无关的界面。这些现象表明学生在进行网络自主学习时，需要不断地培养和提高自身的自控能力。

三、高校英语网络教学问题对策

（一）改变教师教学态度

由于很多高校的教师已经习惯了传统英语教学模式，并且在多年的教学过程中，他们也总结出了一套自己的教学方法。因此，在面对新兴的、陌生的网络教学模式时，这些教师常常会持有排斥的心理。还有些教师习惯在教学中发挥主导的作用，认为网络教学的自主模式会影响他们行使自己的职责和发挥其功能。为了顺利地开展网络教学，首先要改变教师对网络教学的态度。

我们可以通过讲座的方式帮助教师认识到网络教学的优势，以及教师掌握网络教学对于自身教学能力提高的益处。当然，不可否认的是，网络教学给教师提出了更高的要求，面对新的要求和挑战，英语教师应该逐步地转变旧式的思想观念以积极的心态投入到网络教学的构建中，并指导和帮助学生在新的教学模式的影响下逐步地培养自主学习能力。

（二）重视教师培训

由于目前很多教师对网络教学模式缺乏了解，在教学中不能有效地利用网络教学手段开展教学活动，因此为了使网络教学的相关技术在英语教学中得到充分的应用，需要重视对教师的培训。培训的内容可以涉及网络教学课件的制作、网络教学管理和评价等。只有重视教师的培训，逐步地增强教师运用网络进行教学的能力，才能充分地发挥网络教学的功效和作用。

（三）加强对学生自主学习的监控

目前，国内各个高校对学生的自主学习的监督和控制力度较为薄弱，这也是各个高校英语网络教学普遍存在的一个问题。学生使用网络系统进行学习时，需要自主地安排学习计划和学习内容，网络教学对学生的自控能力要求很高。然而，大多数学生在缺乏外界监控的学习环境中很难保证学习的效率和质量。因此，为了改变这一现状，加强对学生自主学习的监控是非常有必要的。

高校对学生自主学习的监控可以通过以下两种方式来完成：

(1) 学校进一步地完善网络学习平台，对学生的整个学习过程进行有效的跟踪与记录。例如，可以记录学生在整个学习过程中每次测试的结果，根据这些测试结果对学生近期的学习状况进行分析。

(2) 在网络平台中建立工作和评估机制，从而确保教师在指导工作中的效率和效果，真正起到监督学生有效学习的作用。

（四）网络教学与传统教学相结合

网络教学是信息与技术发展的必然产物，它为英语教学创造了更为有利的语言环境，在很大程度上弥补了传统教学的不足，但是仅仅依靠网络教学而完全舍弃传统教学的做法也是不可取的。传统教学有着网络教学无法具备的优势，两者应互相结合、互取优势，这样才能实现良好的教学效果。例如，与传统教学相比，网络教学缺乏教师与学生之间面对面的交流，忽略了学生在学习过程中的情感因素，学生也无法得到来自教师的人文关怀。在传统教学中，教师可以通过口头的表扬或是鼓励的微笑帮助学生树立学习的自信心，来激发学生的学习积极性。同时，教师还可以对学生在学习过程中出现的情感问题进行及时的处理。由此可见，只有将网络教学与传统教学有机地结合起来，才能实现良好的教学效果。

（五）加强对学生学习策略的指导

由于长期接受传统教学模式的教育，大多数学生对教师有着过于强烈的依赖性，自主学习能力较差。因此，为了让学生知道在学习中学什么、如何学，加强对学生学习策略的指导就显得尤为重要。

教师可以在课堂教学中采用展示、示范、训练、评估和扩展的方法传授学习策略，还可以指导学生定期对自己的学习进行评价和总结，并及时地调整学习方法，从而帮助学生掌握适合自己的学习策略。学生掌握学习策略有利于培养和提高其自身的自主学习能力。

（六）改善英语网络教学模式设计

由于我国英语网络教学起步较晚，发展尚不成熟，因此英语网络教学模式的设计还存在很多需要改进的地方，当然这也是一项长期的艰巨工作。英语网络教学模式设计是整个英语网络教学以及课程的设计和开发的关键，决定了即将开展的英语网络教学活动的种类，也决定了英语网络教学未来的发展方向。因此，整个网络教学模式设计也是网络教学设计人员、网络技术开发人员、英语教学人员等几个领域的专业人员共同努力合作的结果。只有各个领域专业人员团结合作，才能确保设计不仅符合网络教学理论，还符合英语教学理论。

在整个英语网络教学模式设计的过程中，要求团队成员之间互相交流、分工明确。如果缺乏一定的交流，则会导致设计出来的教学模式注重点不同，这样则很难实现预期的教学效果。由此可见，建立一个优秀的、分工明确的设计团队，是成功构建英语网络教学模式的必要前提。

四、高校英语网络教学的模式

（一）高校英语网络教学模式的定义

在分析英语网络教学模式的定义之前，我们首先对教学模式以及网络教学模式的定义进行分析。关于教学模式的定义有多种说法，其中赵学谦（2006）在《实用课堂教学模式与方法改革全书》中对教学模式的定义归纳如下。

（1）教学模式是指在教学实践的过程中所形成的一种组织和设计教学的理论。

（2）教学模式属于方法范畴。因此，从这个角度来说教学模式就是指教学方法。

（3）教学模式是指受一定教学理论（思想）的指导，从而建立起来的与教学活动相关的结构框架和活动程度，这种教学模式具有一定的稳定性。

钟志贤（2006）认为："教学模式是指在学习环境设计理论与实践框架指导下，为达成一定的教学目标而构建的教学活动结构和教学方式。"

从上述关于教学模式的定义中可以看出，教学模式不仅指教学所使用的方法，还指教学活动的结构框架，当然这些都属于教学模式的组成要素，并非全部内容。完整意义上的教学模式是指在一定的教学思想和教学理论的指引下，为了达到一定的教学目标而制订的较为稳定的教学方法和教学活动的结构框架。其中，构建教学模式的理论基础是教学思想和教学理论。由于教学所涵盖的范围很广，包括心理学、语言学、学习理论、教育学等，因此教学理论涉及多个学科领域的理念和理论。教学模式的构建离不开教学目标的指引，教学目标是教学实施过程中的潜在动力，围绕教学目标设计的教学模式具有稳定性，这种稳定性是由教学理论思想以及该模式的组成要素所决定的。教学模式中的教学活动以及教学方式是相对稳定的，但是往往要根据实际教学情景对具体的教学方法和操作过程做适当的灵活变通。

根据上述关于教学模式的定义的相关分析，我们可以归纳出网络教学模式的定义：网络教学模式是基于计算机网络技术下的新型教学模式，即与技术相结合的教学模式，根据对教学模式和网络教学模式的定义分析，我们可以将英语网络教学模式定义为“在一定教学思想和教学理论指导下，依托计算机网络技术，为达成一定的英语教学目标而构建起来的、较为稳定的教学活动结构框架和教学方式。”

（二）高校英语网络教学模式的构成要素

1. 教学理论

英语网络教学中最主要的理论依据是建构主义理论，建构主义注重以信念原有经验、心理结构为基础来建构知识。建构主义理论指导下的英语网络教学强调教师是指导和帮助学生学习的引导者和帮助者，不再是知识的灌输者；学生是自身认知结构的构建者，不再是被动的接受者。这些是英语网络教学模式赖以形成的思想基础。

2. 教学目标

教学目标是指在英语网络教学中，教学活动所要开展的方向以及预期要达到的效果。教学目标决定了网络教学模式的构建以及发展方向。例如，以提高学生词汇及语法能力为教学目标的课程应选用网络自主学习模式；以提高学生语言应用能力为教学目标的课程应选用网络任务合作模式。

3. 技术环境

技术环境主要包括局域网、互联网、校园网、广域网以及计算机设备等，为英语网络教学提供一定的物质条件。网络教学模式的技术环境主要受到设备自身的性能以及信息传输条件等的制约。

相对于其他教学模式，技术环境这个要素在英语网络教学模式中显得尤其重要，它是网络教学模式区别于其他教学模式的最主要特征。

4. 教学策略

教学策略是指在英语网络教学中所开展的过程与方法的总和。教学策略的选择和使用关乎教学模式的稳定运作。教学策略的不同，也会对教学模式的操作产生一定的影响。

5. 人机角色关系

人机角色关系中的“人”是指教与学的对象，即教育者和学习者。“机”是指计算机网络设备。英语网络教学中的人机角色关系主要包括两个方面：一是指教师与学生之间的关系；二是指教师、学生与计算机网络设备之间的关系。在英语网络教学模式中，不同的师生关系与计算机网络设备终端形成的相互作用关系相互交融，共同构建了特定的英语网络教学模式。

（三）高校英语网络教学模式的特征

在对网络教学模式的特征进行归纳之前，我们首先要了解教学模式所具有的一般特征，具体包括以下两点（钟志贤，2006）。

（1）教学模式是在总结教学活动经验的基础上，对教学活动方式的抽象概括。教学模式的教学方式以及教学活动的结构一般较为稳定，但并不是一成不变的，而是一个不断完善的、开放的动态系统。

（2）教学模式是对教学的时间和空间关系的系统概括。在时间上表现为操作的过程和顺序，在空间上表现为多要素的相互作用方式。

网络教学模式在涵盖教学模式普遍特征的基础上，增加了网络信息技术应用的特征。正是由于计算机网络信息技术在教学模式上的应用，使得传统教学模式发生了许多本质上的变化。例如，在传统教学模式中，教师是教学的中心，而教师的教学水平被看作教学效果的直接决定因素；而网络教学模式强调的是课堂教学和自主学习的结合，通过网络技术为学生提供集视频、音频、图画、文字于一体的学习资料，使教学变得更具趣味性，更能激发学生的学习兴趣，同时将学生的自主学习与教师的教学有机地融合在一起，也促使教师改变传统的教学过程，发挥网络信息技术的优势，最终实现良好的教学效果。

根据上述教学模式与网络教学模式的特征分析，我们可以将英语网络教学模式的特征归纳为“个性化”“自主学习化”和“超文本化”（陈坚林，2010）。具体表述如下。

（1）个性化。个性化可以从教师和学生两个角度出发，从教师方面来看，网络技术的应用为教师进行个性化的创造性教学提供了技术上的支持；从学生方面来看，网络为学生提供了大量的学习资源，学生可以按照自身的兴趣或具体的学习状况有目的地、自主地安排学习。

（2）自主学习化。自主学习化是指学生以计算机网络技术为媒介，自主安排学习计划、制定学习目标、选择学习内容、评估学习成果的学习活动。

（3）超文本化。超文本化属于计算机用语，在计算机领域是指一种软件系统，用户可以借助该系统实现文件或文本之间的快速移动。英语网络教学中的超文本化是指多媒体、超媒体、网络学习。

（四）高校英语网络教学的主要模式

1. 网络自主学习模式

网络自主学习模式注重个性化教学和自主学习。学生是整个教学的中心，教师只是起到辅助教学的作用。网络自主学习模式主要分为网络自主接受模式和网络自主探究模式。

（1）网络自主接受模式。网络自主接受模式的构成要素是：学生＋学习资源＋学习指导者，其中学习资源是指通过网络传输的，以计算机作为媒介呈现的视频音频、图像、文本等语言资料，我们将其称为网络课件。这里的学习指导者并不仅指教师，而是教师＋智能导师（计算机）。由于自主接受模式主要针对的是学生的语言知识和技能的训练，因此训练要以完形填空、单向选择、多项选择、判断、拖动配对等带有详细答案的形式为主，学生完成测试并提交答卷后，计算机通过已设定好的识别和反馈程序可进行自动批改，答卷中的错误会清晰显示并同时提供正确答案。

另外，还可以设置一些计算机程序或开发一些学习软件对学生的答题情况进行探测，自动地探测出学生的语言水平，并提供适合该学生的学习资料或是学习途径等。计算机在这里充当了教师的角色，但是计算机也存在一定的不足，它的不足在于无法满足学生的情感需要。当学生在学习过程中遇到问题，尤其是一些个性化的问题时，学生需要向教师寻求帮助，教师可以通过论坛、邮件等网络交流工具来解决学生的问题，这对于计算机而言是很难做到的。

（2）网络自主探究模式。网络自主探究模式的要素是：学生＋任务＋参考资料＋教师。这一模式不是用于教授学生词汇或语法等方面的语言基础知识，而是主要用于培养学生的语言应用能力。

在网络自主探究模式中，教师会给学生布置语言任务，如阅读某一文学作品后写感想，或翻译某段指定文本，或观看某一英语原版影片后写影评等。教师会提前给学生提供一些必要的指引，如上传一些相应的辅助资料，或是提供一些可参考的图书列表等。在学生完成任务的过程中，教师还会及时地通过邮件、论坛等网络交流工具与学生进行交流，对学生提出的问题予以解答。可以说，学生在模拟完成一个真实的语言任务的过程中，通过教师的不断指导，加之自身不断地改正与探索，最终达到熟练掌握语言技巧的目的。

2. 网络任务合作模式

网络任务合作模式的构成要素是：学习小组＋任务＋参考资料＋教师，这模式主要是通过学生组建学习小组，利用网络资源，完成教师指定的较为复杂的语言任务，从而增强学生的团队合作意识以及提高学生的综合语言能力。这里的任务通常是与学生的社会生活或是工作有关的，如策划一次集体活动或是研究大学生就业形势等。

在任务合作模式中，教师的作用比较重要，首先教师要按照学生的语言水平以及综合能力等对学生进行分组，并提供必要的资源索引，在学生完成任务过程中，教师要及时对其出现的问题予以指正，协调小组合作时可能出现的成员矛盾，从整体上把控学生完成任务的进度，并在任务完成后开展组织评估工作。学生的任务主要是进行小组内部任务分工，合作制订任务完成计划，定期进行阶段性评估，最后总结发言并提交作品。

在以上整个过程中，学生应尽量使用目标语言完成，如使用目标语进行沟通，选用目标语的参考资料，用目标语总结发言，最后提交的作品用目标语书写等这种教学模式是通过构建一个虚拟的任务情境，让学生在完成任务的过程中得到语言综合应用能力的提高，同时也培养了学生的团队合作能力。

3. 网络集体传递模式

网络集体传递模式的构成要素是：学生＋学习资源＋教师，这种模式与传统的教学模式比较类似，传统的教学是在教室里进行的，这种教学模式是利用虚拟网络进行的。该模式一般有以下两种教学方式。

（1）教师给学生布置任务，一般为观看教师制定的多媒体课件或让学生根据教学内容自己制作多媒体课件，然后在指定的时间，教师通过网络实时教学系统为学生上课，通过网络课堂为学生提供教学指导。

（2）完全意义上的网络课堂，即教师与学生在指定的上课时间同时登录网络课堂，教师通过使用教学课件讲解教学内容，还可进行网络课堂练习、分小组讨论等教学活动。

4. 网络综合教学模式

在实际英语网络教学中，单一的教学模式往往不能满足不同教学目标的需要，通常需要将上述几种教学模式根据具体情况综合使用，这就是我们所说的综合教学模式。例如，在网上开设高校英语泛读课程，教师要求学生在课前根据某一单元内容制作网络课件并展示，当学生展示完课件后，教师组织学生阅读课文，并完成网上课后的填空、选择、判断等练习，最后要求学生翻译其中的某段课文或是写一篇读后感想。这样一堂课程涉及自主接受模式、自主探究模式以及集体传递模式。

综上所述，我们在设计和确定教学模式时，应对教学目标、师资力量、技术开发水平等因素进行综合考虑，通过科学的采用综合英语网络教学模式来达到最佳的教学效果。

五、高校英语网络教学的发展方向

（一）数字化技术得到广泛的应用

数字化技术依托于计算机网络技术，使网络教学设备更为简单，性能更为稳定、可靠。数字化的学习资料是经过数字化技术进行处理，可以在计算机或网络环境下运行的资料，包括数字音频、数字视频、网站、计算机模式、在线讨论、数据库、在线学习管理系统等。数字化的学习便于师生借助数字化平台，通过交流与沟通，对数字化资料进行分析与利用，共同探讨和发现新的知识，最终推动英语教学的发展。

数字化技术下的英语教学具有以下特点。

（1）教学不再以单个的知识点为中心，而是以主题为中心逐步展开。

（2）教学过程是通过通信交流完成的，师生在教学的过程中是平等、合作的关系。

（3）教学内容和教学过程具有创造性和可再生性的特点。

（4）教学的主体是学生，能够满足不同学生的学习需要。

（5）教学不受时空的限制。

（二）人工智能技术步入英语教学课堂

人工智能技术是信息化英语网络教学的核心技术。人工智能技术逐渐地步入英语教学课堂，这成为网络教学的一大趋势。人工智能技术能够使计算机模拟人的思维，在教学上让计算机扮演人的角色，使教学系统实现人机互动自然化、教学行为人性化、教学过程合理化等特点。

人工智能技术下的英语教学具有如下特点。

1. 环境虚拟化

人工智能技术使教学情境高度虚拟化，教学活动可以在虚拟的情景中开展，在一定程度上脱离了时空的限制。

2. 教学管理自动化

人工智能技术能够使计算机网络管理体系智能地创建学生的电子档案，自主地记录学生的学习状况，以及对学生的学习状况进行适时的评估，还能有效地保存和共享学生的各项学习资料等。

3. 教学个性化

人工智能技术构建的智能教师能够根据学生的个体情况（学习进度、学习水平等）制订相应的、符合学生个性的教学计划以及教学内容，真正地做到因材施教，充分地开展个性化教学。

第八章　高校英语教学中的文化教学研究

语言是文化的载体，是文化的主要表现形式，也是文化的组成部分，对文化起着重要作用。同时，语言又受到文化的影响，反映文化。语言教学必须包含文化教学，学习语言的过程就是了解和掌握该语言的文化知识的过程。就英语学习而言，学习英语的过程就是对英语国家文化知识进行了解和掌握的过程。对英语国家文化知识掌握程度的高低直接影响着一个人的英语使用能力。因此，我们在高校英语教学中要注重文化教学，特别是要重视培养学生的交际文化素质，这样才能使我国的英语人才能够在各种跨文化交际场合进行有效、得体的交际沟通，满足当前社会发展的需要。在本章，我们就来分析高校英语文化教学的相关知识。

第一节　高校英语文化教学概述

语言与文化的关系密不可分。因此，教师在英语教学中不仅要向学生传授语言基础知识、语言技能，还必须重视文化教学，使学生了解和掌握相关英语文化知识。只有这样，学生才有可能真正学会一种语言。本节我们就对高校英语文化教学的定义、内涵、理论基础等进行分析，并对文化教学的必要性以及我国高校英语文化教学的现状进行分析。

一、文化教学的定义

（一）文化的定义

语言的本质差异就是文化差异，要了解和掌握两种文化之间的差异，首先要从文化谈起。因此，我们在此首先探讨文化的定义。

关于文化的定义，人们有诸多不同的观点，可谓众说纷纭，莫衷一是。到目前为止，关于文化的定义已经有 200 多种，但我们不能因此就对文化定义问题绕道而行。要研究文化教育，要进行有效的文化教学，就有必要对文化定义进行梳理和分析。我们不妨从众多定义中抽取一些有代表性的观点来认识“文化”一词的定义。在西方，“文化”一词最初源于拉丁文 cultura，是动词 colere 的分词形式，其意义是“垦殖、耕种、居住、崇拜、保护”。在英语中，“文化”（culture）曾经被用来指“型”（ploughs），不过这往往是指一个过程，而并非一个工具。最初，这一个过程是指农耕，即耕地，后来被引用为培养人的技能、品质。后来，这个词汇进一步转义，由活动转喻为物体，从过程转喻为资源、产品、模式。直到 18 世纪，“文化”这一概念在西方思想史上才首次获得重要转义，被解释为“心灵的普遍状态和习惯”“整个社会里知识发展的普遍状态”“各种艺术的普遍状态”。

目前，学术界一致认为，英国人类学家爱德华·泰勒（Edward Burnett Taylor）是第一个在文化的定义上具有重要影响的人。1871 年，他在《原始文化》一书中提出，文化，就其广泛的民族学意义来讲，是一个复合整体，包括了知识、信仰、艺术、道德、法律、习俗以及作为一个社会成员的人所习得的其他一切能力和习惯。这一定义不仅列举了文化的重要内容，而且把文化看作一个多层面的整体，对文化研究具有十分重要的影响。

泰勒对文化的定义是经典性的，成为文化定义的起源。不过，后人对这个定义褒贬不一，并不断提出新的观点。下面我们就来分析一些后来学者所提出的文化定义。

美国社会学家伊恩·罗伯逊（Ian Robertson）认为：“对于社会学家而言，文化包括人家享有的全部人类社会产品。这些产品可以分为基本的两大类：物质的和非物质的。物质文化包括一切有人类创造出来的并赋予它意义的人工制品或物体——轮子、衣服、学校、书籍、宇宙飞船、图腾柱。非物质文化则由比较抽象的创造物组成——语言、思想、信仰、风俗、神话、技能、家庭模式、政治态度。”

从事交际研究的萨姆瓦（Larry A. Samovar）等人认为，文化是指经过若干个世纪个人与集团的努力，被大多数人所继承的知识、经验、信念、价值观、态度、意义、阶级、宗教、时间观念、角色分工、空间的运用、世界观、物质财富等的总体。

文化表现在居住特定社会的人们的日常行为中；表现在作为交际形态的行为方式中；还表现在所使用的语言当中。在这个定义中，包括了“时间观念”

“空间的运用”“行为方式”等交际中的重要内容。

美国学者恩伯夫妇（C. Ember & M. Ember）认为：“文化可以定义为被一个集团所普遍享有的，通过学习得来的观念、价值观和行为。”

莫兰提出了文化产品、文化实践、文化观念、文化个体、文化社群五个文化要素。其中，文化产品属于文化物理层面的内容，是由文化社群以及文化个体创造或采纳的文化实体；文化实践指文化社群中文化个体之间的交际行为，包括语言交际和非语言交际以及与社群和产品使用有关的所有行为；文化观念反映人们的认识、信念、价值和态度，左右人们的文化交际行为和文化产品的创造；文化个体的所有文化实践行为都是在一定的文化社群中发生的；文化社群包括社会环境和群体，从广义的民族文化、语言、宗教到具体的社会团体、家庭等。在提出五个文化要素的基础上，莫兰将文化定义为：文化是人类群体不断演进的生活方式，包含一套共有的生活实战体系，这一体系与一系列共有的文化产品相关，以一套共有的世界观念为基础，并置于特定的社会情境之中。“文化”一词最初在古汉语中出现时还没有获得今天我们对其所赋予的含义。在汉语中，“文化”一词最初见于汉代的《说苑·指武》。该文中说道：“文化不改，然后加诛。”这里的“文化”与“武功”相对，有“文治教化”的意义，表达的是一种治理社会的方法和主张。

钱穆先生说：“文化即是人类生活之大整体，汇集起人类生活之全体即是文化。”张岱年和方克立认为：“凡是超越不能的、人类有意识地作用于自然界和社会的一切活动及其结果，都属于文化；或者说，‘自然的文化’即是文化。”张岱年和程宜山给文化下了这样一个定义：“文化是人类在处理人与世界关系中所采取的精神活动实践活动的方式及其所创造出来的物质和精神成果的总和，是活动方式与活动成果的辩证统一。”

综合以上中外学者对文化所下的众多定义，我们可以将它们分为以下两大类。

（1）指人类创造活动的一切，即物质生产活动和精神生产活动所创造的一切成果，那就是广义的文化。从这个意义上讲，文化实质上是一种“人化”，是人类改造自然和社会而逐步实现自身价值观念的过程，代表的是人类独有的不同于动物的生活方式。

（2）指精神创造活动及其结果，那就是狭义的文化。比如，美国《哥伦比亚百科全书》这样定义“文化”：在社会中习得的一整套价值观、信念和行为规则，它们规定了一定社团中可接受的行为范围。

我国权威辞书《辞海》在对“文化”一词进行释义时，综合了以上两种说法，即就广义而言，文化是指人类社会历史实践过程中所创造的物质财富以及精神财富的总和；就狭义来说，文化是指社会的意识形态以及与之相适应的制度和组织机构。

（二）文化教学的内涵

外语教学中的文化教学是指在外语教学中将语言教学与该国的国情、文化知识及语言所包含的文化背景知识融为一体的教学形式与方法。文化教学不仅指与人们交际或与外语教学有关的文化知识的传授，而且包括研究两种语言文化的相同之处和差异之处，培养学生对文化差异较高层次的敏感性，并将其用于实际的跨文化交际中，从而实现交际能力的提高。

我国的《大学英语课程指南》明确提出：“要拓宽学生的文化视野，发展学生的跨文化交际意识和基本的跨文化交际能力。”可见，文化意识得到了国家教育部门的高度重视，不但被列入英语教学的内容标准和目标要求，而且在目标描述和内容标准中详细描述了文化意识的具体内容。

文化意识是指学习者对标语文化的社会规约、价值观、信念等的知晓。根据人们对文化的知晓程度，文化意识可以分为四个层次：在第一层次，学习者对于明显的文化特征虽然有所了解，但认为它奇特不可理解。在第二个层次，通过文化冲突，学习者了解到与自己文化明显不同的某些有意义、微妙的文化特征，但是，仍然不理解。在第三个层次，学习者通过理性的分析，了解那些微妙、有意义的文化特征，并从认知的角度认为可以理解。在第四个层次，学习者通过深入体验所学语言的文化，学会设身处地地从目标语文化的视角看问题，达到视其所视、感其所感的理解。

根据文化意识所划分的四个层次，文化教学应该包括以下两个层面。

（1）文化知识。文化知识是指学习者需要了解的有关语言文化的知识。包括衣食住行、风俗习惯、生活方式、行为规范等知识，具体如教材或其他学习资源中出现的人物、历史、地理、文学、风俗、艺术等知识。文化涉及的内容很广，因此文化知识也纷繁复杂。学生的文化知识，简单来说，就是对某种文化现象的知晓。

（2）文化理解。20 世纪 90 年代，外语教学界提出了文化知识传授的基础，对外语教学提出了进一步的要求，即文化理解。文化理解是指学生对中外文化及其差异的理解过程或理解能力，主要指以下两个方面的问题。

一是对具体的、个别的文化知识或文化现象进行理解，了解文化知识或文化现象的背景、渊源、文化含义、宗教含义等，并了解该文化知识或现象所反映或所代表的道德观、价值观、人生观等。

二是把文化看成是一种客观存在。文化没有好坏之分，但是在每一种文化中精华与糟粕并存。我们没有必要去对文化评头论足，但是可以并且有必要有选择地传授文化知识。一方面，我们要采取一种客观的、宽容的态度对待异国文化，避免拒绝任何异国文化的狭隘的民族主义态度，避免用我们自己的文化、道德、价值观作为标准去衡量、评判异国文化；另一方面，在学习异国文化的同时，还要坚持自己的优秀文化传统，避免盲目地追随、模仿异国文化，还要比较两种文化的异同，使自己在跨文化交际中能恰当地、得体地进行交际。

通过以上两方面文化理解的问题可以得知，在文化教学的过程中，一方面，教师要引导学生正确地理解外国文化现象、文化知识，既把外国文化视为与本国文化相平等的主体，又要承认两者之间的差异，同时要认识到对文化的理解没有绝对的答案，学生可以有不同的理解。另一方面，教师要让学生认识到，本国的文化知识是理解外国文化的基础，如果学生对本国文化缺乏认识，就很难在英语文化教学中做到文化理解。有的人认为，只有正确理解外国文化，才能理解外语并恰当地、得体地使用外语，因而学习外语与本国文化没有关系。实际上，在文化教学中，能否正确理解外语并恰当、得体地使用外语，在很大程度上取决于对本国文化与外国文化的差异的了解程度。因为了解本国文化不但能够帮助我们更加深刻地理解外国文化，提高对外国文化的鉴赏能力，而且可以使我们更准确、深刻地认识两者的异同，最终达到提高对外国文化的敏感度的目的。

综上所述，文化理解是指在文化学习的过程中理解其内涵，然后转化成自己的行为举止，建立起文化意识。所以，掌握文化知识仅仅是学习文化的开始。文化教学应该以提高学习者的交际能力为目标，从掌握文化知识开始，培养文化意识，最终达到文化理解。

二、文化教学的理论基础

（一）建构主义学习理论

20世纪90年代，建构主义学习理论开始在西方逐渐流行。皮亚杰（Piaget）关于儿童的认知发展理论，即活动内化论，首先对建构主义学习理论的出现产生影响。在皮亚杰看来，知识既不是客观的，也不是主观的，而是个体在与环境发生交互作用的过程中逐渐建构的结果。换句话说，皮亚杰认为学习是一种自我建构。与皮亚杰不同，维果斯基（Vygotsky）认为学习是一种社会建构。他强调学习者所处的社会文化历史背景在认知过程中的作用，重视活动和社会交往在人的心理机能发展中的地位。建构主义学习理论包括了皮亚杰的自我建构理论和维果斯基的社会建构理论。

建构主义者莫雷（Murray）根据以上理论提出，学习过程是在教师或其他人的帮助下，通过独特的信息加工活动，建构自己的意义过程。学习者在建构新的理解时，是以自己已有的经验为基础，通过与外界的相互作用来完成的。

（二）文化输入理论

美国语言学家克拉申（Krashen）所提出的语言输入假说是语言习得理论的核心部分，也是文化教学的理论基础。克拉申认为，只有当学习者接触到可接触的语言输入时，即获得略高于其现有的语言水平的语言输入时，并且他能够把注意力集中到对意义的理解或者对信息的理解而不是对形式的理解时，他才能够习得语言。这就是克拉申所提出的i+1公式。在i+1公式中，i代表习得者的水平，而1代表略高于习得者现有水平的语言材料。

文化因素是语言教学中不可缺少的一部分。将文化因素导入外语教学中，不但可以使语言学习者熟悉目的语的文化，同时可以缩小学习者对目的语文化所持有的社会心理距离，而且可以使语言学习者对目的语文化产生一种亲和力认同感。文化输入理论表明，学生对目的语文化的态度对其语言学习效果有着重要影响，而学生对目的语态度的形成受到目的语文化的影响。由此可见，文化输入能够帮助学生更有效地学习语言。

三、文化教学的重要性

（一）文化教学是语言教学的一部分

文化教学是英语教学的重要内容之一。传统的英语教学包括四个方面的基本内容，即语音、语法、词汇、修辞。这也是英语语言的四大要素，同时也是我国英语教学的中心任务。但是，仅仅掌握以上四个方面的内容只是掌握了语言的部分内容，并非掌握了语言的全部内容。这是因为语言与文化紧密相连，密不可分。任何语言都是某种文化的反映，语言作为文化的载体，是文化的一部分，是文化的传播工具，有着丰富的文化内涵。英语也不例外。学生如果仅仅学会英语的语音、语法、词汇、修辞，却对英语语言所承载的文化缺乏了解，就很难完全理解、正确使用英语。因为语言是文化的产物，又是文化的一种表现形式，语言的使用一定得遵循文化的规则。换句话说，文化决定思维，文化决定语言的表达方式。

综上所述，语言与文化是密不可分的，两者相互影响、相互作用。语言渗透于文化的各个层面，是文化不可分割的一部分，因此语言的学习不可能脱离文化而单独进行，外语教学从某种程度上讲就是文化教学。

（二）文化教学是实现跨文化交际的关键

英语教学的最终目的是发展学生的英语交际能力。近年来，随着我国与世界各国之间的关系日益密切，英语的作用也日渐突出，社会对英语人才的需要也变得十分迫切。在这种形势下，教师在英语教学中，不仅要向学生传授语音、词汇、语法等基础语言知识，培养学生的听、说、读、写、译能力，还要向学生传授英语的背景文化知识，包括历史、地理、风俗习惯等，特别是要引导学生了解中英文化的差异，最终培养学生的跨文化交际能力。

（三）文化教学是素质教育的重要组成部分

在不同的时代，社会对外语人才的要求会有所不同，因此不同时代的外语教学要求也会有所不同。21 世纪，英语教学的趋势是培养学生的综合素质。从某种意义上来说，学习一种新的语言，就是掌握一种新的交际技能，也是了解一种新的民族文化。学生通过对中西方文化的对比、分析，不仅能够比较客观、全面地认识英语文化的要素，而且能以新的洞察力重新审视、认识本民族文化，进而在国际交往中做到知己知彼。只有这样，学生才能具备较强的国际理解力和国际竞争力，才能在经济建设中起到桥梁一般沟通作用，积极有效地推进我国与世界各国之间的交流与合作，促进我国的社会发展。

此外，教师在英语教学中进行文化教学时，还应注意平衡地分析中外文化。我们既要分析西方文化中优秀的人类文化，也不能忽视自己民族文化中的精华，而且通过学习国外文化，应该对自己民族的文化有更深刻的认识。这样，学生将来不仅能适应国外的文化环境，更能把民族中的优秀文化传统传播到国外，促进国际文化交流，为世界文化的繁荣发展做出贡献。

（四）文化教学是促进国际交流和合作的需要

外语教学的根本目的是与不同文化背景的人进行交流，促进、加强中国与其他国家的对话与合作。在全球经济一体化的今天，文化领域的相互交融也不容忽视。因此，提高学生的外语交际能力，既是中国国民经济发展的迫切需求，也是中国教育改革的一项紧迫任务。所以，我们需要认识到，外语教学是跨文化教学的一环，应该把语言、文化、社会视为一个密不可分的整体，并在教学大纲、教材、课堂教学、语言测试、课外活动中全面反映出来。

四、我国高校英语文化教学的现状分析

近年来，随着我国与世界各国之间的联系越来越密切，跨文化交流变得越来越重要，英语教学领域也越来越重视文化教学。然而，我国大学英语文化教学仍然存在种种不容乐观的现象。

（一）教师的文化教学意识淡薄

现代英语教学以培养跨文化交际能力为目的，这对英语教师的素质提出了很高的要求。教师是英语文化教学能否落实到位的关键因素。有效的文化教学要求教师不仅要有深厚的语言功底，还要学贯中西。但是，我国传统的英语教学显然忽视了教师对文化教学的重要影响。虽然目前我国的大多数英语教师都是英语专业毕业，但由于种种原因，文化功底普遍比较薄弱，文化教学意识也比较淡薄。原因主要包括以下两个方面。

（1）我国大多数教师本身所受的教育就是传统的英语教育，即单纯的“骨架”知识教育，因此导致教师的教学观念存在偏误。在英语教学中，大多数教

师只重视语言形式的正确性，很少涉及如何得体地运用语言形式，对英语文化知识的分析更是少之又少。有些教师虽然也分析一些英语文化知识，但只是随心所欲地分析一些，点到即止，缺乏系统性和条理性；有些老师担心文化教学会加重学生的负担，因此不愿把宝贵的时间花在文化教学上，放弃了文化教学；有些教师认为只要学生记住单词、句型、语法等语言知识就够了，没必要教授英语文化知识；有些教师认为学生学习英语就是学习英语语言系统成分的正确用法，学生在此基础上自然会掌握实际应用语言的能力，因而忽视了语言的得体性和社会环境等重要因素在交际中所起的作用，忽视了英语文化教学。

(2) 我国的大多数英语教师作为非母语学习者，缺少英语学习的大环境，已经掌握的跨文化知识零散琐碎。另外，由于教师教学任务繁重，没有很多的时间和精力进行教学研究。因此，教师本身拥有的文化知识有限，没有意识到英语文化知识对英语学习的重要性，自然也不会在英语教学中重视英语文化教学。

（二）学生的学习主动性不足

在我国传统的英语教学中，由于长期以来受到传统教学模式的影响，很多学生过分依赖英语教师，缺乏学习的自主性、目的性。教师教什么，学生就学什么；教师不教的，学生就不学。可见，在传统的实际教学活动中，以教师为主导，学生为主体的教学模式没有得到充分体现；学生在课堂教学活动中缺乏主动性，习惯于教师的灌输式教学，极少主动翻阅相关文化知识书籍。

可见，学生受传统教学方式的影响而不善于、不积极或不方便获取相关文化的知识，这是造成我国英语文化教学效果差强人意的一个重要原因。因此，要有效进行英语文化教学，学习西方文化，首先要改善我们的英语课堂气氛，提高英语课堂的文化教学效果。有关调查显示，大多数学生认为观看原版电影以及同外国人直接进行交流是学习西方文化最好的方法。但大多数中国学生不具备同外国人直接进行交流的条件，因而电影欣赏便成为学生接触西方文化及输入西方文化的主要渠道。

（三）受到教材内容的限制

教材是英语教学的依据，因此我国的英语教学对英语文化教学的忽视与英语教材不无关系。目前，我国所使用的教材中说明性、科技性较强的文章所占比重较大，大多为“骨架”知识，忽视了语言形式的文化意义。教材中涉及英语文化，特别是关于英语国家伦理价值、思维方式、民族心理等精神层面文化的材料较少。可见，我国的英语教材内容限制了我国的英语文化教学。这使学生在学习英语时对非语言形式中的一些西方文化因素，如生活习俗、社会准则、价值观念、思维特征等了解不够。而教材的文化内容有限，主要是由于我国目前的教学实践功利色彩浓重，片面追求学生的书面语言能力（尤其是书面应试能力）的提高，忽略了文化因素在语言教学中的重要性。例如，外语教学与研究出版社出版的《新视野高校英语》各单元的主题中，直接与文化有关的仅有 5 个单元，它们是：第二册的 Unit1 和 Unit4，以及第三册的 Unit3、Unit4 和 Unit7，而这套高校英语教材从第一册到第四册共有 40 个单元，有关文化的材料仅占 12.5%。因此，教材的限制使学生很少触及英语文化中的行为原则和准则，造成跨文化交际能力培养收效甚微。

（四）文化教学内容具有片面性

尽管现在的英语教师在英语教学中加入了一些文化背景分析，认为这就是文化教学，但是实际上，文化教学内容涉及面广，内容纷繁复杂，因此，我们不可能把文化的方方面面都包含在英语教学中。在英语教学中，教授学生如何在特定的文化情境中得体地使用英语进行交流，是一种易于操作的文化教学方法。但是此种方法灌输性强，而启发性比较弱。因此，即使通过此种方法使学生获得了有关的文化知识，由于真实的跨文化情境要比刻板的知识复杂得多，因而在面对具体的交际时，学生自己已经掌握的概括化、刻板化的文化特征以及行为规范等往往不能保证跨文化交际的成功。

（五）应试教育严重阻碍了文化教学的发展

我国的高校英语四、六级考试是衡量英语教学的重要标准。不可否认，高校英语四、六级考试对促进高校英语教学有十分重要的作用，因而其存在是十分必要的。但是，也必须承认，四、六级考试缺乏对英语文化知识的考核。实际上，不仅仅是四、六级考试忽视对英语文化知识的考核，高校英语的其他考试也是如此，只注重英语语言知识的考核，忽略英语文化知识的考核。目前，我国的英语教学普遍存在应试教育问题，素质教育被应试教育所代替，文化教学被忽视。

第二节　高校英语文化教学的目标与内容

高校英语文化教学的目标与内容对文化教学的开展有重要的指导意义，对文化教学的效果也有重要影响。下面，我们来分析一下高校英语文化教学的目标和内容。

一、文化教学的目标

(一) 国外外语教学中的文化教学目标的界定

文化教学目标对文化教学有着重要的指导作用，因此许多学者对文化教学的目标进行了深入研究，从而有力地促进了文化教学的理论研究和教学实践的发展。下面，我们简单分析部分学者对文化教学目标的界定。

1. 拉多的观点

拉多（Lado）指出，文化教学有着不同的目的，主要包括以下几种：作为整体素质教育的一部分；为了阅读文学著作；服务于国际交流；为了采纳一种民族共同语；为了阅读科技文献。

2. 西利的观点

西利（Shelve）在总结前人观点的基础上，提出了文化教学的“超目标”，即文化教学的目标是培养全体学生的文化理解力、态度和技巧，使学生能在出现文化障碍时在目的语社会中得体地进行语言交际。为了具体阐述自己的观点，西利在《*Teaching culture*》书中提出了旨在提高学生跨文化交际技能的文化教学目标。

3. 托马林和斯特姆斯基的观点

托马林和斯特姆斯基（Tomalin & Stempleski）认为，目的语文化的学习是外语教学大纲中的一个重要部分。同时，他们还认为人类的文化虽然各不相同，但仍然存在共同之处。所以，托马林和斯特姆斯基在研究西利所提出的文化教学目标的基础上，对西利所提出的教学目标进行了补充，提出文化教学的目标应该体现在以下几个方面。

(1) 使学生逐渐增强对目的语中的单词、词组在文化内涵上的了解。

（2）使学生逐渐意识到人们的行为都无一例外地受到有关文化的影响。

（3）使学生逐渐意识到人们的言行受到年龄、性别、社会阶层和居住环境等可变因素的影响。

（4）激发学生对目的语文化的求知欲，并鼓励他们与该文化的人们有所共鸣。

（5）使学生进一步了解目的语文化在通常情况下的常规行为。

（6）使学生掌握必要的查获、整理有关目的语文化信息的技巧。

（7）提高学生用实例对目的语文化进行评价、完善的能力。

值得一提的是，托马林和斯特姆斯基不仅提出了以上文化教学目标，而且针对教师缺少适合文化教学的教材这一问题，为语言教师提供了生动、有趣、能调动学生积极性的教学材料，促进了文化教学的发展。

4. 莫兰的观点

与其他学者相比，莫兰更强调文化教学的语言基础以及发展变化。他认为，跨文化教育与外语教学有所不同，跨文化教育应该包括对外国文化的学习等教学目标，而外语教学中的文化教学应该只是以引导学生理解外国文化为目标。

但是，在外语教学中，为了让学生能够深刻地理解、体会外国文化，学生必须首先具备一定的语言水平。所以，外语教学中的文化教学应该以语言教学为基础。

另外，综合教育的社会取向和个人取向，将个人的文化学习以及社会变迁都规定为文化教学的结果。

由以上学者所提出的文化教学的观点可以看出，文化教学的目标并不是一成不变的，而是不断发展变化的。从这些发展中的教学目标，我们可以总结出外语教学中文化教学的最终目的：增强学生对外语文化和母语文化之间的差异的认识，丰富学生外语学习的经历，帮助学生突破母语特定文化交际的模式、范围，从而培养学生对外语文化规约的认同以及尊重的态度，帮助学生在交际中实现从适应到跨越的过渡，进而实现超越的跨文化交际过程。

（二）高校英语文化教学的目标

1. 我国学者对文化教学目标的研究

我国众多学者也对我国的外语文化教学的目标进行了研究。下面我们对其中几位学者的观点进行分析。

胡文仲、高一虹指出，对于我国国内的广大高校生而言，外语教育的目的不仅仅是工具性的，也不仅仅是为了学会应付生存的交际技能，更不是为了将中国学生变成西方人，而是从总体上提高学生的社会文化能力。胡文仲、高一虹把外语教学的目的分为微观、中观和宏观三个层面。其中，微观层面的外语教学的目的是交际能力；而宏观层面的外语教学的目标是社会文化能力，即运用已掌握的知识技能对社会文化信息进行有效的加工，使学生的人格更加完整，潜能得到更充分的发挥。其中，社会文化能力具体又由语言能力、语用能力与融汇贯通能力组成。

为了具体阐明文化教学与学生人格之间的关系，高一虹在《语言文化差异的认识与超越》中进一步指出，培养学生的跨文化交际能力，应该以人的建设为根本，以人格的基本取向为目标。她认为，人格的培养应该通过具体的教学或训练内容、材料、活动来进行，而不应该是空洞枯燥的道德说教。另外，在她看来，“是什么”和“成为什么”远比“了解什么”和“做什么”重要，也即“道高于器”。总之，高一虹坚持认为，文化教学重要的是将跨文化能力与人的素质培养这一整体教育目标有机地结合起来。

张伊娜在《外语教育中跨文化教学的重点及其内涵》中也阐述了与高一虹相类似的观点。张伊娜认为，工具观的文化教学重点主要在于扫除那些语言理解困难的文化障碍，而忽略了对形成价值观念取向影响至深的文化命题。因此，张伊娜提出应把文化教学从狭隘的工具观中解放出来，并将其上升为外语教育培养目标的组成部分，从而在文化教学中帮助学生在学习、掌握外语的同时形成符合时代和社会要求的世界观、价值观和价值体系。

除了强调文化教学与培养学生人格、价值观的关系外，学者们还指出应培养学生在真实的交际中、在理解和运用的基础上的创新能力。陈申在《外语教育中的文化教学》中提出，文化教学的目标应该是培养学生的文化创造力。他认为，文化创造力是指外语学习者在跨文化交际的实践中，掌握、运用外国语言文化知识，并与外国文化相互作用而产生的一种创新能力。文化创造力是学生的一种能动性，一种主动从外国文化的源泉中摄取新东西的能力。另外，陈申还从语言与文化的关系之间存在动态发展的观点出发，认为从长远的角度看，文化教学除了是语言教学的目标，更是帮助学生获取文化创造力的手段。

纵观我国学者对文化教学目标的界定，可以看出学者们已达成以下共识：外语教学中的文化教学不是教授除了听、说、读、写、译等技巧以外可有可无的另一种技巧，而是对语言学习有着重要影响的学习内容。同时，学者们以广阔的社会为着眼点，把文化教学与学生综合素质的提高结合起来，认为文化教学的目的绝不仅仅是帮助学生掌握一门外语，更重要的是帮助学生形成正确的世界观和人生观，适应世界的发展。

2. 我国高校英语专业的文化教学目标

我国2000年版本的《高等学校英语专业英语教学大纲》在教学要求上按级划分，每学期为一级。其中，教学要求中的文化教学目标如下。

（1）入学要求：对中国文化有一定的了解；有较扎实的汉语基本功；对英美等英语国家的地理、历史和发展现状有一定的了解；掌握基本的数理化知识。

（2）二至八级的要求：熟悉中国文化传统，具有一定的艺术修养；熟悉英语国家的地理、历史、发展现状、文化传统、风俗习惯；具有较多的人文知识和科技知识；具有较强的汉语口头和书面表达能力；具有较强的创新意识和一定的创新能力。

二、文化教学的内容

（一）国外外语教学的文化教学内容研究

国外众多学者对外语教学中的文化教学进行了深入研究，并取得了诸多研究成果。下面，我们对一些主要的研究成果进行简单分析。

1. 弗赖斯的观点

20世纪40年代以来，弗赖斯（Fres）及其学生拉多等就对文化在语言教学中的作用做过不少论述。弗赖斯从语言教学的角度出发，主张在外语教学中加入文化内容。他还提出，有关民族的文化和生活情况的文化教学内容绝不仅仅是实用语言课的附加成分，也不是与语言教学总目的全然无关的事情，而是语言学习各个阶段中不可或缺的部分。

2. 拉多的观点

拉多认为，语言是文化的一部分，如果不掌握文化背景，就不可能教好语言，不懂得文化的模式、规则，就不能真正学到语言，当然也就不能真正学会使用英语正确、得体地进行交际活动。根据文化教学的不同目的，拉多把文化教学内容分为以下三个部分。

（1）初级意义单位，这些单位因文化和语言的不同而不同，教师在此部分应当传授文化内容以及所选词汇和成语的隐含意义。

（2）虚假定式，即关于目的语文化的定型刻板印象，如果本族人对目的语文化的形象是虚假定式，教师应当用正确的信息替代它们。

（3）伟大成就，使学习者用自己的眼睛看到目的语文化成员心目中的英雄，这样学习者才可以真正学好一门语言。

3. 海姆斯的观点

随着交际法的兴起，海姆斯（Hymes）在乔姆斯基（Chomsky）提出的“语言能力”这一概念的基础上，发展提出了“交际能力”这一新概念。根据海姆斯的观点，交际能力除了包括语言形式规则，还包括语言使用的社会文化规则。出于交际教学法主张依照语言的内容来安排教学，而不是依照语言的结构，因此交际法有利于自然而然地将社会文化因素融入教学活动。这样，学生在练习交际的过程中，往往自行领悟行为中的社会文化规则，即交际文化。

跨文化交际学的兴起，使越来越多的专家认识到外语教学的主要目标是培养具有跨文化交际能力的人才。因此，外语教学中除了要注意语言方面的内容之外，还必须让学生了解所学语言国家的文化。基于对文化的重视，学者将交际中的错误分为语言错误和文化错误，并认为后者的性质更可怕。因为语言错误至多是词不达意，没有将心中的想法表达清楚，而文化错误却往往使双方产生误解甚至敌意，从而导致双方交流的失败。

4. 克拉姆契的观点

克拉姆契（Kramsch）认为文化教学内容应从学习者自己的文化行为、个人习性、矛盾、偏见等的理解开始，主张文化学习中的多面性和多元化，从而提出文化学习的主要价值之一在于能使学习者加深对母语文化的理解。后来，摩尔（More）继承了克拉姆契的观点，认为文化教学的内容应是“全语言”的一部分，而焦点应是学生。

5. 杜思特伯格的观点

杜思特伯格（Duesterberg）在深入探讨母语文化重要性的基础上进一步

指出，教师应该帮助学生判断自己在文化形成中的作用。可以说，文化内容从最初的只关注目的语文化转变到重视母语文化，发展到现在的关注文化学习者本人及学习者本人在文化形成中的作用，既是内容上的回归，也是对学习者的回归。教师进行的文化教学，不仅要让学生认识文化差异，学会对目的语文化的宽容，更重要的是教会学生协调彼此的文化差异。只有做到这一点，才可以成功地表达交际双方真实的意图，实现真正意义上的交际，具备真正意义上的文化能力。

6. 查斯顿的观点

查斯顿（K. Chastain）主张在外语教学中从狭义的文化入手，逐步扩展到广义的文化。他提出的44个主题作为讲授狭义的文化的纲要，实际上是需要讲授的文化知识。桂诗春将查斯顿的外语文化教学的纲要简化为下列一些方面：学生生活、青年、父母、家庭、亲戚、朋友、恋爱婚姻、教育、职业、成就、快乐、饮食、文娱活动、金钱、社会制度、经济制度、政治活动、爱国主义、社会问题、环境污染、人口、宗教、法律、仪表、报纸、广告、死亡、纪律、度假、穿着、交通、礼貌用语、身势语。

7. 斯特恩的观点

斯特恩提出，一般的语言学习者需要学习以下六大文化教学内容。

（1）微观的个体及其生活方式（individual persons and way of life）。

（2）宏观的民族及社会（people and society in general）。

（3）地理（places）。

（4）历史（history）。

（5）艺术、音乐、文学及其他成就（art，music，literature，and other major achievements）。

（6）制度、习俗（institutions）。

（二）高校英语文化教学的内容

英语文化教学无论是从全球性文化还是从同一文化的不同层面来看，其内容大体可概括为言语文化、非言语交际文化及交际环境文化三类。下面，我们分别对其进行分析。

1. 言语文化

(1) 与语音有关的文化内容。语音是语言的三大重要因素之一，因而是语言学习中的重要内容。而一种语言的语音不仅能保证使用该语言的人能相互交际，而且能显示出说话人的文化特征。因此，语音所体现的文化也是英语文化教学中的重要组成部分。例如，美国人讲话时习惯于慢吞吞地拖出声音，或者多带明显的鼻音，而英国人则没有这一特点。说话人的语音不仅能显示出其区域特征，而且还能够反映其社会地位特征。例如，英国的皇家贵族、上层人士，无论在什么地区都把讲 RP（received pronunciation）当成自己社会身份的象征，因为这种发音在历史上有 King’s English（国下英语），Queen’s English（女英语），Oxford English（牛津英语）之称，而老百姓则大多喜欢讲地方方言。如果一个高级职员讲地方方言，就会显得粗俗，有失身份；而如果一个搬运工讲 RP，就会被笑话为“装模作样”。因此，我国学生有必要学习英美的语音文化，学会通过语音识别个人的文化背景，从而有助于跨文化交流的顺利进行。

(2) 与词汇有关的文化内容。词汇是最明显的承载文化信息、反映人类社会文化生活的工具。词汇中的成语、典故、谚语等更是与文化有着密切的关系，教师在文化教学中要充分挖掘英语词汇的文化内涵，归纳、总结、对比这些词语与汉语词汇含义的文化差异。例如，英语中的 green 可以用来表达“嫉妒”的意思，而汉语则用“红眼”“眼红”表达“嫉妒”的含义。对于这一类具有文化内涵的词语，教师应着重分析或补充与之相关的文化背景知识，在必要时还可以将其与汉语文化进行比较，使学生不但知道它们的表层词义，更能了解其文化内涵，学会真正得体地使用这些词汇。

(3) 与语法有关的文化内容。语法是语言表达方式的小结，它揭示了连字成词、组词成句、句合成篇的基本规律。文化背景不同，语言的表达方式各异。因此，教师在文化教学中应该注重挖掘语法所承载的文化，引导学生通过语法学习理解英美国家的文化。

首先，英汉语言语法的逻辑形式结构体现着英汉民族的思维与习惯。英汉语言的逻辑形式结构表现在英语重形合，汉语重意合，这是因为西方人重理性和逻辑思维，汉民族重悟性和辩证思维。英语重形合，是指英语注重运用各种连接手段达到句子结构以及逻辑上的完美。例如，要表达“他是我的一个朋友”，用英语不能说“He’s my a friend.”，而应该说“He’s a friend of mine.”。后一个句子中双重所有格的使用准确地体现了“他”与“我的朋友们”之间的部分关系。而汉语则未必如此。“打得赢就打，打不赢就走，还怕没办法?”这一句话看上去像是连串动词的堆砌，这几个短句之间也没有任何的连接词语，但实际上其上下文的语意使它们自然地融为一体，这体现了汉语重意合的特点。

让学生了解西方人重理性和逻辑思维、汉民族重悟性和辩证思维这种思维习惯上的文化差异，并体会其对语言表达方式的影响，对于学生学习英语语法减少 Chinglish（中国式英语）的错误是非常有帮助的。

其次，语言的语法还与心理、社会因素有关，因此，教师在教授语法知识时应该分析与其相关的心理、文化因素。语法是语言在交际过程中逐渐形成的语言使用规律，因此必然会受到语言使用者心理上、社会上的影响。在英语教学中如果学生忽视了语法的心理因素、社会因素，就难以理解语言中一些特殊的表达方式和习惯用法。例如，英国人说“I was scolded.”中国学生则往往使用“Some people scolded me.”以主动语态代替被动语态，其原因在于在中国人眼里，施事者的形象比受事者突出。可见，文化背景不同，思维方式就不同，语言表达因此也不同，而句法结构也就随之不同。因此，教师在分析某些句法结构时，应同时分析其语意和交际功能。如“Would you please turn down the radio?”并非表示疑问而是表示请求，这是因为按照西方人的风俗习惯，提出请求常用问句形式，以表示有礼貌；“Why don’t you do something?”形式上虽然是疑问句，但实质上是表示一种有礼貌的请求与建议；而反意疑问句“Lovely day，isn’t?”实际上是无疑而问，只是英美人引起话题的一种常见的方式罢了。

2. 非言语交际文化

非言语交际文化也是文化教学的重要内容之一。不仅言语行为传播着文化，有时非言语行为也在传递文化信息、表达思想感情。当然，非言语行为只有在一定的语境中才能表达明确含义，孤立地理解某一非言语行为的含义常常是难以奏效的。

非言语交际的定义有很多。宏观上讲，非言语交际涉及文化、民俗、社会学人类学等众多领域，运用范围十分广泛，其语义也十分复杂。具体而言，

“非言语交际指那些不通过语言手段的交际，包括手势、身势、眼神、面部表情、体触体距等”。关于非言语交际的涵盖范围，其分类方法有很多。胡文仲教授从跨文化交际的角度出发，将非言语行为大致分为以下四大类。

（1）体态语。体态语包括基本姿势、基本礼节动作以及人体部分动作所提供的交际信息。

（2）副语言。副语言包括沉默和各种非语义声音等。

（3）客体语。客体语包括皮肤的修饰、身体气味的掩饰、衣着和化妆等所提供的交际信息。

（4）环境语。环境语包括空间信息、时间信息等。其中，前两类称为非言语行为，而后两类则是非言语手段。

在文化教学中，教师在非言语交际文化的教学过程中应该注意以下三种情况。

（1）有些动作是某一文化中特有的。例如，在美国摇动食指（食指向上伸出，其他四指收拢）表示警告别人不要做某事或表示对方在做错事；把胳膊放在胸前，握紧拳头，拇指向下，向下摆动几次表示反对某一建议、设想或是强烈反对某人；咂指甲表示有重大的思想负担、担心和不知所措。在中国用两只手递东西给客人或别人（即使可以用一只手拿起的）表示尊敬；说话时用一只张开的手捂着嘴，说明说秘密话。

（2）相同的含义在不同的文化中行为不同。例如，同样是表示不知道、为难、不赞成等含义，西方人喜欢耸肩，而中国人则喜欢摇头或摆手；同样是叫别人过来，美国人喜欢把手伸向被叫人，手心向上，握拳用食指前后摆动；而中国人通常把手伸向被叫人，手心向下，几个手指同时弯曲几次。

（3）同一行为在不同文化中所表示的含义不同。例如，人们见了很小的孩子喜欢用手去轻拍、摸摸孩子，这样的行为让西方妇女感到十分别扭，因为在西方文化中，这种行为是无礼的，会引起对方强烈的反感与厌恶；而在中国人看来，这一行为是表示对孩子的亲近和爱抚，表示对小孩的喜爱。同性男女之间的身体接触在不同的文化中意义也是不一样的。在英语国家，同性男女之间过了童年时期，就不应该手拉手或者是搭着肩膀走路，因为这意味着同性恋；而在中国，这种行为表示的是朋友之间交好、亲密，并没有不正常的地方。

3. 交际环境文化

教师在文化教学中还应注意教授与交际环境有关的文化内容。因为它与不同交际场合、人际关系、礼仪习俗、价值观念等有着密切的关系，最容易引起跨文化交际的误解，因此这方面的内容在文化教学中分重要。

与交际环境有关的文化内容主要包括不同文化在招呼与问候、道谢与答谢、敬语与谦语、恭维与称赞、禁言与委婉以及称谓等方面语言使用的差异。因此，教师在教学中不仅要让学生记住相关的交际用语，还要指导和帮助学生总结归纳日常口语交际中行在的文化因素，使学生懂得相关的交际规则。例如，中国人在回答别人的称赞时往往过于谦虚，如人家称赞说："你的外语说得很好！"中国人往往回答"不敢当，还差得很远"或者"哪里，哪里，说得不好"，以表示谦虚；而英美人则会直接用"Thank you."或"Thank you for saying so"等来回答。如果在与英美人士交际时按照中文的思维方式来回答对方的称赞，对方就会感到你认为他刚才说了假话，是虚伪的奉承。再如，中国人迎接远道而来的客人时常常会说："一路上辛苦了，累不累?"（You must have been tired after the long flight journey.），而外国人不喜欢被认为体弱，或有疲劳感，而喜欢在别人面前显得年轻、有朝气，因此使用"How was the flight?"或"Have you had a pleasant flight?"或"You have had a long flight."等问候远道而来的客人才是恰当的。

西方人不喜欢将自己的意志强加于人，因此往往使用委婉用语"Would you mind doing…?"代替"You should do."；在表达建议时西方人很少用祈使句，而用"How about doing?"；即使是主动提供帮助时，西方人也显得很客气，使用"Would you like me to…?"表达提供帮助的意愿。

另外，英美国家人士认为年龄、收入、婚姻等涉及个人隐私，而询问个人隐私是不礼貌的行为，因此他们对涉及此类的问题比较反感。教师要让学生掌握西方人的谈话禁忌，使学生在交际中避免语用失误，更加得体地运用语言。

尽管文化内容大体可概括为言语文化、非言语交际文化及交际环境文化三类，但是实质上，文化的内容是纷繁复杂的，涉及的内容既包括政治、军事、经济、历史等人的方面，又包括社交礼仪、节日文化、忌文化等风俗习惯。在我国的英语文化教学中，由于学生的时间和精力都十分有限，我们不可能涉及文化中的方方面面，因而需要对众多的文化教学内容有所取舍，只能有针对性地挑选部分内容进行教学。我国的英语文化教学重点教授与英美国家有关的文化内容，同时简要了解其他英语国家的文化，或世界范围内的文化。换句话说，由于学习西方文化的目的归根结底是为了更好地与具有西方文化背景的人进行交流，所以在文化教学内容的选择上，教师应该选择容易掌握、适于学习、实用性强的文化知识和文化技能进行教授，比如，英美国家的地理、历史知识，英语词汇和短语的文化内涵，社会习俗，非言语交际符号，价值观念和思维方式等。因此，我国英语教学中具体的文化教学内容见表 8-1。

表 8-1　我国高校英语文化教学内容

文化分类	具体文化内容
观念文化	1. 地理、历史——英美地理、历史 2. 宗教——基督教、天主教 3. 艺术——美术、建筑、音乐 4. 哲学——哲学简介 5. 文学——英国文学、美国文学 6. 科学技术——世界科学技术发展简史 7. 价值体系——英美价值体系
制度文化	1. 政治制度——英国政治制度、美国政治制度 2. 法律制度——英国法律制度、美国法律制度 3. 经济制度——英国经济制度、美国经济制度 4. 生活习俗——英美生活习俗 5. 礼仪——英美礼仪常识
物质文化	1. 饮食——英美饮食简介 2. 服装——英美服装流派
语言文化	1. 词语内涵 2. 习语、谚语 3. 语篇结构

第三节　高校英语文化教学的原则与方法

一、高校英语文化教学的原则

确立文化教学的原则是为了有计划、有目的和有层次地将语言和非语言所负载的文化内容纳入到外语教学总的体系中去，使传授语言与分析文化同时在一个层面上展开，以达成语言学得和习得与文化学得和习得的一致性，从而帮助学生有效克服因文化差异而容易发生的跨文化交际障碍。据此，我们认为在大学外语教学阶段，对文化内容的导入必须遵循以下几个原则。

（一）认知原则

认知原则强调了解和理解，而不强调行为表现。文化教学中的认知原则，一则指关于英语文化和社会的知识，二则指可能会进一步涉及诸如观察力、识别力等某些能力的培养。

英语中有很多词汇、语句、典故等来源于神话、圣经、文学作品、文学故事等。如果学生对这些词汇、语句或典故所蕴含的文化不了解、不熟悉，就难以理解这些语言所表达的内涵意义。

文化教学中的认知原则，首先强调学生对目标文化有所了解、认识。例如，He sowed the apple of discord between the two countries 国王帕琉斯和女神西蒂斯结婚，邀请众神参加，唯独忘了争吵之神厄里斯。她便寻衅把一个金苹果扔到宴席上，说要送给最美丽的女神。从而在天后赫拉、智慧女神雅典娜和爱神阿芙洛狄特之间引起争端，最后导致了特洛伊战争。后来“the apple of discord”就被用来表示“祸端、争端”。如果学生了解了“the apple of discord”这一文化背景知识，就很容易理解上述例子的意思：他在两国之间制造不和。

在英语文化教学中，教师还应该注意培养学生发现、分析、总结目标文化的能力，并据此掌握西方文化在价值观、生活习俗等方面的特点，以及中西方文化的区别。为此，教师可以鼓励学生收集相关资料、撰写相关论文。

（二）交际性原则

文化教学的目的是为了培养与提高学生的跨文化交际能力，因而教师在文化教学中应充分考虑文化内容的“交际性”，遵循交际性原则。从语言的交际概念看，在文化教学中，教师需要向学生传授的应该是那些容易使中国学生在理解和使用上产生误解的，或者是直接影响学生进行有效交际的文化知识。

（三）层进性原则

英语文化教学具有阶段性、层次性，在教学中应该遵循循序渐进或层进性原则。这就意味着，教师在英语文化教学中应该根据学生的语言水平、接受能力、领悟能力等确定文化教学的内容，由浅入深、由简单到复杂、由具体到抽象、由现象到本质地进行文化教学。这一原则可以在以下几位学者的观点中得到证实。林汝昌曾经提出，“外语教学应考虑以下三个层次：语言的结构层次、语言结构的文化层、语言的语用文化层次”，并指出文化导入的这三个层次是不可分割的有机体，只是在实践中各有所侧重，在不同阶段应该导入不同层次的文化教学，循序渐进地进行。

之后，曹文也提出，“文化教学存在两个层次，即文化知识层和文化理解层以及连接这两个层次的文化意识教育”，并对此做了进一步的解释，即“文化知识层培养的是具有观光客型生存技能的语言学习者，而文化理解层培养的是具有参与者型跨文化交际能力的语言学习者”，最后还强调“文化教学的定位应是以文化知识为起点，文化意识为桥梁，文化理解为最终目的”。可见，曹文也认为文化教学应该是有层次地进行的。

王开玉认为，文化教育具有“阶段性”，因而把文化教育划分为“文化知识层次的教学与文化理解层次的教学”。他认为，“文化知识层的教学主要传授的是知识文化……不直接影响交际的背景知识。文化理解层次的教学主要传授的是交际文化，即直接影响交际的背景知识和文化模式。”

（四）对比性原则

对比性原则是指在英语文化教学中，教师可以引导学生将英语国家的文化和本土的文化进行对比，使学生发现中西方文化存在的差异。学生通过对比，不仅可以加深对英语国家文化的认识，而且可以了解不同国家在价值观、思维模式、审美情趣等各方面所存在的差异，一则可以避免形成种族中心主义，二则有助于提高学生的文化理解能力。

对比不仅可以让我们更加深入地理解不同的文化概念，而且可以帮助我们避免不同的文化行为，从而避免根据自己的标准来解决别人的文化行为，也可以避免把我们自己的文化带入到其他文化情境中去。通过对比，学生不仅可以学会区分文化差异，还可以提高辨别不可接受文化和可接受文化的能力，从而避免不加辨析、不加批评地接受目标文化，而且可以提高学生的跨文化交际能力。实际上，很多学生经常犯文化类知识的错误，这正是由于缺乏对文化差异的了解只关注文化的相似性，却忽略了文化的差异性造成的。

在英语文化教学中，教师可以引导学生从以下方面进行对比。

(1) 词汇方面不同的文化内涵。

(2) 习惯用语方面不同的文化背景。

(3) 句法方面不同的语法运用。

(4) 演讲方面不同的语言风格。

在这几个方面中，教师和学生尤其应该重视英语教学中词汇和短语的文化内涵，因为它们反映了文化，是构成语言的基本材料。例如：

Live with your head in the lion' s mouth.

在中国，老虎是最勇猛的动物，被称为百兽之王；而在英语的寓言以及民间传说中，狮子被称作“百兽之王”。如果教师此时能够将中英文化进行对比，那么学生就很容易理解此句的意思，即：你要虎口求生。

在文化教学中，教师要抛砖引玉，组织、引导学生在课后收集资料，了解中西文化的差异，从而有助于积累文化知识，提高学生的跨文化交际能力。由于不同的文化产生不同的看法，不同文化背景下的生活方式、价值观念、思考方式和社会规范不同，文化冲击或文化冲突是难以避免的。但是，如果我们密切注意不同文化的差异，并时刻不忘对它们进行对比，就可以加深对其他文化的了解，消除相互之间的误会，从而减少直至避免由于文化的冲突而引起的暴力行为、武装冲突等。

(五) 灵活性原则

在文化教学中，文化知识的理解相对容易，但是要让学生学会在跨文化交际中对文化知识运用自如却并非易事。为了取得更好的文化教学效果，为了更有效地培养与提高学生的跨文化交际能力，教师应该对不同的学生，按不同的教学要求，灵活采用不同的教学方法，以激发学生的学习兴趣，调动学生学习文化的积极性。例如，教师可以通过开办文化知识专题讲座、组织小组讨论、进行角色表演等引导学生学习文化知识。

文化内容广泛复杂，而教师的讲解毕竟是有选择的、有限的。因此，在英语教学的过程中，教师应该将文化教学的场所延伸到课外，做到课内外相结合，开展内容丰富、形式多样的课外实践活动，以此加强学生的实际运用能力。例如，教师可以通过开展读书活动、英语角、英语晚会等，帮助学生不断积累文化知识，使学生的语言知识与文化洞察力同步增长，语言技能与文化能力同步增长。通过这些活动，学生不仅可以学会以正确的语法结构恰当的语义和适合场合要求的外语进行交际，而且可以增大信息获得的准确性，减少交际中的误会，从而增进相互之间的了解。

（六）适度性原则

适度性原则是指教师在文化教学中所采用的教学方法和教学材料都其有适度性。其中，教学方法的适度性是指教师在文化教学中应该创造机会，让学生进行探究式、研究式学习；而教学材料的适度性则是指所选择的材料要能代表主流文化，代表普遍性文化，而不是个别的、特殊的文化。总体而言，文化教学中的适度，就是指教师要根据教学任务、教学目的的需要，适度地教授学生学习所需要的文化内容，而不是无限制或不考虑学生接受能力地进行文化教学。适度应该以能扫除“当前文化障碍”为标准，并适当考虑“尔后文化障碍”为限，也就是说，在教学中遇到文化障碍时，只根据此时此景的文化障碍而进行必要的背景文化分析。另外，适度性原则也意味着教师应该控制文化教学占用的教学时数，因为如果缺乏针对性，宽泛、深入地分析文化背景知识，势必占用宝贵的教学时间。因此，点到为止或稍加发挥也是适度的应有之义。

（七）实用性原则

文化内容包罗万象，涉及社会生活的各个层面，但是由于英语教学受到各种客观教学条件的限制，教师在英语文化教学中不可能面面俱到地对英语文化的各个方面都进行分析。所以，教师应该根据不同的教学对象、日常交际等具体情况，选择恰当的文化内容进行教学。换句话说，教师在实际的英语文化教学过程中需要遵循实用性文化教学原则，重点传授那些与学生所学的内容密切相关的、与学生的日常交际所涉及的主要方面密切相关的文化内容，以及与跨文化交际密切相关的文化内容。例如，对于国际贸易专业的学生，教师可以侧重分析有关贸易方面的文化常识和交际技能。另外，文化教学的实用性原则还要求相关文化教学的内容有广泛的代表性，应属于英语国家中有代表意义的主流文化，而不必把英语国家的文化分析得面面俱到。

采用实用性原则，一方面，可以避免使学生认为语言与文化的关系过于抽象，过于空洞；另一方面，文化教学紧密结合语言交际实践，不但可以激发学生学习语言和文化的兴趣，还有助于学生将所学到的知识转换为技能，迁移到实际交际中。

二、高校英语文化教学的方法

为了达到英语文化教学的各项目标，教师在教学中要采取不同的文化教学方法。下面，我们分析一些常用的高校英语文化教学的方法。

（一）直接导入法

直接导入法就是指教师在语言教学中直接向学生分析语言的文化背景知识。这是一种最简单易行的方法。在我国，课堂是学生学习英语的主要场合，除此之外，学生很少接触英语使用环境，因而遇到与课文相关的文化背景知识时，学生往往会感到十分陌生，难以理解。因此，教师应该发挥课堂在教学中的主导作用，直接向学生分析相关的文化背景知识。为此，教师在备课时可以精选些与教学相关的、典型的文化信息材料，将它们恰到好处地运用到课堂上，这样不仅能增强教学的知识性、趣味性，而且可以加深学习内容的深度和广度，同时可以激发学生的求知欲，活跃课堂气氛，使课堂气氛有利于英语教学的顺利进行。比如，当别人问是否要吃点或喝点什么时（Would you like somcthing to eat drink?），我们通常习惯于客气一番，回答“不用了”“别麻烦了”等。按照英语国家的习惯，你若想要，就不必推辞，说“Yes, please.”，若不想要，只要说“No thanks.”就行了。这也充分体现了中国人含蓄和英语国家人坦荡直率的不同行为风格。

（二）文化旁白

文化旁白（culture aside）是一种较为方便的形式，也是传授社会文化知识的主要方法之一。文化旁白是指在进行语言教学时，教师就所读的材料或所听的内容中有关的文化背景知识，见缝插针地做一些简单的分析和讨论。

一般而言，教材所选的课文都有特定的文化背景，有的是时代背景，有的是作者背景，有的是内容背景。如果学生对相关背景知识不了解，或者缺乏相关的背景知识，就会影响他们对文章的正确理解，自然也就不能准确地推理和判断阅读理解中遇到的问题。例如，在《21世纪高校英语》第一册第十单元的 Cloning：Good Science of Bad idea 中，有这样一句话“Faster than you can say Frankenstein，these accomplishments triggered a world－wide debate.”（不等你说出弗兰肯斯坦，这些成果就已经引发了世界范围的大辩论。）对于这个句子，如果学生缺乏相关的文化背景知识，就难以理解它的内涵和社会意义。教师需要在讲授前，以文化旁白的形式进行文化背景分析：其一，Faster than you can say Frankenstein 源于英语成语 before you can say Jack Robinson（开口讲话之前）；其二，弗兰肯斯坦（Frankenstein）是英国女作家玛丽·雪莱（Mary Shelley）同名科幻小说中的主人公，是一个创造怪物而最终也被它毁灭的年轻医学研究者；其三，全文提及此人物有其社会意义，它能使读者将克隆技术与小说情节结合起来，产生联想，表达出作者担心克隆技术会使人类作茧自缚、玩火自焚的心情，而这种担心又与世界上已经掀起的大辩论不谋而合。当学生了解这些文化背景后，会有一种茅塞顿开的感觉，对句子的理解也就顺理成章了。

再如，在讲授人教版 NSEFC 必修 1 Unit4 Earthquake 这一课时，教师可以利用视频展示世界上有史以来有影响力的大地震的情况，还可以分析地震的有关情况以及预防地震的方法，以使学生对地震有较形象、具体的认识。

学生在学习英语时，文化差异往往是理解英语的较大的障碍。使用文化旁白法，能够有效地清除部分语言认知障碍，帮助学生正确理解英语。教师可以充当讲解员，也可以运用图片、实物教具或者多媒体课件等手段进行讲解，无论通过哪一种手段，目的都是帮助学生更好地理解所读或所听的内容，同时丰富学生的感性认识，促进理解。文化旁白具有机动灵活、用途广泛的优点，因而使用时间最长，但同时具有任由教师掌握、随机性很大的缺点，而且对教师的要求也比较高，需要教师有较高的驾驭语言与文化的能力和一定的教学技能与艺术。

（三）对比分析法

对比分析法就是在文化教学中对母语文化和所学语言国文化的异同点进行对比，使学生理解和掌握两种语言使用过程中的文化规约、行为规约的异同，是利用“同”来获得语言学得和习得的“正迁移”，而指出“异”是为了防止文化学得和习得的“负迁移”。

简单地说，对比分析法就是在教学中直接利用本国文化，通过对比两种文化的差异来进行文化教学。对比分析法的目的主要是通过对比让学生发现本国文化与目的语文化之间的异同，正确区分知识文化因素和交际文化因素。由于汉语和英语分属两种截然不同的语系，而东方文化与西方文化差异又颇大，因而通过比较两者的异同进行教学可以产生良好的效果。因此，对比分析法是跨文化研究的主要方法，也是第二语言教学的重要方法。文化的对比分析法是语言教学常用的一种方法。此外，在这种方法的使用中，对比不能仅限于表层形式的对比，还应该有深层的、内涵的对比；不仅要进行语言的对比，还要有非语言的对比；不仅要做语言、非语言形式与意义的对比，还要做语言交际行为的形式和意义的对比等。例如，在讲授人教版 NSEFC 必修 3 Unit 1 Festivals around the World 时，教师可以通过比较分析中西方具有相同功能、相同意义的节日，让学生对国外风俗理解得更深刻。这是就文化主题的讲授进行对比分析，在语言知识等方面的学习中，也可以使用这种方法。例如，高中英语必修模块北师大版中出现了 peacock phoenix、bat、rooster 等表示动物的词汇。在教授这些词汇时，教师可以先列举几个表示动物的词汇，再给出它们在中西方文化背景下的不同寓意，然后要求学生先把它们与其汉语背景下的寓意相配对，再与其英语背景下的寓意相配对，最后给出含有该动物词汇的词组，从而帮助学生理解所学的表示动物的词汇在中、西方文化中的不同寓意。见表 8-2。

表 8-2　动物词汇在中、西方文化中的寓意

Animals	Metaphor and Cultural Association in China	Metaphor and Cultural Association in Western Countries	Your choice
1. phoenix	beautiful/gentle	a . evil/ugly	1.
2. peacock	lucky/king of all binds	b. egotistic（自高自大）	2.
3. rooster	happy/healthy/rich	c. reborn/revived	3.
4. bat	hopeful/ talisman（辟邪物）	d. a male chicken/ very pleased with oneself in a negative sense	4.

总之，对比分析法不仅有助于学生克服在学得和习得所学英语和文化的过程中的心理障碍，而且非常有利于培养学生的文化意识。当然，在比较两种文化时，教师应引导学生正确认识和对待本族文化和外国文化的相互关系。一方面，对外国文化抱一种客观、宽容的态度，避免拒绝任何外国文化的狭隘的民族主义态度；另一方面，要避免盲目追随外国文化，对外国文化不做任何分析，全盘接受，而应坚持本国的优秀文化传统，加深对中国文化的理解。

（四）讨论法

教师还可以在课堂教学的过程中，适当安排一些小组讨论、集体讨论等活动，把学生的学习情绪调动起来，促使学生发挥学习积极性。例如，在学习人教版 NSEFC 必修 3 Unit2 Healthy eating 这一课时，教师可就饮食文化进行对比、分析、讨论。通过这种对比、分析、讨论等有意识的活动，可以有效培养学生对英美文化的敏感性，使他们在英语学习中善于发现英美文化特点并乐于了解和学习英美文化。再如，教师可以在课堂上先向学生解释中西方人对待老人的态度有很大的不同，然后组织学生讨论反映社会生活的许多其他方面的差异，使他们掌握所学语言的一些语用原则和使用特点。让学生参与讨论，不仅可以调动学生的学习兴趣和学习积极性，而且可以使他们对所讨论的结果留下深刻的印象。

（五）图片、实物展示法

图片、实物展示法就是指用图片或实物来说明、解释某一个“文化现象”。例如，教材中可能遇到 hamburger、pudding、sandwich、salad 等西方文化所特有的词语，我国学生可能对其不太理解。为了便于学生理解，教师可通过给学生展示图片或者照片的方式分析此类文化，让学生对它们有一种感性认识。另外，教师还可以采用实物展示的形式给学生讲解中西方习惯上的差异。例如，教师在教授英美信件、信封的格式、式样时，为了便于学生理解，可找一封英美国家的来信，直接在课堂上展示给学生，以免学生在实际运用中出错。

（六）借助媒体法

借助媒体法就是指通过各种媒体手段，如电影、电视、网络等，帮助学生了解多种不同的文化背景知识和不同的文化习俗。现在，电视、电影、网络等媒体上有大量关于西方普通人生活的材料，对于了解西方社会生活、风俗习惯和日常用语，不同地区、不同阶层的语言特色，以及姿态、表情、动作等非语言的交际手段有很大帮助。

在一些电视英语教学节目如 Follow me，On we go，People you Meet 中有很丰富的材料可供使用。如果教师能够适当指点学生借助媒体进行学习，就会收到更好的教学效果。以打招呼为例，朋友之间、陌生人之间、上下级之间在表达上有许多不同。由于电视节目提供的场合多，语言材料自然也就富有变化。同时，电视、电影还是观察和研究姿态、表情、动作等语言以外的交际手段的十分有用的材料。例如，教师可以组织或鼓励学生观看《*Dashan and friends in Canada*》《*Family album USA*》；《*You and me*》《*Hell，America*》等 VCD 或 DVD，增强学习材料的真实度和挑战性，进一步增强学生对文化差异的认识与理解，为他们日后能顺利参与各类语言交际活动打好基础。

电影也是一种了解西方社会文化的有效手段，能够为英语学习者提供丰富有用的材料。尤其是对于专门分析西方社会情况的纪实电影，直观的画面与所要教授的文化内容相得益彰，使得学生可以身临其境般地体验异国文化的不同，这比从书本上得到的知识印象更加深刻。如果教师能加以适时的指点，教学效果会更好。

（七）外国文学作品的学习和鉴赏法

外国文学作品的学习和鉴赏法，就是指学生在教师的指导下，对外国文学作品进行多角度的剖析，了解人物的情感，了解不同文化背景下人物间的交流和文化冲突。

在我国现阶段的英语教学中，大多数学生了解英美文化主要还是依靠间接阅读相关材料，如小说、报纸、杂志等。但是，很多学生在阅读文学作品的时候，仅仅为了追求情节或者为了扩大词汇量，而并没有注意文学作品中所反映的文化方面的细节，比如风俗习惯、文化差异等。因此，教师应该正确指导学生阅读文学作品，引导学生在阅读的过程中注意和积累相关文化背景知识，并适当对这些文化开展分析、对比，从而有效增加学生的文化背景知识。

例如，《高校英语》（外语教学与研究出版社）第四册第三课 Solve that Problem with Humor 中的第 10 段有这样一句话：Suddenly，the graying pencil－line mustache on Michener’ s face stretched a little in Cheshirean complicity. How very nice of you all to turn out to see me! … Shall we go in?”（第 10 段第 2～3 行）。这里的 Cheshirean complicity（柴郡猫式的共谋）虽是作者杜撰出来的一个短语，但 Cheshirean 一词是有它的本来背景的。柴郡猫（Cheshire cat）是著名英国儿童文学作家卡罗尔（Carol）的作品《艾丽丝漫游仙境记》中的一个形象。总督（Michener）酷似柴郡猫样地咧嘴一笑，把纠察人员及旁观的工人当作是来欢迎他的人，机智地使自己摆脱了困境。

（八）游戏法

造成学生交际失误的另一个主要原因是英汉两种语言中的许多词语对英美人和中国人来讲所产生的词的联想意义和词的文化内涵是不同的。对于这类文化知识，教师可以通过做游戏的方式使学生了解语言所负载的文化内涵。例如，在讲解 landlord、owl，peasant、restroom、propaganda 等具有文化含义的词语时，教师可以把全班同学分成两组，让其中一组列出这些词在英语里的联想意义，而另一组列出这些词所对应的汉语词汇的联想意义，然后教师进行对比分析。

（九）丰富课外活动

课堂的时间是十分有限的，而英语文化包含的内容纷繁复杂。因此，为了拓展高校生的文化知识，教师应该充分利用课外活动来拓宽学生的知识面，促进学生跨文化交际能力的提高。

教师可以帮助学生在课后开展形式多样的有关文化、交际知识的课外活动，通过形式多样的课外活动增加学生对文化的理解和对文化差异的认识。例如，教师可以在课后组织学生开展一系列有关西方文化的讲座，也可以组织学生开展有关文化交际的文艺晚会、知识竞赛等。

（十）充分利用外籍教师资源

就英语学习而言，与英语人士接触，听英语人士授课是非常有必要的。因此，有条件的学校有必要聘请外籍教师授课。学生通过与外籍教师接触，不但能够听到纯正的语音，学到地道的语言表达方式，还能学到许多生动的、课堂上学不到的有关社会文化背景方面的知识。例如，在什么场合应该讲什么话，做出何种反应，以及一些非语言的交际手段等。此外，对于教材中有些东西，中国教师没有接触过，而只能把词典中的 definition（定义）传授给学生；而外籍教师作为两种不同文化的中介者、解释者，可以根据自己的切身体会，生动地、形象地向学生讲述清楚中国和西方文化的区别，从而帮助学生避免用不同民族的文化标准来衡量外族文化。另外，学校还应请外籍教师有针对性地分析一些他们本国的社会情况、文化生活、风土人情等，也可以请外籍教师讲述其在中国遇到的一些文化差异等。通过与外教接触，学生们可以直接地感受到文化的差异，这对于培养学生的跨文化意识有很大的帮助。

参考文献

[1] 窦坤，桑元峰．大学英语教学的实践哲学［M］．北京：光明日报出版社，2013.

[2] 蔡基刚．中国大学英语教学路在何方［M］．上海：上海交通大学出版社，2012.

[3] 张啸．大学英语有效教学研究［M］．成都：西南财经大学出版社，2012.

[4] 上海对外经贸大学高等教育研究所编．商科院校教学方法研究基于师生互动的视角［M］．上海：格致出版社，2014.

[5] 柳叶青．高校商务英语人才培养研究［M］．成都：西南财经大学出版社，2015.

[6] 于学勇．高校网络化外语教学模式研究［M］．北京：国防工业出版社，2013.

[7] 常俊跃．高校大班英语教学问题及策略研究［M］．北京：北京师范大学出版社，2013.

[8] 史利国．高校教学理论与实践的创新研究［M］．北京：北京理工大学出版社，2014.

[9] 刘春明，郭飞君．高校教学研究［M］．长春：吉林大学出版社，2007.

[10] 周道凤，顾小燕，马友主编．当代英语写作教学理论与实践探究［M］．北京：中国书籍出版社，2014.

[11] 付岳梅．大学英语阅读训练［M］．北京：北京航空航天大学出版社，2012.

[12] 黄洁芳．课程改革情境下高校英语教师认知发展研究［M］．北京：新华出版社，2017.

[13] 罗首元．大学英语听说策略与研究［M］．成都：电子科技大学出版社，2016.

[14] 曾凡贵，张文忠．大学英语教学改革研究与实践［M］．长沙：湖南大学出版社，2005.

[15] 尹静．高校英语教师实践性知识的行动研究［M］．石家庄：河北教育出版社，2015.

[16] 武卫．中国高校学生英语词汇自动性能力研究［M］．广州：华南理工大学出版社，2018.

[17] 尹扬帆．中国高校英语教学与研究［M］．上海：复旦大学出版社，2007.

[18] 卢桂荣．大学英语教学研究基于ESP理论与实践［M］．北京：光明日报出版社，2013.

[19] 姚丽，姚烨．英汉文化差异下的英语教学探究［M］．北京：中国书籍出版社，2014.

[20] 曾洪．提高高校英语教学方法有效性的策略分析［J］．课程教育研究（学法教法研究），2018（20）：8—9.

[21] 李杨．高校英语课堂阅读教学方法探讨［J］．赤子（上中旬），2016（17）：62.

[22] 尹楠．建构“任务型”的高校英语视听说课的教学模式［J］．校园英语，2015（32）：76.

[23] 帕丽扎提·热合曼，古丽娜尔·库来西．高校英语教学方法中的情景英语教学法论述［J］．东西南北，2018（24）：170—171.

[24] 朝木尔勒格．任务型教学法在高校英语听说课教学中的运用［J］．理论观察，2017（1）：158—160.

[25] 段严寒．任务型教学法在民办高校英语课堂上的应用［J］．校园英语，2018（46）：21.

[26] 郭彬．基于人才复合型发展的高校英语教学模式创新探讨［J］．校园英语，2018（51）：57—58.

[27] 张留梅．高校非英语专业英语口译课堂教学探讨［J］．辽宁经济职业技术学院（辽宁经济管理干部学院学报），2014（6）：118—120.

[28] 赵旭．“输出驱动假设”背景下的新建本科高校大学英语口语教学改革[J]．教育现代化，2016（21）：174—176.
[29] 王振华．民办高校英语专业阅读课优化教学探讨[J]．广东培正学院学报，201414（4）：77—81.
[30] 李彤．关于应用型民办高校英语口译教学改革的方法探讨[J]．校园英语（下旬），2014（6）．
[31] 王芳．任务型教学法在高校英语教学中的运用[J]．东方藏品，2016（10）：125—126.
[32] 段梦桃．外语教学中ESA要素与课型模式的解读[J]．知识文库，2017（15）：134.
[33] 曾淑萍．转变综合英语教学模式培养英语应用型人才[J]．吉林工程技术师范学院学报，2015（2）：57—59.
[34] 王丹丹．建构“任务型”的高校英语视听说课的教学模式[J]．教育探索，2012（4）：57－58.
[35] 赵玉阳．高校商务英语专业基础英语写作实训教学研究初探[J]．科教文汇（上旬刊），2018（7）：164—165.